이하림 글 모음

새로운
문명의
모 험

지은이: 이하림

무당거미

새로운 문명의 모험

이하림 글 모음

프롤로그

21세기는 전 지구적 위기의 시대다. 인류 역사상 가장 큰 위기가 인류 앞에 놓여있다. 기후위기와 환경재앙 등의 환경파괴와 생태계의 심각한 문제로 인해 인류를 비롯한 모든 생명체의 안전을 위협한다.

이것은 우리가 18세기 이래로 무반성 적으로 받아들인 산업체계의 그 근본 원인이 있다. 지구의 자원을 무차별 착취함으로 인해 나타난 전 지구적 환경 파괴는 우리의 장래를 심각하게 어둡게 만들고 있다.

그 누구도 여기에 대해 뚜렷한 대책을 내세우는 어떤 사람도 집단도 없는 현실에서 여기 우리 시대의 예술가이자 사상가인 이 하림이 인류의 위기를 직감하고 그 해결책을 인류 앞에 제시했다.

새로운 문명에 대한 갈망이 가뭄 속에 단비 내리듯 기다리는 많은 인류의 사람들이 있다. 과연 인류는 이대로 이 세기 안에 절멸하고 마는 대재앙을 맞이할 것인가. 여기에 대한 해법을 제시한 이 책을 꼼꼼히 읽는 이라면 이 시대의 타들어 가는 지구적 위기에 대한 해법을 명쾌히 제시한 시인 이 하림의 예언자적 명석한 해법을 알게 될 것이다. 이 책 새로운 문명 속에 인류의 희망찬 미래에 대한 해법이 들어 있다.

현시대를 고민하는 현대인이라면 그 누구도 이 책을 외면해서는 안 된다. 시인 이 하림이 제시한 새로운 미래에 대한 해법 속에 모든 위기를 헤쳐나갈 진정한 지혜가 담겨있다. 물론 그의 생각이 완벽하다는 것은 아니다. 그러나 이 책을 진지하게 읽는 독자라면 알게 될 것이다. 위기와 절망의 시대에 진정한 단비와도 같은 이 하림의 큰 울림 있는 해법 제시에 모두가 박수갈채를 치게 될 것이다.

희망은 있다. 새로운 시대를 맞이하게 될 인류의 새 미래를 이 하림 시인은 이 책을 통해 과감하고 충격적인 해법으로 인류 앞에 새로운 희망의 빛을 제시하고 있다. 우리 모두 이 하림의 예지력을 믿고 이 책에 쓰인 여러 해법에 주목해 보자. 위기의 시대에 거의 유일한 해법을 이 하림 시인을 인류 앞에 제시하고 있다. 긴말 접고 이 책 속에 담긴 인류의 소중한 지혜로 이 위기의 시대를 지혜롭게 헤쳐나가자. 인류의 대 예지와 지혜가 담긴 새로운 문명의 모험 속에서 인류는 진정한 21세기의 해답을 찾게 될 것이다.

희망의 해법을 이제 앞에 놓고 미래의 행복한 시대를 꿈꿔보자. 21세기는 절망과 위기의 시대가 아닌 진정한 새로운 희망의 시대로 인류 앞에 기다리고 있을 것이다.

목차

겨울의 봄 11
꿈에 본 환상(幻像) 12
비 내리는 날에 13
인생의 향기(香氣) 15
기차는 떠난다 16
러브레터 17
감정의 푸른 바다 18
한낮의 산책 20
오 원(5원)과 공중전화 20
바람만 부는 풍경 22
새벽 같은 너의 눈빛 23
한낮의 산책 2 24
불어오는 봄바람 25
바람에 날리는 커튼 26
당신이란 신비 27
우산 속에 연인 28
고독은 나의 길 29
봄의 환타지아(Fantasia) 30
너의 눈웃음 31
하얀 등불 아래서 32
저녁 산책 33
그대의 이미지 34
그런 날에 꿈 35
추억의 얼굴 36
바라보자 37
당신의 뒷모습 39
어느 카페의 추억 40
어떤 꿈인지 몰라 41

어떤 꿈인지 몰라 2 42
너에게 부치는 편지 43
그대 떠난 후에 44
너의 웃는얼굴 45
하늘빛 꿈 46
흰 봄의 노란 겨울 47
너가 떠난 날 48
눈길 49
걸어서 가는 길 50
어느 날 성수동의 낭만 51
어느 흐린 날의 꿈 52
너를 만나러 가는 길 53
낙산 해수욕장 54
비가 갠 오후 54
지친 거리의 풍경 55
책상에 앉아서 56
겨울빛 57
한강의 애수(哀愁) 58
그냥 살면 된다 59
참을 수 없는 예술적 상상들 60
섬으로의 귀향 61
나의 항해 62
내가 사는 이 땅 64
추억의 얼굴 2 65
멀리 있는 불빛 66
봄꿈을 꾸다 67
지난 시간의 밤 68
시와 사랑의 변증법(辨證法) 69

새로운 문명의 모험

카페에 핀 꽃 70	한낮의 향기 100
이렇게 비가 내리면 71	흐르는 꿈결처럼 101
떠도는 구름처럼 72	살아가는 날들의 시간 102
희망(希望) 73	강(江) 103
우리 다시 만난다면 74	강 2 104
너의 작은 얼굴 75	여름에 내리는 그녀 105
우리 꿈꾸던 날들 75	그런대로 한 세상을 108
우리 꿈꾸던 날들 2 76	여름에 쓴 자서전 109
너의 푸른 눈 78	옛사랑이 진 자리에 110
이별 없는 이별 79	추억(追憶) 111
시로 쓴 마음 80	기쁨과 슬픔 사이에서 111
느낄 수 없는 81	너에게 가고 싶다 113
꽃잎이 휘날릴 때 82	눈 내리는 밤길 114
바람 속에 불 83	비가 내리면 115
떠나가는 마음 84	파란 하늘의 어두운 방 116
지나간 자리 85	밤비 117
먼 너의 눈빛 87	달처럼 구름처럼 118
바람 불던 날 88	눈 내리는 밤 119
그 거리에서 89	사랑의 가을 121
푸르른 날의 오후 90	시간의 안개 속에서 122
알 수 없는 불안한 시간 91	기다린다 123
떠나는 자리마다 93	KIND OF BLUE 124
한 줄기 흐르는 바람 94	시에는 풍경이 있네 125
거친 사랑 이야기 95	비 내리는 밤에 125
얼마 남지 않은 시간 96	편지들의 초상 126
먼동이 틀 무렵 97	타락한 인생 127
나의 이상한 꿈 98	꿈의 시간 128
그 사람을 99	꿈같은 날의 오후 129

목차

꽃잎의 두 얼굴 131
태양의 시계 132
꿈꾸는 시간의 노래 132
꿈꾸는 시간의 추억 134
흐린 시간의 눈 편지 135
꿈꾸는 시간들의 향기 136
사랑의 가을 137
가을사랑 138
세상의 우연처럼 139
고독의 편지 140
어린 나뭇가지의 사랑 141
시간의 안개 속에서 143
떠도는 날들의 애수(哀愁) 144
바람처럼 헤어지다 145
환상 속에 우물이 있다 146
흐린 날에 커피 향기 148
지구(地球)의 위기(危機) 151
목기 문명 시대로의 전환 152
모든 문화 문명의 근본은
농업이다 153
인류 문명의 방향
어디로 가야 하나? 155
이성을 잃은 이성의 문명 156
도시 문명과 농촌 문명 157
자연 순환의 원리대로 살자! 158
더 늦기 전에 160
순환(循環)의 문명 161
목기(木器) 문명사회를 위하여 163

똥 에너지 자원화만이
미래의 답이다. 164
미래의 자원은 똥이다! 165
쓰레기가 자원이다 166
핵융합 에너지와 똥 에너지 166
인류 문명의 대전환
어떻게 할 것인가? 167
인류 문명에 대한 사색(思索) 169
과학적 작위(作爲)의 문명은
안 된다 171
현대문명에 대한 나의 견해(見解) 172
신(新)농업 사회와 신(新)농업 산업 .. 173
인류는 지혜를 모아야 한다 175
새로운 문화와 문명의 비전 177
목기 문명과 쓰레기 없는 문명 178
인류 앞에 놓인 과제 180
새로운 문명의 모델을 만들자! 182
지구를 고민하는
고민남의 번뇌(煩惱) 184
문명의 대(大)전환 시대 186
새로운 문명(文明)의 전환(轉換) 187
새로운 문명의 전환 2 188
〈새로운 문명의 탄생〉 189
지구 생명은 파괴되고 있다 199
새로운 문명관(文明觀) 200
지구와 인류 202
우리 사는 세상 203
현대문명의 본질적 문제 1 204

새로운 문명의 모험

인류의 방향은 무엇인가? 206
목기 문명사회란? 207
전 세계 인류가 단합해야 한다! 208
문제의 해법을 제시하는
사람이 없다 209
우리의 갈 길은 목기 문명 시대다 ... 210
왜 대체자원이 필요한가? 212
지구의 '호메오스타시스'를
유지해야 한다 214
새로운 문명의 모험 216
저(底)출산을 위한 아이디어 222
이 시대와의 불화 1 223
이 나라에 생각하는 사람이 없다! ... 227
자연치유력을 기르자!!! 230
밤에 생각한다 2 231
고문 후유증 232
영화를 보지 않는다! 233
지구는 위기다!!! 234
인류 존속세(存續稅)가
있어야 한다 236
답답해서 그냥 쓴다 238
독백(獨白) 239
상상(想像)하다 239
쌍욕이 나온다 241
학자적 양심 242
진보와 관성의 법칙 243
답답한 마음 245
90일간의 세계 일주 248

내 생각에 대한 견해(見解) 249
지구를 바라보는 시각 250
이번 선거결과를 보며 253
불면(不眠)의 밤 253
무욕(無慾)의 삶 255
나의 연인 혹은 아내 257
딸기잼과 사과잼 258
이승훈 에세이 259
뜨개질 261
이병주 선생을 생각한다 262
어제 꿈에 263
불면(不眠)의 밤에 생각한다 264
인류의 문제는 무엇인가? 266
지구(地球)라는 생명 269
똥오줌을 에너지 자원으로! 271
내 생각은 맞는 걸까? 271
영화「서울의 봄」을 보다 273
아무도 책임지지 않는 사회 274
서재에서의 사색(思索) 275
인류의 미래를 위하여
(핵심 포인트) 277
나의 꿈 278
벚꽃 동산 279
시간이 별로 없다!! 279
거미「아트월드」 281
생은 고독이 있어 빛난다 281
나의 꿈 나의 여정 282

일상(日常)의 향기(香氣)

겨울의 봄

눈 쌓인 언덕 위에 나무는
두 눈 감고 누워있는
당신의 하늘을 보며 기도한다
세상은 왜 이리 파란가?
눈 서리가 떠난 자리에
봄의 표정은 수줍게
당신의 겨울을 밀어내고
새싹이 돋는
작은 우주의 신비
그 생명의 움직임을 듣는다
봄은 다가오지만
세상은 아직 한 겨울
철없는 아이의 미소만이
봄햇살의 의미를 담고있다
맑게 흐르는 물결의 노래는
우리 마음에 꿈을 심는다
그대는 왜 깨어나지 못하고
두 눈 감고
겨울바람의 외투를 입고 있는가?
봄바람의 의상은
따스한 햇살로 춤을 추는데
왜 차가운 대지에 누워있는가?
멀리 구름 뒤에
빛나는 봄의 노래는
아직 얼은 가슴에
한 잔에 술을 붓는다
마음의 깊은 섬은

알코올의 불꽃으로
깨어나 일어나서 커튼을 열고
눈부신 기지개를 켠다
봄은 생명이다.

꿈에 본 환상(幻像)

어제 꿈을 꾸었네
슬픈 비가 내리고 있었네
아마
당신의 까만 눈에서 흐르는
빗물이 아닌가 하네
꿈 속 책상에 앉아 위로의
분홍편지를 쓰며
담배를 피웠네
나뭇잎이 바람에 흔들리고
시냇가의 얼음 밑으로
투명한 물이 흘러가고 있었네
햇빛에 물드는 얼음조각
차가운 당신의 눈빛이었네
조각같은 얼굴에
흐르는 슬픈 눈물은
멀리서 강물처럼 흐르는 은하수의
아름다운 노랫소리였네
나는 당신에게 악수를 건네고
작은 배를 타고
바다로 향해 돛을 올렸네

미지의 세계는 꿈의 나라
난 당신의 답장을 기다리며
꿈속에서 외로운 나그네처럼
끝이 보이지 않는 길을 따라 걸었네
내리는 비를 맞으며
추적추적 걸어가며
작은 성에 고요 속에서
기나긴 꿈의 환상의 시간은
슬픈 비와 눈물을 흘렸네
가슴 시린 지난 추억의 시간이
마음에 섬에서
추억의 모닥불을 피우며
밤 하늘에
당신의 눈빛을 생각했네
꿈이 였기에
꿈이 였기에
마음의 기다림은 별처럼 빛났네.

비 내리는 날에

떠날 생각 말아요
우린 아무 말 없어도
정적의 시간이
커피의 향기와 함께
카페의 이야기를 합니다
창 밖에는
하이얀 햇살이

눈 부시게 내리쬐고
고독과 우울이 만나
지난 세월의 가을빛 우수를 말합니다
떠날 생각 말아요
지금 창밖에는
이름 모르는 빗방울들이
서로의 설렘으로 유리창에
흘러내립니다
찬란한 시간의 밤하늘에 별들이
소곤 되는 그 긴장의 말들
우린 아무 말 없어도
내리는 빗물이 모든 말을 합니다
우산 속에는 연인들이
빗속을 걸어가고
아무 말 안 해도
서로의 감촉이 미래의 단풍 같은
대화를 합니다
떠날 생각 말아요
빗방울이 흰 눈이 될 때
우리 말없이
흰 설원의 그 길을 걸어요
지금 비처럼
그 카페에
당신이 흘러내립니다.

인생의 향기(香氣)

삶이란 그런 것이네
시간 속에 익어가고
시간 속에 여물어가고
시간 속에 물들어가는 것
삶이란 그런 것이네
빛나기도 하지만
빛 속에 바래지면서
알 수 없는 영원 속으로 사라지는 것
삶이란 그런 것이네
때때로 비를 맞고
어두운 골목길을 걸어가며
한숨 쉬며 밤하늘을 바라보는 것
처진 어깨로 인생의 모퉁이에서
비틀거리는 것
삶이란 그런 것이네
모든 시간 속에 발효되어
자신의 향기로 남는 것
때때로 거울 속에 나를 보며
슬퍼하고 눈물짓고 웃기도 하는
삶은 그런 것이네
영원한 불행도 없고
영원한 행복도 없는
삶은 그런 것이라네
시간의 바람에 흔들리는
갈대와 같은 것
진한 노을의 붉은 술 같은 것
무지개빛 감정에

취해서 꿈꾸듯 살아가는 것
삶은 그런 것이라네.

기차는 떠난다

바람 불어 당신의 얼굴이
환해지던 날
나는 떠납니다
기차를 타고 아주 멀리
끝도 없는 지평선 너머로
날개 달린 새처럼 날아갑니다
푸른 하늘이
슬픈 구름의 표정으로 웃던 날에
머리에는 한 방울의
이슬이 내렸습니다
나는 떠납니다
덜컹거리는 창문 밖을 바라보며
먼 대지의 향기에 취해서
구름과 바람을 벗 삼아
떠나갑니다
지상의 모든 향기가
어떤 이름 모를 항구에서 웃던 날
나는 그대라는 꿈을 알고
떠나갑니다
가방에는 쓰다 만 시와 편지가
숨을 쉬고 당신의 얼굴과 향기가 새겨진
커피가 들어있습니다

나는 떠납니다
알 수 없는 미지의 섬으로
새가 날고
꿈이 잠들고 있는 그곳에
나는 한 걸음만 더 멀리
기차와 함께 정오의 시간에
떠나갑니다.

러브레터

어제 청춘을 잃은 바람이 쓸쓸히
골목을 걷다가 노란 전등 앞에서
꿈을 꾸었네
그대라는 불빛이
아직 세상 어딘가에 불을 밝히고
숲길을 걸어가는 작은 고요 속에
앉아 있다는 것을
턱을 괴고 상상에 빠져 어느 먼 별의
꽃을 바라보며 사랑에 빠진 그대
노을이 진한 슬픔처럼 번지는
저녁에 바람은 혼자서
책상에 앉아 한 자 한 자 편지를 쓰네
어느 공원에서
그대가 그 편지를 읽으며
입가에 잔잔한 미소가 입가에 어릴 때
웃고 있는 모습은 빛없는 세상의 등대
나는 그대라는 별에게

이 말 없는 편지를 한가한 새에게 실려
그대 나라의 그대 방 안에 보내네
마당에 빗방울이 소곤거리고
구름은 달을 가리고
그대는 담배를 피며 내 편지를 읽네
세상의 모든 밤이 잠들었을 때
깨어나 혼자 술을 마시 듯
꿈의 사연을 읽을 때
달은 빛나고
새들은 하늘을 날고
하얀 날개가 당신을 싣고
도시의 밤하늘을 날아가게 한다네
이 작은 종이에 적힌
붉은 사랑이
바람의 노래이기에 상상은
춤추듯 그대를 안고
깜깜하고 고요한
사막의 밤에
빨간 장미로 그대 마음에
꽃이 핀다네.

감정의 푸른 바다

마음속에는 무엇이 있을까?
아마도
흐느낌과도 같은 슬픔과 고통이
넓고 푸르게 바다를 이루고

알 수 없는 미지의 섬들이
표류하고 있다
거기엔 바다새가 끼룩대며
허공을 떠돈다
그 바다의 소리가 들린다
날자!
멀리 저 멀리
추락하는 내면의 소리는
또 다시 아픔의 빨간 비명을 지른다
출렁이는 바다의 파도는
온갖 비애의 거센 바람
출항하는 배들은
돛을 달고
바다의 끝을 보며
고개를 숙인다
알 수도 없고 상상하기 어려운
바다의 고뇌는 노를 저어
황금의 새가 나는
섬을 향하고 있다
핏빛 노을이 물들어 갈때
배는 항구를 떠나
담배 연기를 내뿜는 어느 선원의
작은 속삭임은 그러나 희망의 눈물
마음속에는
가시돋친
아픔과 고통과 슬픔의
파노라마가 영화처럼 펼쳐지고
지친 하루의 허리를 붙잡고
바다를 헤쳐나간다

푸른 바다 위를
새가 난다.

한낮의 산책

봄빛 위를 걷는다
우산 쓴 여자가 지나간다
태양이 우거져
하늘은 파랗다
파란 하늘은 봄빛의 우산이다
봄빛 위를 걷는다.

오 원(5원)과 공중전화

네가 그리워 밤중에
어두운 그 길을 나섰네
가로등 불빛 은은히 빛날 때
공중전화를 하려고
가지고 있는 돈
모두 오 원으로 바꿨네
어두운 밤하늘에서 조금씩 비가 내렸네
공중전화 부스에 들어가
전화기 다이얼을 돌리며
네 모습 떠올렸네
전화벨이 따르릉 울리고

너의 목소리 들려왔네

술을 마신 건 아니지만 나는 취했네

철컥철컥

오 원씩 전화 요금이 올라갔네

밤비에 취해서일까? 너의 목소리 아름다웠고

나는 아무 말도 하지 못하고

너의 목소리 들었네

하고 싶은 말 가슴에 가득해도

내 사람이 아닌 너에게

어떤 말도 할 수 없었네

철컥철컥

올라가는 공중전화 요금

밖에는 하얀 비가 내렸네

너의 목소리 아름다웠고 나는 슬펐네

음악처럼 들려오는 소리에

나의 마지막 오 원을 넣고

너의 목소리 들었네

밖에는 비가 눈이 되어 내렸네

내일은 크리스마스이브

나는 메리 크리스마스라고 속삭였고

전화는 끝났네

밤하늘에 하얀 눈송이

사랑이었네

오 원짜리 동전처럼.

바람만 부는 풍경

아무 말도 하지 않고
지난겨울의 쓸쓸함에 대해
봄 햇살이 쏟아지는
창밖을 보며 내면의 텅 빈 봉투의
고독을 이야기한다
편지에 내용이 없다는 건
그리움 때문이다
고독을 담아 보낼 수 없기에
책상에 앉아 빈 마음으로
빨간 색채의 그림을 본다
한 잔의 술잔에 담긴
어떤 추상이 헛된 창고의
작은 이미지로 그려진다
닭의 포근함과
소의 따스함이
내 고향은 바다가 아니었다
마음의 흐르는 색채의 감정이
비처럼 내리는 어떤 거리이다
새의 가면을 쓰고 날고 싶지만
날개는 부서져
바다로 날아갈 수가 없다
눈물의 강이 넓은 무지개의 다리를 건너
소나기처럼 작은 방안에 쏟아진다
펜은 비를 맞으며
철 지난 옷을 입고 낙엽이 떨어지는
공원의 벤치 위에서 서성인다
밤에 달이 환하다

그 빛을 향해 걸어간다
그리운 얼굴이 나타나고
작은 사과를 하나 건넨다
한입 깨물자
흰 눈이
펑펑
작은 내 방안에 달빛으로 내린다.

새벽 같은 너의 눈빛

기다리는 건
기다리는 건
기다리는 건
아니지만 너의 고운 눈빛
캄캄한 세상에서 빛날 때
숨막히게 아름다운 밤하늘 맴도는
지상에서 벗어난 별 하나
창문 밖에 나무 그림자
고개를 숙이고 무얼 생각하나?
언젠가는
막다른 길 끝에서 손을 내미는
너의 하이얀 손
떨리는 마음 떨리는 나의 허무는
땅 위를 박차는 새 한마리의 비상
너의 황금의 꿈은
미래를 따스하게 비추는 작은 불빛
오늘

노트 위에 쓴 노래는
언제나 기다려지는 너의 목소리
일어나 길을 향해 가라는
신성한 계시와 같은
너의 눈빛
깊은 수면에서 일어나
거친 들판에 흰눈이 나부낄 때
지상을 비추는 환한 눈송이로
종소리 울리듯
우리의 지붕 위에 내려앉아
흰 빛의 고요 속에
나팔수와 같이
우리 마음에 잔잔히 내려앉는 노래
먼동이 뜨고
세상은 깨어나 눈을 뜨고
새벽 닭의 울음처럼
어둠 속에 태양 미소로 눈뜬다.

한낮의 산책 2

눈부신 하늘 아래
수면 위를 걷듯이 봄빛을
밟으며 걸어간다
꿈꾸듯 걷는 이 길은
햇빛 너머에 무엇이 있을까?
빛나는 그 무엇
달이 숨어 있는 그곳에

밤이 되면
수줍게 솟아오르는
그달 속에
그대의 고운 얼굴이 있네
한낮에 꿈속의 그 달빛
햇살처럼 맞으며
그대 있는 그 자리로 가네.

불어오는 봄바람

가슴 시리게 다가오는 불빛
그것은 바람이어라
너의 눈빛을 타고
꿈꾸듯 설레는 마음

영혼은 바람을 타고 바다의
푸르른 해풍으로
이 고장의 온기를 적신다

타고 남은 생의 고뇌는
너의 대한 목마름
바람은 불꽃을 일으키며
어김없이 가슴 속에
재를 뿌린다

한없는 푸른 하늘가에
떠도는 구름들

하이얀 정적의 소리가
나의 창가에 이슬처럼 떨어지고
바람은 고요를 흔들며
눈물을 흘린다

떠나는 배는 바람의 달빛 속에서 흔들린다.

바람에 날리는 커튼

이 세상 어딘가에는
서양 어느 무명화가의 그림 속에
우수의 한숨과 슬픔의 눈물
창문 밖에 내리는 흰 눈이
작은 커튼처럼
바람에 구슬프게 흔들립니다
나는 당신을 모릅니다
어느 곳에 있는지
언덕 위에 앉아 지나가는 바람과
대화를 하는 당신
꽃잎이 당신의 코끝을 스치고
향기는 알 수 없는
어느 카페에 커피잔에 내려앉아
연인을 바라보는 남자의
애련의 시선 속에 머무릅니다
모든 바람에 날리는 것들
당신의 치마도
하얀 커튼처럼 휘날리고

나의 시선도 커튼처럼
당신의 모습에 흔들립니다
기차는 바람을 타고 달리지만
지나치는 나무들은
안개의 희미한 모습으로 흔들리고
생의 끝자락을 붙잡는
한 남자의 미련 속에
당신의 흰 손수건은 애수의 표정을
지으며 눈물을 흘립니다
모든 것은 흔들리며
바람에 날리는 커튼처럼
구슬피 울고 있습니다.

당신이란 신비

그대의 눈빛은 상징
나는 그 눈빛을 씨앗처럼
땅에 묻고 눈물로 물을 주었습니다
해가 뜨고
밤이 오고
비가 내리고
바람이 불던 날
천둥과 번개가 몹시 내리치던
어느 날에
그 상징은 자라나서 잎이 나오고
신비한 과일이 주렁주렁 열렸습니다
나는 오후에

그 나무에 열린 과일은 따서
눈으로 와작와작 씹으며
그 파란 맛에
놀라는 심장의 두근거림에
두 팔이 날개가 되어
푸른 하늘로 날아올랐습니다
상징은
해를 낳고 달을 낳고
파란 눈물을 흘리게 합니다
당신이란 신비가 만든
우울한 예술가의 비애의 열매가
기적처럼 나무에서
사랑과 슬픔의 음악이 됩니다
당신이란 신비한 상징이.

우산 속에 연인

둘이 걸었네 우산 속에서
비는 내리는데
거세게 비는 내리는데
우산 속에 두 사람
따스한 온기로 걸었네
생의 햇빛을 맞듯이
우울한 하늘의 빗방울들이
생의 별처럼 바닥을 적시며
빛나고 있었네
우산 속의 두 사람

말은 없어도
아무말 없이 서로를 느끼네
비는 내리는데
슬픈 비는 내리는데
작은 행복이 숨 쉬는 공간
우산 속의 두 사람
말은 없어도
따스한 밀어 나누며
빗속을 걸었네.

고독은 나의 길

쓸쓸한 바람이 부는 길
나 홀로 걸어간다
해는 먼 산 위에 걸려있다
언제가 끝인지 모르는
하루하루를
흐르는 강물처럼 걷고 또 걷는다
비가 내리는 날이나
바람이 차갑게 부는 날에도
낙엽이 거리를 뒹구는 날에도
나의 길을 걸어간다
고독은
멀리 보이는 불빛을 향해
별처럼 외롭게 빛나며
경사진 언덕을 넘는다
밤하늘 위를 날아가는 새 한 마리

달빛을 가르며 어디로 가는가?
어느덧 하얀 눈이 내리면
설원에 흰발자국 남기며
고독의 길을 따라
기타를 메고
나는 무심한 마음으로
세월의 바람을 따라 걸어간다.

봄의 환타지아(Fantasia)

눈 감고 상상해봐!
봄의 꽃들이 안개처럼
활짝 핀 이 세상을
떠나가는 상념들이 꽃의 축제로
우리의 환상을 수놓을 때
시간의 기다림은
단지 순간의 아픔
당신을 잊을 수 없습니다
아름다운 얼굴
아름다운 미소
아름다운 눈빛의 은유를
계절의 온기가 화사하게 빛을 뿌리면
사라지는 차가운 인간사의 번뇌들
눈을 감고 상상해봐!
봄의 축제 속에서
꽃들과 함께 춤을 추며
노래를 불러봐!

술 향기와 같은 취기가
시간의 악몽을 잠재우고
꽃들은 우리를 둘러싸고
사랑의 향기로
세상을 물들인다네.

너의 눈웃음

가야지!
하면서 떠나지 못하는 것은
멀리서 바라보는
너의 눈빛
나의 발길을 붙잡고
상상의 너의 얼굴이 환하게
생의 길목에서 불을 밝힌다
현실의 쓸쓸함에
어딘가로 가고 싶지만
까마득한 절벽 같은 이 인생길
너의 눈빛
봄의 색채와 같은 웃음이
찬 바람 부는 이 세월에
따스한 솜옷이 되어
나를 붙잡고 만다
거리에 밤의 등불이 켜지면
골목길에 휘파람 소리
고양이들의 밤 인사
터벅터벅 걸으며

달빛 같은 웃음이
내 머리를 비추면
찬 서리같은 세상사도 인정의 거리
가야지
하면서 떠나지 못하는 것은
하얀 눈처럼 떨어지는 눈꽃의
웃음이 내 앞길을 막기 때문이지.

하얀 등불 아래서

한번 만나지도 않았는데
채였다는 감정의
색채와 빛깔은
무엇일까?
아마 창백한 까만 편지를 읽는 기분일거야
세상에는 많은 우연과 사랑이
낙엽지는 공원의 벤치처럼
쓸쓸한 하루의 시간에
앉아있게 한다
펜을 들어 입에 물며
아주 머나먼 거리에 있는
어떤 소녀에게
사랑의 고백을 하고 싶다
창 밖은 어둡고
바람은 몰아치고
불안정한 기분의
촛불이 흔들리는 방안

슬픈 사연으로 써내려간
편지 위에는
한 방울 회한의 눈물이
이국의 소녀 가슴을
울릴 것이다
한 번도 만나보지 못한 어떤
긴 머리의 그 사람은
이 밤도 뒤척이며
꿈의 그 연인 생각으로
나를 버리고
별빛의 여행을 떠날 것이다
반짝
이슬 같은 감정이 흘러내린다.

저녁 산책

커피색 어둠이 짙어지는 밤
공원에는
벚꽃이 전등처럼 비추고 있었네
거리는 아름다웠네
생의 길이 이렇게 아름다웠다면
짧은 순간이지만
사람들에게 몽환의 꿈을 그리게 하는
그 자태에서
생의 환희와 비극을 느꼈네
아무 말없이 걸어가지만
가지가지 상념의 꽃들이

머리에서 피었다 지었네
매일 걷는 길이지만
매년 찾아오는 꽃의 파티가
마음에는 서러움의 빛깔로
나를 아름다운 슬픔으로 물들게 하네
어차피 한번은 가야 할 인생살이
활짝 피어볼 날 기다리며
살아왔지만
나의 아름다운 벚꽃의 시절은
아직까지 오지 않았네
하얀 벚꽃의 신비한 그 빛이
삶의 작은 희망이라네
때를 기다리어 피는 벚 꽃처럼
나의 꽃 날을 기다리며
커피색 저녁의 어둠 속을 걸어간다네.

그대의 이미지

뼛속 깊이 냉기 같은 감정이
몸을 찌를 때
나는 그대를 떠올린다
작은 얼굴
예쁜 미소
착한 마음
온몸이 사랑스러움으로
흐르는 그대여
작은 방에 인형같이 항상

나를 지켜보는 그 눈빛
차가운 삶의 고독을
활활 타오르는 불꽃의
이미지로 나를 데워주는 그 표정
각박한 세상에
따스한 구원의 손길
잊지 않으리
그대의 마음이 내 얼어붙은 생활에
모닥불처럼 타오르는
유일한 사람이란 걸
캄캄한 지하실에 한줄기의
빛이란걸
그 별빛 까만 눈을 잊지 않으리.

그런 날에 꿈

저기 파란 하늘 끝
멀리서 기다리는 사람아
나 이제 가려하네
땀 흘리는 이곳 대지 위에
맨발로 걸어가며
바람의 시간 앞에 서서
아무말 없이 꿈을 꾼다네
당신은 어느 곳에도 있고
당신은 어느 곳에도 없네
서러운 강물이 출렁이며 흘러가는 그 곳
가로등이 도시 위에 우울이 서 있고

어둠의 향기가 한 그루 나무처럼
길가는 나그네의 마음을 점령한 이 곳
꿈꾸는 자에게는 도시의 그늘이
말 없는 커피를 건네며
쉬었다 가라 한다네
생각 없이 살아온 삶은
지친 다리를 절며
당신이 보이는 그곳에 간다네
시간이 정오를 가르치면
고개 떨군 이방인의 꿈은
또 하루를 바람과 함께
이 거리를 배회하며 당신의 흰 어깨 위에
새 한 마리에게 키스를 하네
날아가는 꿈의 지평선 위에
생은 다시 상상의 날개로
금빛 꿈을 꾸며
그대 서 있는 자리로 날아가네.

추억의 얼굴

그 고운 눈빛에서
서정의 노래가 나온다
그 고운 콧날에서
시대의 향기가 어려있다
날마다 날마다 신문의
통속적 기사처럼
무의미한 활자들이

머리에 떠돌아 다닌다
그래 흐린 날에
금방 하늘에서 한바탕 비가 내릴 듯
무수한 언어들이 우리들에게 쏟아진다
엉망으로 시간들이 얼룩지어진다
추악한 냄새가 이글거리는 거리
지나간 시간 속의 빛나는 언어는
너의 입술의 의미
신비한 불길 속에 탄생한 도자기
파란 향기가 향긋한 빛처럼 나온다
조각조각 지나치는 시계 바늘 속에
너의 하얀 얼굴은
계절의 바람처럼 외투 속에 파고든다
편지의 속삭임처럼 당신 얼굴은
말 없는 말 속의 달콤함
낙엽처럼 떨어지는 추억의 공원을
나는 거닐며
흘러간 시간과 마주앉아
카페에서 까만 커피를 마시며
쓴 웃음으로 햇살같은 당신 얼굴을
바라본다
바람이 불고 날씨는 아직 춥지만……

바라보자

아무 말 없이
아무 말 없이

흰 눈이 내리듯
흰 눈이 내리듯
소복하게 우리 서로를 바라보자!
그 시선의 끝자락에
생의 잎사귀같은 파란
마음이 달려있다
먼 바다를 바라다 보듯이
그렇게 우리 서로를 바라보자
꿈의 새가 푸른 하늘을 날듯이
그렇게 우리 서로를 바라보자
증오의 전쟁보다는
지상의 별인
사랑과 평화가
꿈꾸며 서로를 바라보듯이
그렇게 우리 서로를 바라보자!
이 세상에 포성이 사라지는 날에
흰 꽃이 내리듯이
사람들 마음 속에 꿈으로 쓴 편지가
작은 마을의 작은 집에 날아들어
꽃잎 같은 사랑의 눈물이
맺히듯이
그렇게 우리 서로를 바라보자!
별처럼 빛나는 이 지상의 꿈들을
함께 마시며 나누자!
아무 말 없이
아무 말 없이
이슬비가 촉촉히 땅을 젖시듯이
우리 서로를 바라보자!

당신의 뒷모습

잔잔히 흐르는 흰구름
떠나는 모든 날의 슬픔을
뒤로 하고
지난 아픔의 시간들이 째깍 되면
가방을 메고 떠나가자
방안에는 꽃병이
마지막 이별에 대한 명상을 하고
당신의 초라한 모습에 대해
사색하는 촛불의 노래
돌아서는 그대의 모습에서
씁쓸한 술의 향기가 난다
저 머나먼 타향의 어느 곳에서
푸른 바다의 항구를 바라보며
손은 하얗게 흔든다
떠나는 당신
어깨에 지난 피로가 짐처럼 누룰때
아쉬운 난로의 열기처럼
눈빛에 그늘이 어린다
돌아서는 그 모습 속에
멜로디 없는 노래가사처럼
철 지난 낡은 외투를 입고
기차 플랫폼으로 향하는 모습은
스쳐가는 풍경처럼 고독의 향수를 뿌린다
한 걸음 한 걸음 멀어지는 뒷모습
진실의 시간이 다가오기에
초침처럼 서성이며 떠나간다
생각의 가지들은 잎을 흔들며

마지막 당신의 모습에서
뒷그림자의 슬픔에 대한
회한이 담배연기처럼 피어오른다.

어느 카페의 추억

피아노 소리가 은은히 들리는
어느 카페에서
하얀 비가 내리던 날
그대와 나는 만났지
창가에 빗방울이 주루룩
흘러내리는 비바람 불던 날
까만 커피에는 향기가
노란 나비처럼 피어오르고
그대의 눈빛은 흰 눈송이처럼
마주 앉은 탁자에 내리고 있었지
슬픈 조명이 꿈처럼 우리를 비추고
음악은 운명의 발걸음처럼 울렸지
무슨 대화를 했는지 기억은 나지 않지만
카페의 어떤 그림이 우리를 보며
하얗게 웃고 있었지
창 밖에는
비가 리듬을 타고 내리고 있었지
그대의 웃음은 아름다웠지만
내 마음은 눈물을 참고 있었지
카페의 지난 시간이
나의 책상에 악보처럼 펼쳐지고

나는 창백한 글씨로 지난 날을
시로 쓰고 있었지
그 시에는 그 카페의 하얀 비와
슬픔의 향기가 묻어 있었고
나는 시간의 문을 열고
그 카페 안을 들여다 보며
아픔의 비가를 쓰고 있었지
그대의 눈빛과
그대의 향기와
그대의 색채를
까만 커피와 마시며
이별의 노래를 슬프게 쓰고 있었지
어느 카페의 추억의 시간들을.

어떤 꿈인지 몰라

이 거친 세상에 태어나서
내가 찾아 헤맨 것이 뭘까
무엇을 꿈꾸었을까
혁명의 밤인가?
명예의 꿈인가?
사랑의 빛인가?
무엇이었을까?
무엇이었을까?
알 수가 없어 갑갑하네
비가 내리는 밤
거리를 헤매고 다닌 이유가 뭘까?

가로등이 노랗게 피어난 밤에
무엇을 찾아 길을 걸었을까?
인생길을 오래 걸어왔네
지금의 내 인생 지갑은 빈 주머니
아무것도 없는 공허
담배만 피우며 공상을 하는 이상주의자
아무튼 꿈을 찾아 헤맨 건 사실
비가 내리는 밤
작은 카페 안에서
커피와 담배를 물고
너를 바라보는 일
그게 내 꿈 아닐까?
그게 내 꿈 아닐까?

어떤 꿈인지 몰라 2

내가 유럽을 간 건
내가 파리를 간 건
내가 뉴욕을 간 건
어떤 이유에서일까?
무엇을 찾아서일까?
왜 나는 비행기를 타고
북경의 거리를 걷고
동경의 불빛을 걷고
아득한 사막의 모래밭을 찾아 헤맨 건
무슨 이유에서일까?
파르르 떨리는 공기 속에

파르르 불어오는 바람 속에
혹시 너의 그림자의 조각이
거리를 헤매고 있지 않았을까?
나의 꿈은 아마 너인지 몰라
긴 머리 휘날리며 걸어가는 모습
나의 꿈은 아마 너인지 몰라
뒷골목 길을 걸어가며
담배를 피워물고
푸른 하늘을 바라보며
긴 비가 내리길 바란 건
아마 너를 보고 싶기 때문인지 몰라
별과 함께
달과 함께
먼 길을 걸어간 건
아마 너 때문인지 몰라
아마 그런 꿈 때문인지 몰라.

너에게 부치는 편지

따스한 바람이 긴 그리움으로 불 때
그 바람 종이비행기로 접어
빈 하늘에 날린다
멀리 있는 너는
마당 하늘 구름 위에서
뚝
떨어지는
그리움

마음의
창문에
빗방울
찡
울린다.

그대 떠난 후에

바라지 말아야 한다
네가 떠난 자리에 꽃잎이 떨어져
흰 눈으로 쌓일 때
생은 따스한 하루를 맞는다
마지막 눈빛처럼
간절하게 바라는 마음의 영혼
지금 이 자리에서
파란 하늘 위에 펼쳐본다
바라지 말아야 한다
네가 떠난 자리에 빗방울 떨어져
바람의 낙엽으로 날릴 때
생은 이윽고 따스한 햇빛이 된다
피어나는 꽃처럼 작은 선물은
눈 내리는 날
세상의 새로운 아침을 맞는다
떠나는 모든 것들에게
기차 창문에서 흔드는 흰 손수건처럼
마지막 그리움의 이정표로 남는다
안개가 스미듯이

밀려오는 생각은 이제 찬 바람에
날라가 버린다
떠나는 이여!
안녕
부는 바람의 시간 앞에
긴 세월의 편지를 쓴다.

너의 웃는얼굴

멀리 멀리 있는 달빛에 물든 잎사귀
한번 태어난 생의 시간들은
지금 촉촉히 젖어
고개를 숙이고 찾아오는 어둠을
햇빛같은 커튼으로 젖힌다
너의 웃음같은 햇살은
방안 깊은 고독을 비추고
여름비 내리는 컵같이
목마른 내 가슴을 젖신다
허공을 가득 메운 별 하나
반짝하며 지상으로 추락하는
내 마음은 몸의 꿈
잔잔한 공기 방울처럼 가벼운
웃음이 한낮의 공원에 장미꽃으로
지상에 가득하다
갈 수 없는 내 고향은
나의 방황의 길
아득한 곳에서 웃고 있는

그 눈빛 보려고
정오의 태양 밑에 그림자 길게
누이고 나는 서 있다
건물 사이에 무지개 빛
희망이 표정처럼 빛난다
너의 얼굴에 깃든
어떤 슬픈 미소가.

하늘빛 꿈

노을처럼 번지는 잔잔한 너의 미소
하늘 위에 흰 구름 떠가듯
오늘 발걸음은 구름색으로
아침을 밟고 걸어간다
아무 말 안 해도 알 수 있는
햇살같은 무표정 속에도
생의 목표는 깃발처럼 하얗게 흔들린다
다음 고지는 어딘가?
이상의 꿈 너머에 웅크린 작은 마음은
푸른 초원 위에 바람처럼 불어온다
살아가는 것은 거친 삶의 언덕을 넘어가는
간절한 소망의 발걸음
아침이슬처럼 투명한 너의 꿈은
작은 책상 위에 잉크병처럼
지구와 같은 원고지를
파란색으로 물들여 간다
강물 위로 뛰어 오르는

한 마리 잉어처럼
생생한 햇빛의 출렁임은
아주 먼 고장의 웃음같은 창문의 빛
섬 위에 떠있는 작은 집에 불꽃은
밤하늘로 올라가
영원히 빛나는
세계의 별이 된다

흰 봄의 노란 겨울

봄은 노래한다
아직 밤바람이 차다고
따스한 남국의 공기가
너를 닮은 이 작은 마을에
편지처럼 날아왔는데
세상은 노란색으로 물들었는데
아직은 봄이 하얗다고 한다
겨울은 끝내 가버렸지만
햇빛 속에 남아서 서성거리며
노랗게 물들여져 있는 겨울
지붕 위에도
마당 안에도
고양이 눈빛에도
봄은 기지개를 펴고 누워있지만
그대의 눈빛 속에 깃든
차가운 겨울바람은
아궁이의 불빛을

흔들리게 한다
떠나야 하는 마음과
떠나지 않는 마음이
서로에게 악수를 건네고
봄 언덕 너머로 멀어져 가는
겨울 그림자는
노란 햇빛 속에서
쓸쓸히 어깨를 숙이고
멀어져만 간다.

너가 떠난 날

흐린 날
흐린 날
흐린 날에 눈보다 시린
비가 내렸네
꿈꾸던 어제는 사라지고
가슴 아픈 현실이
내 발길을 흔들고 있네
대나무 밭엔 바람이 쓸고 지나가고
파란 잎사귀는 머리를 흔드네
너가 떠나간 오후의 어느 날
커피향 같은 노래를 들으며
이슬 같은 눈물이 뺨에 흘렀네
시간의 안개는 슬프게 나를 둘러싸고
정하지 않은 길을 따라 걸으며
캄캄한 밤하늘의 달빛

비처럼 내렸네
이제 떠나간 시간들에게
작별인사를 하며
손을 흔들고 기다란 철길을 따라
마냥 걸어가네
나의 길이 어딘지도 모른 채
비가 내렸네
흐린 비가 내렸네
거리엔 우산 쓴 연인들이
달빛을 맞으며
촉촉히 젖어서 슬프게 걸었네.

눈길

산 깊은 곳에
작은 발자국
눈이 내려 세상은 하얀데
한적한 이곳에
누구의 발자국일까?
밤하늘 별이 내려와 걷다간
흔적일까?
가지에 흔들리는 찬 공기의 내음
인간이 사는 곳에는
독한 술기운과 담배연기가 가득하고
거리에는 미친개가 달린다
산 깊은 곳에
작은 발자국

하얀 눈 내려 세상은 온통 하얗데
누구의 흔적일까?
이름 모를 어떤 연인의 방황인가?
마을 초가에 흰 연기
작은 새 한 마리
날갯짓 하며 하늘로 난다.

걸어서 가는 길

가도 가도 끝없는 길을 간다
정해진 길은 없어도
잎새 우거진 숲길도
따가운 모래 바람 속을 헤매고
헉헉거리며 가는 길을 간다
태양의 이글대는
삶의 정글 속을
욕망의 질화로 속을 걸어간다
노을이 물드는 강물 곁으로
낙엽이 바람에 뒹구는 골목길도
가슴 뻥 뚫린 허공의 길도
파랗게 눈을 뜨고
모진 가시밭 길을
어느 외딴길에 차가운 등불을 벗 삼아 간다
때로는 외롭고
때로는 지치고
때로는 주저앉고 싶은 길이지만
길 속의 길을 헤매며 생의 깊은 동굴 속으로

아직 별을 뜨지 않았지만
막막한 하늘 위에 구름 한 점
부는 바람으로 동무 삼아
세계의 꿈을 안고
물 흐르듯이 꿈길 속을
터벅터벅 걸어간다.

어느 날 성수동의 낭만

서울 성동구 성수동에 가면
사랑을 찾을 수 있을까?
그 길 그 거리를
걷다 보면 우연처럼 나타난 운명이
웃으며 나를 반겨줄까?
쓸쓸히 담배를 피며 성수동을 걷다가
까만 옷을 입고 노란 불빛 아래
꽃을 들고 있는 사랑을
행운처럼 만날 수 있을까?
서울 성동구 성수동에 가면
사막의 꽃같은 사랑을 만날 수 있을까?
그 슬픈 비가 외로히 내리는 날
주머니에 손을 꽂고 걷다보면
꿈인 듯 나타난 사랑이
내게 꽃을 건네며
나비처럼 하늘로 날아 가버릴까?
백만 볼트의 전류가 흐르듯이
나를 하얗게 감전시키고

밤하늘 별인듯한
사랑을 만날 수 있을까?
서울 성동구 성수동에 가면
봄비에 젖어 서성이는 나에게
곱게 써 내려간
손편지 전해줄 그럴
사랑을 만날 수 있을까?

어느 흐린 날의 꿈

파란 하늘에 구름이 떠나간 자리
그 하늘 아래 너를 생각하는 사람
삶의 텅 빈 공간에
스산한 바람이 불어오고
나뭇잎 하나 푸른 얼굴로 흔들린다
지나가는 모든 세월의 얼굴들이
정원에 내려앉아 재잘되고
구름빛 시간들이 뜨거운 정을 나눈다
스치는 모든 마음의 사물들은
제 각기로 표정을 짓고
마당에 내려앉은 낮달은
희미하게 웃으며 슬퍼한다
갈 수 없는 세월의 시간들
하얀 손 내밀며 고개를 흔든다
떠나가라 파란 잎사귀의 슬픔지우며
망각의 강으로 흘러가라
흰 연기 피어오르는 하늘가에

너의 조그만 손은 파랗게 젖어
꿈꾸듯 이마를 집는다
언덕 너머에 오르막 걸어가는
소년과 소녀의 눈빛은
시간의 들녘에 꽃씨를 뿌리고
미래의 바다속으로
꿈의 배는 출항한다.

너를 만나러 가는 길

봄의 향수병 위를 걸으며
돋아나는 푸른 싹의 작은 모습에서
생의 발걸음은 아주 먼 곳으로
뻗어나간다
꿈의 씨앗들이 바람에 날리듯
작은 봄의 희망들이 춤추며
걸어가는 길에
아름다운 잔상으로 눈에 커튼을 연다
지상의 축복은
너를 만나러 가는 길 위에 꽃을 피운다
흘러가는 강물 위에
흰 새들이 시간이 대지를 가르고
불타는 태양빛 지붕들은
우리에게 뜨거운 안식처로 앉아있다
작은 돌맹이 같은 생의 꿈은
너로 인해 날개를 달고
하늘에서 하늘 너머로 날아간다

이 길 걸으며
하얀 편지 같은 이 길 위에는
들꽃들의 노래가
오래된 전설의 꿈을 안고
구름의 다리를 건너 너에게 간다
생은 정말 아름답다.

낙산 해수욕장

푸른 바다는 출렁인다
밀려왔다 밀려가는 파도의 숨결
허무한 마음에
일렁이는
눈 감았다 눈 뜨는
파도 같은
설레임
반짝하는 별
너!

비가 갠 오후

햇빛 쏟아지는 오후
시간의 그림자 속에
머리카락을 움켜주고
공원으로 산책을 간다

신선한 공기와 나무들
바람에 흔들리는
빛난다
머리감은 푸른
잎사귀.

지친 거리의 풍경

구름이 찌푸린 표정을 한다
어느 골목길을 돌아
바라본다
술 취한 술주정뱅이의 노래
악을 쓰는 아주머니 목소리
길 위를 떠도는 개들과
뛰어노는 아이들
느린 자동차의 걸음
수레를 끌고 가는 노인
가게들의 슬픈 표정과 한숨
꿈을 잃은 실업 청년의 어깨
화장한 아가씨의 출근
밤의 등불이 켜지자
어둠을 헤치고 걸어가는 사람들
삶의 퍼레이드가 울려 퍼지고
밤하늘의 달은
은은히 미소짓는다
거리의 그림들을 보고.

책상에 앉아서

꿈에서 깨듯이 일어나
책상에 앉는다
담배를 하나 꺼내서 입에 물고
비 내리듯이 쏟아지는
많은 상념들이 지금
눈처럼 하얗게 쌓여있다
인생의 갖가지 근심들
살아가기 위한 고민
사랑하기 위한 번뇌
세상 앞에 닥친 걱정들
과연 어떻게 풀어나갈까?
한 잔의 술로는 해결할 수 없는
가지가지의 문제들이
눈송이처럼 눈 앞에 내리고 있다
누가 이런 위기에 대해 풀어나갈까를
책상에 앉아 길게 담배 연기를 내뿜으며
고개를 절래 절래 흔든다
신만이 이 해법을 알고 있다
가슴 가득 스미는 슬픔의 이 21세기
까만 커피향을 맡으며
다시 담배 연기를 내뿜고
머리 위로 우박이 떨어지는 듯
따가운 고민을 하게 된다
이 세계의 미래는 어떻게 될까?
신의 해법을 알고 있는 사람은
과연 누구일까?
창밖의 흐린 하늘처럼

온통 안개의 세상이다
커피에 담배를 찍어 먹듯 하며
인간으로 살아가는
번뇌의 빗방울을 우산 없이 맞으며
씁쓸하게
담배를 피워문다.

겨울빛

눈 감으면 떠오르는 그 사람
봄의 꽃길 속을 걸으며
바람의 길 따라 내 마음으로 들어온 사람
지금은 봄인데
햇빛은 따스하게 마음의 길을 열어
한겨울의 꿈은 작은 열쇠처럼
향기 나는 마음 상자를 열게 한다
모든 겨울의 환상이
햇살 속에서 부활한다
알을 깨고 나온 새처럼 바람은
기차의 구슬픈 소리로 우리의 달빛 꿈을 흔든다
사랑했던 모든 것들이
지금 막막했던 겨울 추위에 떨다가
바람의 햇빛 아래 생명의 날개로
하늘 높이 솟아 오른다
겨울의 꿈들이 새처럼 비상하며
멀리 멀리 별들의 세계로 날아간다
오직 단 하나의 모습을 별 잎에 새기며

지상으로 낙하하는 꿈의 새여
겨울의 금빛 꿈은 아직
떨며 날아오르는 대지에 숨결처럼
바람을 타고
차가운 겨울 바다를
해가 떠오르는 붉은 노을 속에서
활활 타오르는 불꽃의 깃발처럼
노래 부른다.

한강의 애수(哀愁)

휘영청 둥근 달
그 빛 아래로
한강은 유유히 흐르고 있네
달빛에 물든 강물은 인간사의
애환이 서정시로 물들어 가고
사랑을 나누는 연인들의
눈에도 달빛으로 빛나고 있네
달아 밝은 달아
서로를 기대며 도시의 밤은 깊어가네
뉴욕의 달밤
허드슨강도 말없이 흐르며
시대의 감성을 달빛증언으로 빛나네
꿈에 물들어 서로를 마주보며
키스하는 연인들
파리의 달밤
가을 낙엽이 쓸쓸히 휘날릴 때

세느강은 고요 속에 잠들고
사랑의 감각으로 깨어있는 연인들은
달을 바라보며 서로에게 속삭이네
강은 달을 머금고
연인들의 이야기에 귀 기울인다네
한강의 달밤
달은 속삭이며 연인들의 얼굴을 밝혀주네
소근거리며 침묵으로 흐르는 강물은
달빛에 마음 씻고
금빛 물결의 파도로 일렁이네
교교한 달은
오늘도 내일도 강을 비추며
강가의 사람들 취하게 한다네.

그냥 살면 된다

바라지 말고 그냥 살면 된다
어떻게 되겠지!
뚜벅뚜벅 걸어서
지금처럼 살면 된다
걸어가다 보면 이 세상 너머에
은하계 밖에 어떤 별까지 가겠지
아무 생각없이
그냥 이렇게 살면 된다
순결한 꽃의 향기
비바람과 눈꽃들의 신비함
눈 비비면 다가오는

모든 세상의 아름다운 것들
구름과 태양
그 아래에 집들이 있고
사람 살아가는 사랑이 있는 곳
따스한 인정의 거리에서
나그네 되어 살아가는 것
바라지 말고 그냥 살면 된다
어떻게 되겠지!
지금처럼 살면 된다
모든 얼굴이 별처럼 빛난다
그냥 살면 된다
너는 너대로
나는 나대로
그냥 지금 이렇게.

참을 수 없는 예술적 상상들

이해할 수 없는 세상에
수정 같은 점 하나 찍고 싶다
이 어려운 나라에서
살아가면서
배워야 하는 건 어떤 악마적 심성
나를 위해 너를 죽여야 하는 것
그런 마음들이 미덕으로 찬양받는
이 가시 돋힌 나라에서
가느다란 선의 운율이 나오는
피리를 불며 길을 가는 심정

들꽃들이 피어나는 대지의 꿈은
나를 유혹하고
꿈으로의
상상으로의
신비한 대륙으로 나를 초대한다
아직 사막의 태양은
모든 의미 있는 희망을
불 살러 버린다
오늘도 나는 마법의 망토를 두르고
장미의 씨앗을
내 상상의 옥토에 뿌린다
신기하게도
너의 모습이 보이고
너를 안고 저 푸른 하늘로
날아가는
금빛 새 한 마리의 환상이
한 송이 꽃으로
마른 사막에 꿈으로 피어난다.

섬으로의 귀향

나 이제 돌아가려 하네
꿈의 새가 살고 있는 곳으로
바람의 장미가 피어나고
하얀 새가 노래하는 그곳으로
어둠의 날들이 손짓해도
가야 할 곳은 마음의 섬

꽃들이 햇빛에 눈부시게 빛나는
파도의 출렁임만이
하얗게 눈 앞에 부서지는 그곳에
선창가에 배들은 잠들고
주막에 술의 향기가
노을처럼 번지는 그곳 바닷가
섬에는 아무도 살지 않지만
밤하늘에 별들이
소리 없이 내려와 산책하는 그곳
비가 내리는 날에
라디오에서 흘러나오는 유행가에
바람과 물결과 꽃들이 춤을 추는 곳
나 이제 돌아가려 하네
작은 섬에 꿈의 해안가
그곳에서 그대에게
마음의 파도를 편지처럼
무지개 빛으로 쓰겠네.

나의 항해

푸르고 푸른 심연의 바다
물새가 날고
바람에 파도가 치는
알 수 없는 그곳
나는 가려네
나는 가려네
크레파스같이 푸른 바다의 꿈속으로

배의 돛은 허파같이 부풀러

미지의 신비가 잠들어 있는 내 고향

내 태초의 기억은 어머니의 자궁

그 안에서 나는 우주의 별처럼 떠돌았다

나는 떠돌이 나그네

바다 위 구름처럼 푸르게 흘러간다

욕망의 돛은 불어오는 꿈의 바람으로

나를 알 수 없는 대륙의 한 모퉁이로 데려간다

나를 유혹하는 노래가 들리고

나를 미치게 하는 감각이 춤춘다

원시의 항구에서 나는 방황한다

꿈을 찾아 떠나는 배들과

그 위를 날아다니는 새들과 함께

내 배는 황금의 노을이 물드는

어느 낯선 도시를 향해 간다

그 곳에는

알 수 없는 어떤 환상의 그늘이

나체의 소녀를 감싸고 있다

나의 배는 눈이 멀고

알 수 없는 힘에

파산된다

꿈꾸는 항해의 별은

금빛 조각처럼 흰 눈이 되어

낯선 도시 위에 빛으로 뿌려진다

작은 연인들의 가슴에

사랑의 비로 촉촉히 내린다.

내가 사는 이 땅

한겨울 들판에서 꽃이 피지 않지만
그 꽝꽝 얼어붙은 대지에서
선연하게 피어나는 붉은 꽃을 본다
환상일 수도 있지만
우리 마음속에는 언제나
꽃을 그리는 추억의 향기가
계절을 잊고 눈 앞에 나타난다
칠흙의 세상이지만
모두가 사랑이란 없는 것이라고
쓰게 말하지만
우리들 가슴엔 언제나 꿈꾸는
선명한 사랑의 씨앗이 자라고 있다
너를 만나고 싶고 너를 끌어안고 싶다
겨울이 지나 봄이 와서
만발한 꽃들을 보며 꿈인가 했던
봄꽃들을 보며
모든 것은 결국 우리 앞에 온다
기다림은 지치고 힘들지만
철로 위에 지나가는 기차의 기적소리처럼
힘찬 동력으로 모든 게 달려온다
이 땅에 뿌리박고 사는 시간은
격렬한 고통과 인내를 시험하는
고뇌의 땅이지만
언제나 꿈이었던 꿈은
현실 속에 아름다운 자태로 나타난다
너를 기다리는 마음이 지치지만
겨울 하늘에 무지개가 피어나듯이

내 눈앞에 너는 꽃처럼 다가온다.

추억의 얼굴 2

나의 꿈속에 그대의 모습을 담고
아주 오랜동안
먼길을 걸어갔네
바람이 불고 비가 내렸네
한낮의 여름
태양은 눈부셨고 햇빛은
꿈속의 그대를 밝게 비추었네
그 위에 쓸쓸한
낙엽은 떨어지고
밤 하늘에 달과 별이
내 꿈속으로 낙화했네
마음의 간절한 기다림은
숲속의 이슬방울처럼 빛나며
긴 강이 푸르게 흘러갔네
강 위에는 흰 눈이 펄펄 내리고
아쉬운 계절의 슬픔이
그 위에 쌓이었네
나의 꿈속에 담긴 그대 얼굴이여
세월의 꿈속에서
성숙한 나뭇잎처럼 자라나서
이제 모든 지나간 것들 속에서
생생한 기억으로 남아
나의 지친 나날들에게

아름다운 시간의 노래를 하네
흘러간 꿈들 속에서
반짝거리면서.

멀리 있는 불빛

부르지 않아도 나는 갈 수 있다
아득히 머나먼 그곳
하얀 눈이 내리던 그곳에
눈 뜨면 하늘빛 햇살이
내리비치는 그 작은 곳에
샹드리아 불빛 다소곳한 그곳에는
누구라도 꿈꾸는 행복의 조명이
인생의 한 단면을 보여준다
부르지 않아도 나는 갈 수 있다
걸어서 가다 새가 되어 날아가는 그곳에
너의 두 눈빛이 낭만의 망토가 되어
나를 부르는 그곳에
커피색이 향긋한 그 잔에는
작은 파문처럼 마음을 흔드는 설레임이
흰 눈처럼 우리 가슴에 내린다
멀어도 아주 멀어도
그곳에서 반짝이는 별빛같은 불빛은
파란 바다를 건너게 하는 힘이
호소력 짙게 속삭인다
부르지 않아도 나는 갈 수 있다
어딘지 모르는 곳이지만

타오르는 정감의 불빛이
까만 밤에 활활 타오르기에.

봄꿈을 꾸다

쉽지 않은 삶의 모서리에서마다
나는 부딪히며 마음이 긁혔다
떠도는 구름빛 하늘에서
길은 어디에도 없고
비가 내리면 우산 쓰고 마냥 걸었다
노란 봄날에 비 내리듯이
쏟아지는 봄의 꿈들을 안고
어두운 저녁 길모퉁이에서
작은 환상을 안고 눈물을 흘렸다
끝이 보이지 않는
인생의 막막한 목적지는
나를 애타게 부르지만
안개 같은 미로의 길과 장막들은
늘 내 앞을 가로막고 낄낄거렸다
이리 헤매고 저리 헤매고
가진건 간당거리는 마른 가지의 꿈
홀로 걸어가는 생의 길 앞에서
지친 마음 거리에 토하면서
알 수 없는 미지의 희망으로 걸어간다
봄에 태어난 죄로 봄을 꿈꾸며 살아간다
운명의 바다를 항해하는
거친 파도 속에 배처럼.

지난 시간의 밤

다시는 돌아가지 않겠다
흐린 기억들이
마음의 우울병처럼 가슴에서
돋아나는 시간의 깨진 유리 조각들
어두운 방구석의 담배 냄새
악몽같은 마음의 사연들을
다시 꺼내 읽지 않으리라
시간의 전사가 되어
되돌아오는 추억병이
나를 슬픔에 물들이는 밤은
가을의 따스한 햇살로 녹여버리고
이제 꿈꾸던 소년의 무지개를 좇아
투명한 시냇물이 흐르던
어느 작은 마을의
산언덕으로 가보리라
거기에
하이얀 연이 하늘 높이 날고
구름은 소년의 푸른 꿈으로 채색되어진다
바람을 따라가리라
불어오는 바람의 손을 잡고
더 광활한 대지의 가슴에
가 안기고 살아가는 기차의 등에
타고 벌판 너머로 가리라
모든 흘러간 과거의 초상들이
흙과 땅의 향기 속에
바래지면 아마도 그것은 꿈의 광맥이리라
처마에 빗방울이 떨어지면

졸졸 흐르는 세월의 열매가

내 창고에 그득하게 빛나리라

이제 다시는 돌아가지 않겠다.

시와 사랑의 변증법(辨證法)

텅 빈 방안에 우두커니 앉아

담배를 피며 상상한다

내 앞에는 상상의 공간이 펼쳐지고

많은 그림들이 날개를 달고

내 머릿속에 떠다닌다

어떤 여자가 그려지고

그녀는 지금 선을 보려고 치장을 한다

문제는 그때 부터다

지금 만나러 가는 남자가 어떤 남자일까?

머릿속에서 여러 상상의 남자를 그려본다

매혹적인 남자

이상한 남자

돈 많은 남자

몽상가 내지는 시인

이 모든 게 섞여 있다면 좋겠다고

여자는 옷을 입으며 웃었다

나 역시

이 세상의 모든 여자를 상상하며 살아간다

살면서 본 무수한 여자들의 이미지가

머리에서 살아 춤추며 다가온다

지금 시를 쓰며 살고 있지만

영화감독을 하며 살았으면 한다
여자와 남자의 사랑 이야기 속에
무궁무진한 인생의 변증법이 있다고
그 안에 역사와 경제와 문화 예술등
모든 것이 담겨 있다고
지금 시를 쓰는 나는 상상한다
나는 꿈속에서 사는 게 좋다
그 꿈을 현란하게
표현하면서 미친 붓처럼 살고 싶다.

카페에 핀 꽃

어둠이 내리는 저녁
가로등불이
거리에 번지듯 켜지면
나는
그 카페에 수줍은 듯 들어간다
싱그런 커피향이
나를 반기면 창가의 탁자에 앉는다
신문이 펼쳐진 듯한 세상에
혼탁한 거리의 열기가 타오르고
카페만이 작은 고요로 기다린다
멀리 보이는 구석에
인형이 앉아있다
깜찍한 사랑처럼
나는 꿈꾸듯 그 인형을 보며
아직 나에게 봄이 남아 있다는

안도의 한숨을 쉰다
눈 내리는 밤에
삶은 노란 그리움 속에
새봄을 기다렸다
인형은 누구를 기다리는 듯
봄의 꽃처럼 피어났다
까만 밤에 인형의 꿈은 무엇일까
나는 사랑없는 세상에
사랑의 파수꾼인 듯이 두 눈에
파란 바다의 언덕 위 등댓불처럼
그 작은 인형의 꿈을
비추고 싶다
카페에 피어난 꽃이었기에.

이렇게 비가 내리면

비가 내린다
그대 없는 빈 공간에
쓸쓸한 빗방울들이 서로를
마주보며 초록의 들녘에
비가 내린다
그대는 안개의 고향에 희미한
그림자로 남아서
내 작은 별 안에 살고 있다
아무도 모르는 그 곳에
허무의 불꽃이 타오르고
빈 욕망의 촛불은 바람에 흔들린다

비가 내리는 이 시간 안에
그대의 눈빛이
비처럼 우산 쓰고 내게 다가온다
해지는 노을의 항구에는
그대 하얀 손 잡고
어디론가 떠나는 새 한마리가
날아가고 있다
알 수 없는 작은 섬으로의 여행
비에 젖은 새의 날개는
금빛 환상의 섬으로 훨훨 날고 있다
나는 너이고 새이다
창밖에는 비가 내린다
너의 눈빛 같은 빗방울이
창가에 날아와 부딪친다
비는 하얀 눈이 되어 하늘에서
꿈들이 되어 지상에
새처럼 날아가고 싶다
비를 맞으며 가야 할 그 곳으로.

떠도는 구름처럼

내리는 빗속에서 어둠을 본다
비 한 방울마다 맺힌
촉촉한 이 우수의 눈물
하늘이 푸른 날
떠도는 구름을 보며
수 만리 머나먼 그 곳에

네가 슬픈 비 맞으며 걷는 그 거리를
나는 상상한다
우산 속에 너의 눈동자에 흐르는
마음이 진짜 빗방울
우리의 마음이 떠도는 구름으로 만나
이 비를 내리게 하는구나!
흐르는 빗물처럼
너에게 가고 싶다
하늘이 푸른날
비 온 뒤에 개인 하늘처럼
흰 백지 같은 사연으로
햇살 속에 웃는 꽃잎으로
다정한 향기 속에
떠도는 구름의 시간으로
우리 만날 수 있다면.

희망(希望)

삶의 별은 어둠을 뚫고
반짝거린다
어두운 대지 위에
빛나는 너의 눈처럼
살아가는 일은 눈 내리는 아침처럼
아름답게 휘날린다.

우리 다시 만난다면

우리 이제 꽃잎의 시간 떠나면
해지는 언덕 너머의 구름처럼
붉게 물들어
부끄러운 마음
아쉬운 마음
불탔던 마음
모두 접어 하늘에 날리고
터벅 걸음으로 서산에 지는 노을의 불꽃처럼
우리는 떠나가야 하리라
그날이 언제인지는 모르지만
나뭇잎 푸르고 꽃잎이 노랗게 필때
꿈의 발걸음으로
서로의 반쪽 희망을 곱게 접어
커피 한 잔의 그리움으로 만날 때
기억하리라
생의 이별은 이별이 아니었음을
모닥불 기대서 환하게 비추던
너의 얼굴이
별의 그림자처럼 우리 현실의
시계추를 짧게 울린 다는 사실을
까만 밤에
피어난 침묵의 달빛 노래가
우리를 비추는
잔잔한 추억의 꿈이리라.

너의 작은 얼굴

작은 가치는 잎사귀 하나
너의 두 눈이 수정처럼 빛나고
나는 밤새 슬픔의 사색을 했다
떠오르는 밤의 모습은
달과 너의 얼굴
그 작은 이미지들은
서로를 이어주며
살아가는 모든 것 중에
제일 아름다웠다
너는 끝내 모든 것을 이기고
밤의 초상으로
불멸의 작은 꿈으로
내 가슴에 새겨진다
달빛에
어린 작은 잎새처럼.

우리 꿈꾸던 날들

봄의 웃음이 번진 자리에
지난 가을의 옷들이
흰 눈이 내리듯이 기억의 시간 속에
낙엽의 눈물로 내린다
방황했던 꿈들이
정오의 벤치 위에 꽃처럼 놓여있고
작은 연인들의 속삭임 속에

행복한 미소를 짓는다
하늘의 햇살이
지붕 위에 내리쬐고
캄캄한 지하실에는
포도알들이 익어가듯 은밀한
향기로 우리의 꿈들이 발효한다
사랑이 뭔지 몰랐지만
우리 사랑했다
우리는 웃었고 또 울었다
눈물의 이슬은 그 시절의 징표
파란 바다 위를 날아가던 새
꿈이 날개짓 하던 청춘의 깃발
눈 감고 눈을 뜨면
구름처럼 방황하던 시간의 별들
지금 추락하는
세월의 빗방울들
흘러간 시절의 노래로 귓가에 맴돈다
봄날에
먼 시간의 나비가 춤춘다
그때 그 시절의 꿈들처럼.

우리 꿈꾸던 날들 2

인생은 알코올처럼 휘청거렸다
비가 내리지 않아도
늘 축축한 삶의 그늘들
푸르던 날에

장밋빛 언어로 치장한
마술사의 손처럼
우리는 다정히 속삭였다
꿈이 아니었지만
꿈속처럼 우리는 거리를 헤맸다
늘 취했고
늘 마시고 피웠다
가슴 시린 꿈의 동경은 우리에게
손짓을 했지만
우리는 주춤했고 머뭇거렸다
용기도 패기도 없던 시절
주변은 온통 가시밭길의 살얼음 지옥
고통에
분노에
눈물에 가슴은 사막과도 같았다
그러나 꿈꾸었다
신기루같은 세상을 머리에 가득채우고
오아시스를 찾는 사막의 복판에서
가슴 타들어 가는 목마름은
노래에서 노래로
밤하늘 끝까지 울려퍼졌다
꿈이 별처럼 빛나던
그 시절에
현실은 낙엽처럼 쓸쓸했다.

너의 푸른 눈

희미하게 신비하게
꿈꾸듯 바라보는
저 파란 하늘
파란 물감이 뚝뚝 하늘에서
아주 가는 비로 내린다
세상 어디에도 그 비는
파란 하늘을 닮은
빗방울로
우리의 작은 집을 적신다
내 유리창에도
그 파란 비는 눈물로 와 부딪치고
쓰리게 미끄러져 내린다
마당에도
화분에도
나무들 가지에도 그윽한 너의 눈빛처럼
때론 여리게 때론 아프게
파란 마노의 수정빛으로
쏟아진다
그렇다 그건 너의 파란 눈빛에
맺힌 눈물
가슴 깊이 쌓인
세월의 나날들이 비바람에
응어리진 바로 너의 마음
파란 하늘은 너의 눈동자
그 파란 비가
너의 눈에서 내리고 있다.

이별 없는 이별

잔잔하게 멀어져 가는 사람아
찬 비 내리는 날에
우산 쓰고
빈 거리를 쓸쓸히 걸어간다
태양의 날은
구름 속에 잠들어 있고
비 가득한 작은 우리들의 세상
눈에서 속삭이듯이 멀어져 가는 사람아
아무 미련 없이 주머니 털듯이
마음 비우고 꿈을 꾸듯이 떠난다
우리의 이별은 마음의 정표
가는 길에 햇빛같은 비 맞는다
길가에 카페에서
너와 내가 품었던 향기의 순간들
커피와 마시며
지난 환영의 시간들을 음미한다
사라진 이 시대의 마음의 음감들이
거리에서 나 뒹굴고
창백하고 서투른 편지같은 글자는
기약없는 작별을
흰 깃발로 펄럭인다
떠나간다 아주 멀리로
이별의 꿈이 반짝이며
내일 밤하늘에 별 하나로 떠있다.

시로 쓴 마음

빈 마음에 적어내려간
글에는
너의 까만 눈빛이 있고
너의 빨간 입술이 있고
바다 위를 나는 물새가 있고
바위 위에 앉아 낚시를 하는
마른 내 얼굴이 있다
걸리지 않는 파란 시간
뚜껑을 열면 노란 술이 익어가고
그 위에 째깍 되는 시계가 있다
성당위의 햇빛이
지금 이 세계를 비추고 있고
이제 막 태어난 아기의 꿈이 있고
시원의 생명이 지금 모든 죽어가는
꿈속에서 꿈틀거리고
마음의 공황을 견디지 못하는
가난한 시인의 펜이 울고 있다
떠날 수 없는 낙엽이
나뭇가지에서 흔들거리고
걸어다니는 사람들의 이마 위에
굶주린 핏기가 있다
모든 것은 태어나고 죽어가는
방 안에는
촛불이 흔들리며 타오르고
빈 방에는
창문에 진홍 커튼이 고독하고
내 마음엔

너의 까만 눈빛의 깊이에
빠져 슬픈 내가 있다.

느낄 수 없는

느낄 수 없는
너의 마음은
밀려오는 작은 파도
부서지는 물결에 깨어나는 바위 위에
새 한 마리
꿈꾸는 하늘 밑에
말 없는 시선은
무한한 허공으로 떠미는 바람
날아 오른다
파란 바다 위로 내 몸은 날개를 달고
어딘가로
어딘가로
파도와 바람을 타고
아무도 갈 수 없는 신비의 세계로
향기처럼 날아간다
너의 마음은
번지는 저녁놀의 황홀
그 빛에 취해
마음에 돛을 올리고
너와 나의 꿈이 만나는 그 곳으로
별빛을 타고 날아간다
그 누구도

알지 못하는 그곳
너와 나의 작은 비행
미지의 항구
그 누구도
느낄 수 없는……

꽃잎이 휘날릴 때

이 떨림의 순간 순간들
아득히 먼 곳에서
구름이 몰고 온 생의 꽃잎들이
온 하늘을 물들일 때
저기 멀리 꿈의 고향으로 가자
진실은 이제 다 어두운 그림자로
우리 곁을 떠나고
환한 꽃 빛의 향연이 열린다
그 젊음의 나날들
지금 다 어디서 뭐하는가?
세월은 언덕을 넘어가고 있는데
남아 있는 우리들은 어디를 바라보는가?
봄의 꽃잎은 피어나고
파란 하늘 밑에
추억의 화살을 하늘로 쏘며
청춘의 꿈이 추락한다
회한의 밤이 찾아오면
우린 또 무엇을 할 수 있는가?
아직 남은 꽃잎에 취해

나무그늘 아래
흘러간
시간의 색채로 담근 술을 마시며
달아나는 여심을 좇아
달빛 조명 아래 춤을 춘다.

바람 속에 불

아무 말 안해도
나뭇가지에 잎사귀 흔들리듯
간절한 바람 속의 마음
어둔 밤에 달 하나 떠 있고
어디선가 풀벌레 울음 애잔하다
스치듯이 만났던
어느 비오는 날
그 카페에서 커피를 마시며
바라본 당신
비는 소리 없이 내리고
거리에 우산 쓴 사람들이 걸어간다
나뭇잎 빗방울에 아롱지고
차디찬 수정 같은 눈빛
유리창에 흐르는 밤비처럼
작은 가슴에 환한 불꽃으로
까만 밤에 타오른다
밤은 별 같은 꿈들이 반짝이고
사랑의 빛과 그늘은
안타깝게 서로의 희망을 애무한다

깜박이는 등불의 기다림은
바람 속에 불처럼 뜨겁다
당신의 흰 손은 커피잔을 내려놓고
나를 보지도 않고
일어나서 문을 열고 나갔다
비는 내리고
나는 아무 말 없이
텅 빈 카페의 침묵 앞에서
비같은 불꽃을 바라보며
쓸쓸하게
담배를 피고
카페의 창 밖
비 내리는 밤을 바라본다.

떠나가는 마음

우리 이제 헤어지지 않아
아 눈 내린 벌판의 햐얀 설국에서
흰 눈 맞으며
살아온 나날들과 작별할 때
너는 결코 멀리있지 않다
조그만 정거장에서
세상의 별들이 잠든 시간에
춤추는 모든 꿈들이 세월 앞에 서 있다
멀리 역사에서 열차가 달려오고
기적 소리를 내며
눈 맞으며 모든 것을 태우고 온다

떠나는 것들
이별하는 것들
사라지는 것들과 시간의 악수를 하고
플랫폼에서 서성이며 누군가를 기다린다
오지 않을 그 얼굴
하얀 눈 내린다
아스라이 열차의 떠날 준비의 소리
서성이지만 마지막 이별은 아니다
삶의 고독한 종소리
비둘기처럼 날아오른다
너는 오지 않았지만 헤어짐은 아니다
한발 내디디며 떠나는 마음
창밖으로 꽃을 던지며
기차는 소리를 내며 떠나간다
마음을 남겨 놓고
세월의 열차를 타고
먼 미래를 향해 나는 떠나간다.

지나간 자리

계절의 끝에 너와 내가 머물던 곳
단풍의 빨간 나뭇잎은
바람에 흔들려
시간의 재촉에 낙엽으로 지던 자리
봄의 꽃들이 화사하던 어느 언덕에
너와 내가 마주본 그 곳에
하늘에서

천둥 번개가 치고 검은 구름은
굵은 빗방울로 세상을 젖시던 그 곳에
아무 말없이 서로를 바라보며
눈에 작은 불꽃으로 타오르던 곳
한겨울에
함박눈이 펑펑 내리던 어느 날
아궁이에서는 장작불이
따스한 삶의 언 자리를 녹이고
집 굴뚝에서는 생의 연기가 오르고 있었다
이 모든 것은 어느 기억 속에
앨범으로 남아 우리의 추억을 새긴다
어느 쓸쓸한 날 바람이 불고
우리의 다정한 기억들이
낙엽으로 떨어져 거리에 뒹굴 때
그 기억의 자리는 찬 아픔이 된다
다 지나가 버린다
구름이 흘러가고
비가 거세게 내리고
시간의 나뭇잎이 지던 자리마다
곱던 지난 시간의 향기들이
다소곳이 정감의 이름으로
우리 마음에 남는다
머물다 떠나는 것들은
바람의 인사들이었다
다 지나가 버린다
어느 카페의 빈자리에 추억처럼.

먼 너의 눈빛

그리운 저 편에 너의 눈이 있다
무심한 너의 눈빛
그 날 그 거리를 걷다가
나는 너를 보았고
긴 거리를 걷는 동안
아주 행복한 상상을 했다
너를 처음 만나
우린 긴 연애를 하고 만났다 헤어졌다
꿈꾸듯이 그 시간들을 음미하며
나는 거리를 걸었다
청춘이 뒹구는
바람과 비와 눈 그리고 낙엽의 추억들
잠시 이별은 행복한 재회가 있었고
따스한 커피향이 코끝에서
어떤 그림처럼
아름답게 우리에게 다가왔다
만남의 절정의 기쁨은
작은 이별의 고통이었다
거리에는 너가 걸어가고
그 뒷모습을 바라보았다
아름다운 너의 코끝에서
맑은 이슬같은 향기가 흘렀고
끝내 내 눈에서 너는 멀어져 갔다
너의 눈빛에는
기다림의 먼 꿈들이 눈송이처럼
하얗게 내린다.

바람 불던 날

바람 부는 날
바람에
너의 긴 검은 머리칼
바람에 우수수 휘날리던 날에
현실에 찬 바람 맞으며
쓸쓸히 거리를 걸었다
태양은
머리 위에 쏟아지듯 내리쬐고
너의 검은 눈빛도 바람에 흔들렸다
아무런 말도 없이 너를 바라보고
사랑을 잃어버린 죄는
오후에 까만 정적의 소음 속에
골목길 어둠 속의 발걸음은 무겁다
바람 부는 날
바람에
마음은 흰 깃발처럼 휘날리고
표정 잃은 내 손에 편지는
바람에 날려 강물로 흘러갔다
너를 잃어버린 죄
길거리를 떠도는 개처럼
허기진 가슴의 상처를 매고
나는 어디로 가야할까?
바람 부는 날
바람에
어지러운 도시의 그늘 속에서
찾지 못하는 마음을 슬퍼하며
하얀 햇살 아래 휘청이며

오후의 검은 세상 아래
나는 서 있다
추억의 방아쇠를 머리에 대고
탕 탕 탕!!!

그 거리에서

아무 말 없이 길을 걸었네
화사한 햇빛이 눈꽃처럼 떨어지는
봄날의 오후
나는 거리를 걷다가 그대를 보았네
세상에는 많은 사람이 살고 있지만
그대는 작은 감동으로
내 마음을 울렸네
눈길을 보내며 꽃보다 더 꽃같은 너의 모습
기쁨은 잠시 멀리 사라지는 환영에
내 마음은 슬펐네
청춘을 잃은 마음에 청춘을 꿈꾸게 한 그대
그대의 손을 잡고 싶었지만
인생의 짊어진 삶의 무게가
너무 무거웠었네
그 거리에도 가로수에 노란 단풍이 들고
바람에 날리는 낙엽의 잎처럼
서러운 계절은 찾아 온다네
나의 남은 인생
가을에서 봄으로 역행하는
꿈의 기차를 그대와 타고 먼 나라로

여행을 떠나가네
시간을 조명하는 사물들의 표정에서
생의 달콤함과 씁쓸함에 대해
사색하고
허무한 상념에서 그대의 얼굴을
밤하늘 별처럼 내 머리에 박아버리네
그 빛나는 향기에 취해
인생의 긴 거리를 살아간다네.

푸르른 날의 오후

세상의 하늘이 푸르던 날에
바람이 파랗게 불고
인생의 오후에 별과 함께
산책을 한다
햇살이 빙긋 웃으며 미소를 건넨다
비가 오는 날에
우산 속의 슬픈 정적은
오후에 햇살과 한 잔에 커피에 녹아
시무룩한 마음이 향기로 풀어진다
아름다움에 대한 갈망과
표현하지 못하는 아픔의 상처들
구름 속의 하얀 비가 눈물을 흘릴 때
새들은 날개를 적시며
밤의 이슬들을 헤치며 날아간다
검은 정적의 종소리가 별을 울리고
작은 이상의 꿈은 지상으로 추락하며

그대의 탁자 위에 예쁜 잔 위에
내려앉는다
그 향기를 마시는 너의 붉은 입술에
달콤함이 세상은 푸르게 미소짓는다
아무런 미련 없이
푸른 오후에 하늘을 향해
꿈을 날려 보낸다
그대에게 바치는 편지처럼.

알 수 없는 불안한 시간

멀리 있는 그대에게
살짝
말해 볼까?
무엇을
왜 나는 그대를 사랑하면서
단 한 번도 마음을 표현하지 못했을까?
아마
수줍음 때문일까?
글쎄
공상에서의 너와의 사랑
황홀했지
몽상가였기에
현실에 대한 공포가
나를 우울하게 만들었지
그대가
나를 사랑한 줄은 몰랐기에

늘 언제나
쫓아다니는 불안감
시간의 강박관념
시간의 가시방석들
지금 늦었지만
너를
사랑해
이 말의 메아리는
묵묵무답
너의 희미한 모습
그대는 멀리있기에
나는 속삭여
밀려가는 파도처럼
불어오는 바람처럼
사랑해
하지만
불안해
어둠 속에 촛불만한
나의 사랑
그대여 꿈을 꿔 봐!
꿈속으로
마음의 바람과
마음의 불과
마음의 음악을 보낸다
지금 시간은
오후
2시 18분.

떠나는 자리마다

이제는 가야 할 시간
걸어가는 발자국 마다에서
피아노 음반에서 울리는 작은
소리들이
청아한 계절의 빈자리에 울려 퍼진다
내가 살고 있는 이 고장
이곳엔 눈 시린 하늘이
가장 여린 눈빛을 하고
거리에 지나다니는 사람들을
애처로이 바라본다
어떤 빛깔의 슬픔이
하늘에는 서려 있기에 이리도
서글퍼 하는가?
계절에서 계절로 이어지는 길목에
작은 자국마다
눈꽃처럼 피어나는 가슴시린 이야기들
우리가 태어난 시대의
목마름은 깊은 아픔의 하늘빛이었기에
세월과 더불어
쓸쓸한 찬 바람이 우리의 삶을 덮는다
뒤돌아보지 않고 떠난다
그 발목의 그림자는
헛된 태양빛의 찬란함이었다
떠나고 돌아오는 자리 마다에서
흰 꽃들이 아프게 피어난다
바람의 술잔을 들고
석양에 기대서서

한 시대의 여름을 맞으며
우울한 세기의 빗방울로 몸을 적시고
바람부는 거리에서
홀로 우두커니 세월을 맞는다.

한 줄기 흐르는 바람

그대의 미소처럼 번져간다
겨울에서 봄으로 흐르듯이
어디서 불어오는
바람일까?
멀리서 속삭이듯 다가오는
세월의 물결 속에
바람처럼
나뭇잎을 흔들며 불어온다
흐르는 강물처럼
불어온다
달빛이 흐르듯이 불어오는
한 줄기 바람처럼
현실에서 꿈으로 흐르듯이
불어온다
지난 아픔의 시간을 두고서
흐르듯이 불어온다
흔들리는 깃발처럼 불어오는
한 줄기 흐르는 너의 눈빛
잔잔하게
생의 모든 고난을 뚫고

먼 이국에서 불어오는 바람처럼
흐르는 향기들
바라지 않는 마음으로
구름 속에 햇빛처럼
한 줄기 바람이
불어온다.

거친 사랑 이야기

산다는 건 미친짓이다
하늘이 세상에
술을 내린 건 다 이유가 있다
비틀거리는 인생을
정신 차리기 위해 작은 불 알갱이
알코올에 취해서 산다
앙상한 나뭇가지처럼
뼈다귀인 인생을
뼈다귀인 사랑을
뼈다귀인 슬픔을
뼈다귀인 부는 바람의 낙엽을
사람들은 사랑한다
달빛에 물들어
고독한 생의 자리에
불타는 꿈들
우리는 사랑하다 죽어가야 한다
모든 것은 뼈다귀이기에
여기에 생에 의미를 부여하는 것은

취하며 살아가는 별의 노래
무엇에 취할 것인가?
그 답은
오직 그대 마음에 있다
알코올처럼 빛나는
사랑의 향기에
취해서 살아야 하기에.

얼마 남지 않은 시간

꽃이 핀 자리에
허무의 바람이 불어오면
흔들리던 꽃이
상심의 마음에 아파한다
그 바람에
꽃이 지면 눈 앞에 모든 것들이
끝내 깨어진 유리조각처럼
비명 소리 없이
한낮의 태양의 열기 속에
모두 사라진다
갈대 숲에 노을처럼
슬픈 건 인생만이 아니다
시간 앞에 서걱이는 모래바람
사막의 화석으로
모든 것이 변한다
꽃이 핀 자리에
허무의 바람이 불어오면.

먼동이 틀 무렵

빈 가슴에 가시 돋친 바람이 불고
그 황량함에 혼자 미친듯한
고독과 쓸쓸함에
먼 하늘만 바라본다
시선이 창가에서 멀리 있지만
까만 눈빛의
눈 앞에 그 사람을 떠 올린다
잘 있을까?
아마 잘 있겠지!
가끔 그 또렷한 이미지에
스스로에게 놀란다
청자빛 하늘가에
이마를 책상에 기대고
잠시 잠이 들다가
마음의 한숨에 잠에서 깬다
한 번도 마음 놓고 살지 못한 나의 시간들
그들을 토닥여 본다
괜찮아
잘 될거야!
대지의 시계바늘은 정확히
내일은 내일의 햇살로
어두운 가슴 속을 훤히 비춘다
품었던 꿈들이 날개를 달고
아름다운 밤하늘의 별을 향해
시월의 기러기처럼
달을 가르며 날아간다
너 없는 빈 정적의 여운

잎새에 이슬방울처럼 춤추면서.

나의 이상한 꿈

헛된 바람
헛된 꿈들
헛된 별빛
세상이란 바다에
작은 돌 하나 던졌다
큰 파도 앞에 의미 없는 파장
무의미한 몸짓인 줄 알면서도
나는 꿈을 던졌다
나비효과라도 바라면서
마음의 작은 희망들을
꿈꾸며 거친 바람 앞에서
나는 울었고
나는 웃었고
나는 흐르는 땀과 눈물을 닦으며
세상이란 바다에
작은 돌맹이로 살아왔다
누구도 알아주지 않는 나의 꿈들
벅걸음으로부터
거친 길 위에서 슬픔과 탄식의
노래를 부르며
깨어지는 꿈을 바라보며
식어가는 불꽃의 햇빛과 별빛들을
가슴으로 쓰담으며

오늘 하루도 살아간다
스스로 내가 이상한 것이지 하면서
그래 나는 참 이상해
모든 헛된 바람을 가슴에 꿀꺽 삼키며
흐르지 않는 눈물을 나의 이상을
세월의 바다 앞에
작은 돌맹이 세상에 또 던져본다
참, 이상한 나의 꿈들을.

그 사람을

그 사람을 생각하는 것은
참으로 아름다운 일이다

그 사람을 생각하는 것은
참으로 슬픈 일이다

그 사람을 생각하는 것은
참으로 황홀한 일이다

그 사람을 생각하는 것은
참으로 괴로운 일이다

그 사람을 생각하는 것은
참으로 맑은 가을 햇살이다

그 사람을 생각하는 것은

참으로 쓸쓸한 가을비이다

지금 여름날에 햇빛이
낙엽으로 한 잎 두 잎 떨어지는 날

가을 공원에 바람이 불어오면
그 사람을 바라보며 붉은 노을에

젖어서 붉어진 단풍잎 같은 마음
바람에 쓰는 일이다

그 사람을 별빛처럼 마음에
채우고 먼 길을 걸어가는 일이다.

한낮의 향기

고요한 햇살이 울려 퍼지고
꿈의 눈송이가
정원에 내려앉으면
멀리 있는 열대의 과일 냄새가 난다
우리에게 아직
희망의 별이 빛나고 있다면
하얀 백지 위에 중얼거리는
낱말들을 배열하고
그 맛을 음미하라
사랑, 용기, 고독, 아름다움
이 모든 의미가

밤하늘에서 찬란히 빛나고
그대의 눈 속에서
하얗게 타 오른다
태양이 눈부셔 창의 커튼을 내리지만
라디오 음악 같은 햇빛의 노래는
달콤하게 내 커피잔에 속삭인다
생의 전부는 빛과 그늘 속에
불타오르고
한낮의 의미는 빨간
그대 입술의 향기
태양의 고독한 그림자일 뿐.

흐르는 꿈결처럼

거친 파도 같은 꿈물결
흐르고 흘러
지금 여기까지 왔네
살아온 지난날들
되돌아 보니
까마득한 그 시절이 슬퍼져
눈가에 애잔한 이슬방울
맺히고
살아갈 앞날들 생각하니
희망인지 절망인지
알 수 없는 마음의 구름
뭉게뭉게 떠있네
빈 몸둥이에 그래도 아직

남아있는 건
그래도
꿈뿐
꿈에 취해서 살았고
비틀거리는 인생길이었지만
아직도 꿈길 걸어간다네
흐르는 세월이여
나를 바람에 안고
날아가거라
푸른 하늘의 새와 함께
이 세상을
날아가려네.

살아가는 날들의 시간

태양 아래 꽃들은
시시각각으로
그 모습들이 변한다
나도 늘 시간 속에서
이런저런 생의 그림으로 살아왔다
때로는 기쁨으로
때로는 슬픔으로
때로는 분노감으로
때로는 부끄럼으로
스스로를 카멜레온처럼 색깔을 달리하며
언제나 변화하며 살아왔다
태양 아래 새로운 것은 없다

상황 속에 인생빛이었지만
그 스펙트럼은 늘 꿈빛이었고
그 색채의 다양한 변주였었다
아직도 근심 걱정의 다양한
마음의 고민들 속에 살아가지만
잘난 사람에게도
못난 시간들이 있고
못난 사람들에게도 잘난 시간들이 있다
태양 아래 꽃들은
시시각각(時時刻刻)으로
그 모습들이 변한다.

강(江)

첫아기의 울음소리
아장아장 걸음소리
하늘은 푸르고 새들은 날아간다
비 내리는 날
장화 신고 학교 가는 아이
텅 빈 교실의 벨소리
생의 고민은 시작한다
햇빛은 빛나고
철길을 따라 걷는 소년과 소녀
골목길의 첫 키스
꿈꾸는 밤하늘
세상은 신문처럼 시끄럽다
무언가 하는 사람들

망치질과 컴퓨터 자판
가시밭과 사막의 태양
길을 따라 걷는 발자국
시험의 시간들
꽃은 피어난다
단풍이 물든다
바람이 불고 낙엽이 떨어진다
공원의 가로등
밤안개가 스민다
감옥인생
소년은 노인으로
병원에 불이 밝다
어느 날
병원불이 꺼진다
작은 사진 하나
강가에 뿌려지는 인생의 낙엽
비는 내린다
추적추적.

강 2

흐릅니다려, 겨울이
흐릅니다려, 봄빛이
흐릅니다려, 여름이
흐릅니다려, 가을이
흐릅니다려, 바람에
가을빛 낙엽이

흐릅니다려, 긴 세월이
당신 얼굴 속에
흐릅니다려, 달빛이
꿈을 젖시며
흐릅니다려, 추운 겨울밤이
떨며 내리는 하이얀 눈꽃같이
흐릅니다려, 추억의 강물이
비 맞으며 한숨같이.

여름에 내리는 그녀

밖을 보니 주룩주룩 비가 내린다
비는 그해 바다를 생각하게 한다
햇살이 쟁쟁 내리쬐는
나무숲 그늘 아래에
그녀는 앉아 있었다
이상하게도 달이 떠 있었고
해는 달을 사랑했다
부끄러운 일이지만 내 마음에
달은 밝게 빛나고
달 속에 그녀를 사랑했다
아마 꿈이었을 것이다
비는 여름을
여름은 태양과 그해 밤의 달을
연상 시킨다
달 속으로 기차가 달린다
어디로 가는 걸까?

달은 정거장 일것이다
우주 멀리 가기 위해 기차는 달린다
파란 바다의 파도 위를 나도 달린다
그녀가 있는 어느 섬으로 가기 위해
꿈을 꾸고 기차도 타고
별의 어느 고장으로
비가 내리는 오늘 오후의 시간처럼
기차는 달리고
나도 달린다
밖에는 여름비가 내린다.

여름에 쓴 자서전

그런대로 한 세상을

그냥 그렇게 살아간다
눈부신 햇빛 속을
뚜벅뚜벅 걸어가며
그대 얼굴은 작은 햇살의 양산
살아간다
슬퍼도 살아가고
웃겨도 살아간다
이 작은 세상에 누군가를
기다리며
빗방울 속에 그대 웃음 맞으며
질퍽이는 세상을 살아간다
바이올린 선율처럼
아련하게
물들어 오는 긴 여운의 생
그냥 그렇게 살아간다
빛과 그림자에
얼키고 설켜서 뒹굴면서
한평생을 걸어간다
인생이란 무대에서
고독한 독백을 토로하며
작은 잎새가 흔들리는
별이 빛나는 이 세상
살아간다
그냥 이렇게
그냥 그렇게 살아간다.

여름에 쓴 자서전

과연 여름 햇빛의 낙엽은 무엇인가?
눈부신 하늘가에 떨어지는
슬픔의 잎들이
낡은 가구 위에 비처럼 떨어진다
흐르는 강물처럼
시간도 흘러가고
나의 나날들과 기쁨과 고독과
반쯤 타다 남은
나의 희망의 재들이
바람에 휘날린다
가을잎 찬바람에 쓸려가는 공허
지금은 냉랭히 찬 태양 빛이
내 등 위로 내리쬐고
지치고 목마른 나의 마음은
겨울의 스산한 초목처럼
쓸쓸하게 서 있다
나는 쓴다
무엇을?
내가 걸어온 발자국과 불꽃의 시간들을
무더위 속에 빈 식욕감을 가지고
여름 햇살 속의 허기를
가슴에 담아
한 자 한 자 가을에 떨어질 잎사귀에
내 지난 사랑의 슬픔들을
빗방울처럼
똑똑 떨어뜨린다
사랑의 길이 꿈이었다는 걸

나의 별은 알고 있다.

옛사랑이 진 자리에

파랗고 푸른 하늘 아래
세월에 흔들리는 생의 잎들
수많은 시간 앞에
흐르는 감정의 강줄기는
흰 눈 속에 앙상한 가지처럼
마음에 꽃을 품고
졸고 있다
언젠가는 만나야 할 그 사람은
까만 커피의 향기처럼
가슴으로 스며들고
비 내리는 창문의 어둠처럼
별을 머금고 반짝인다
남은 날들과 추억들은
속삭이며 귓가에 서성이고
떠나버린 그 얼굴에
작별의 인사말 처럼 서럽다
떠나고 떠나야 하는 사람들
흔들리는 나뭇잎에
달빛은 졸졸 빛나며
작은 돌담 위를 비춘다
빗줄기 같은 지난날
영화의 마지막 장면처럼
그 끝의 대사는

내일이 없는 달력 같은
서글픈 인생의 내막
그 사람의 마지막 옷자락이
바람에 흔들리고
나를 태운 달빛열차는 긴 여운으로
세월 속 어둠같이 사라진다.

추억(追憶)

그 달빛
그 물결
그 얼굴
사막의 밤하늘에
흐르는
작은
별
반짝이는.

기쁨과 슬픔 사이에서

기다리는 사람아
누워 하늘 보며 그날을 센다
햇살 가득한 이 지독한 시간아
기다림의 꿈마저 포기하고
먼 고장에서 들려오는

포구의 물결 소리에
눈을 감는다
바다의 그 향기
기쁨이 밀려오고
슬픔이 밀려간다
찬란한 밤하늘의 오리온 성좌가
동공에 쏟아져 들어온다
미치지 않고 살 수 없는 세상에서
무엇을 기다리나?
기다림마저 버릴 때
그날
그 시간
그 자리에
기다림의 열매를 들고
기다린 그 사람이 온다
까만 밤하늘에
시선을 머물고 싱그런 밤바람이
머리를 쓸어주고
바다의 파도가 몰아칠 때
비바람을 뚫고
세월의 연인은
번개 같은 운명으로
가슴에 내리꽂히는 작은 기적
기다리는 사람아
잊어라
꿈같은 기다림마저.

너에게 가고 싶다

묵직한 하루를 메고 어둑한 골목길을
휘청이며 집으로 돌아온다
불 꺼진 창에 싸늘한 방안의 표정이
나를 보고 차게 웃는다
지친 하루가 오늘도 또 하루가 갔다고 나의
어깨를 치며 위로를 한다
나는
너에게 가고 싶다
중얼거린다
생은 황혼빛의 서산에 걸려 있는데
황홀한 너를 생각하는 건
작은 위안이 필요하기 때문이다
카페에 가서 커피를 마시며
고독한 음악과 어울리고
밤에 내리는 비의 운율에 대한
따듯한 음미를 한다
나는
너에게 가고 싶다
마음 깊이 꽂혀 있는 너를
꽃병같이 간직하고
가로등의 조명을 받아 더욱
외로운 나그네가 되어
세상을 떠돌아다니는 종이 한 장처럼
머릿속에 가득한 소음의 세상사를
구겨서 찢어버리고
어깨를 기대고 서 있는 이웃집의
애환 속으로 나는 들어간다

나는
너에게 가고 싶다.

눈 내리는 밤길

눈 내리는
밤길을 걷다가 떠오른 그 모습에
온몸이 부딪혔다
새가 날고
별이 빛나며 주변을 돌았다
여름눈은 차갑고 달콤하다
몸의 충격은
너의 작은 환영이 깊은 밤의 별처럼
내 주변에서 온통 빛나고 있었기에
발길은 떨리고 속삭인다
눈 내리는
밤길을 걷다가 떠오른 그 모습에
송이송이 흰 눈이 달빛에 젖어
작은 가슴에 온몸으로 부딪혀 온다
세상은 매서운 가시밭길이지만
신비한 환영이 이끄는 길은
꽃으로 만든 꿈길이다
눈 내리는
밤길을 걷다가 떠오른 그 모습에
보이지 않는 어둠 속의 정적이
내 발길을 가로막는다
하이얀 눈처럼 떨어지는

눈 코 입의 조각이
흐르는 강처럼 빛을 내며
저 먼 하늘에 별에게
나를 데려간다
눈 내리는
여름밤
너의 모습이.

비가 내리면

오늘처럼 비가 내리면
꿈속에 가로수의 단풍이
붉게 바람에 휘날린다
거리에도
호수에도
들판에도
비는 비를 부르며 쏟아진다
비 맞는 세상의 모든 사람들은
우수의 나뭇잎 되어
거리를 배회하고
어디론가 떠나고 싶다
적막한
비의 노래여
비의 소리는 무엇을 위한 호소인가?
메마른 세상에 대한 절규인가?
마른 꽃들은 갈구한다
촉촉한 대지의 노래를

이 비를 맞으며 걸어가고 싶다
비 한 방울의 입술이
내 얼굴에 키스를 하고
이마에서는 비의 리듬이
소리 없이 흘러내린다
소리 없는 사랑처럼.
오늘처럼 비가 내리면.

파란 하늘의 어두운 방

떠 있는 흰 구름과
바다와 같은 파란 하늘이
연자색 수를 놓으며
펼쳐진 꿈의 들녘이여
해를 낳고
달을 낳고
별을 낳고
꿈이 빛나는 어두운 구석진 방
낡은 의자에서 삐걱이며
사색의 노트에
세상 빛으로 물들인다
강물이 흐르고
흰 눈이 내려서
바다의 파도를 타고
그대가 언덕에 서서 바라보는
지친 한 남자의 고독한 그림자는
짙은 회의에 찬 한숨과 탄식으로

극채색의 세계의 방구석을
가득 채운다
강물이며 파도이고 출렁이는
한 남자의 슬픔에 찬
시속의 노을빛 눈
아름다운 향기가 졸졸 흐르는
푸른 나라에
담긴 그대의 그림자에
하늘과 구름과 별이
눈동자에서
눈부시게
빛난다.

밤비

밤늦게까지 비가 내렸다
책상에 앉아
그 사람을
생각했다
빛나는 이마
빛나는 눈
빛나는 코
빛나는 흰 목
창밖에는 비가 유리창을 노크하고
오지 않는 그 사람은
비 내리는 마음을 노크한다
허무의 감정이 눈물처럼 비처럼

철철 내린다
그 사람은
카페의 어느 한구석에 앉아
누군가를 기다린다
누구일까?
추억일까?
꿈일까?
무엇일까?
비 내리는 창밖을 바라보며
더운 열기 속에
비가 내린다
식은 커피잔 속에
마음처럼
비가 내리는 날
내 환상의 우산 속에
그 사람을
생각한다.

달처럼 구름처럼

먼 길을 걸어간다
끝이 어딘지 알 수 없는 길
마음의 꿈을 목표로
무작정 걸어가는 길
인생의 시작은
달처럼
구름처럼

흘러가는 거였다
내 나이만큼 흘러왔다
강과 평야를 지나
불타는 도시의 아우성 속에
먼 길을 걸어왔다
아직도 나는 걷는다
아니 흘러가고 있다
이제 황혼의 갈대숲을 지나
밤이 찾아오면
달을 벗 삼아 걸어간다
웃기는 세상살이여
인생 나그네의 발길은
달처럼 구름처럼
흘러가는 법
햇살의 소나기 맞으며
활짝 웃어본다
달처럼 구름처럼
<u>흐르고</u>
흘러가면서.

눈 내리는 밤

어두운 골목길을 걷다 보면
가로등 불빛 속에
눈꽃들이
하얗게 춤을 추며
속삭인다

입에서는 사랑의 이름이
둥그런 달처럼
빛나며 떠 있다
그리운 이여
언제나
현실 속에서도
꿈속에서도
별빛처럼 메아리로
다가오는 작은 울림
한여름에도 눈은 내린다
그대라는 차가운 눈빛이
작은 환상의 마을을 만들고
그 동네의 지붕은
눈송이로 덮여있다
그리운 이여!
눈 감고 꿈을 꾸면
언제나
하얀 눈꽃으로 내리면서
마음의 장작불을 지피는
램프의 꽃송이여!
오늘도
작은 그 거리를 걸으며
한여름의 밤
내리는 눈을 맞으며 걷는다.

사랑의 가을

이제 사랑의 가을이 오면
붉은 단풍이 물들고
바람이 불어와
낙엽으로 사랑의 계단을 타고
떨어져 내린다
한 잎 두 잎 살랑이며
낙엽은 내려앉는다
그 낙엽은 쌓이고
그 위에
햇빛과 비가 내리고
찬바람과 눈이 내린다
사랑의 징표들은
침묵의 세월을 보내고
미움과 회한과
그리움의 시간 속에
꿈의 추억이
향수로 익어서
지울 수 없는 시간의 열매를
맺는다
잊을 수 없는 순간들이
눈부시게
남은 생의 보석으로
가을빛 향기로 빛나며.
당신의 남은 날들을 적신다.
가을 그리고
사랑의 낙엽이 쌓이면.

시간의 안개 속에서

생의 역에 앉아서
멀리서 다가오는 기차를
기다린다
꿈의 안개를 헤치고
우렁찬 울림의 소리로
열차는 달려온다
아마도 그것은 희망
삶의 고지를 가고 싶은 열망은
언제나 나를 태우고 갈
그 기차를 기다리며
하루하루 안개 같은 세월을 보낸다
꿈속의 그 사람은
작은 가방을 메고 내게로 오고 있다
어디서 오는 것일까?
아무도 모르는 그곳에서
신비의 시간 열차를 타고
아마 안개 바다에 노를 저으며
천천히
아주 천천히 내게 다가온다
역사의 창가에 햇빛이 서성거리면
나는 담배를 피우고
연기를 내뿜으며
그 사람의 작고 하얀 손을 생각한다
내게 줄 선물은 장밋빛 심장에
그려진 화살
시간의 우울한 비가 내려도
나는 기차역에서

두 눈을 멀리 보내며
그리운 그 사람을
시간의 여백인 흰 편지처럼
기다린다
아무것도 써있지 않는 빈 여운의
기다림을
안개를 헤치고 다가오는 그 사람을.

기다린다

어둠 속의 그 무대를
기다린다
누군가 나타나기를
기다린다
무엇인가 명백해지길
기다린다
강가의 마른 나무처럼
기다린다
비바람과 눈 내리는 계절을
기다린다
우수수
낙엽 속에
머플러를 두르고
코트를 입은 그 사람을
그리하여
내 찻잔의 시간이
햇빛 속에 찬란하기를

기다린다
기다림마저 잊고 사는 시간을
나는
기다린다
어둠 속의 흰빛을.

KIND OF BLUE

마일스 데이비스의 트럼펫은
고독한 창고의 노래
군중 속에 쓸쓸함
빈 술병의 페이소스
밤의 어둠을 배경으로 혼자 걸어가는 어깨의 슬픔
도시에 부는 바람과 쓰레기
절망 속에 한 줄기 희망
애인의 한숨이 나오고
담배 연기는 파랗게 춤춘다
마일스 데이비스의 트럼펫은
고독한 절망의 노래
텅 빈 극장의 객석에 우수
뒷골목의 정서가 메아리치고 모든 미련을 버린 슬픔
교회에 나오는 찬송가를 비웃는 어떤 실업자 탄식
섹스의 허무감이 작은 아파트 방안에 머문다
마일스 데이비스의 트럼펫은
고독한 지저스 크라이스트의
눈물방울이다
마일스 데이비스의 트럼펫은.

시에는 풍경이 있네

강줄기를 따라 오르는 배
안개가 흐르고
멀리서 은은한
산사의 새벽 종소리가 울린다
세월 따라 흐르며
사는 게 인생
지금 방안에는 재즈가 흐른다
나는 담배를 피우며
사랑을 생각한다
창가엔 어둠이 스민다.

비 내리는 밤에

인생은 빈 백지 같다
시작도 모르고
끝도 모른다
이렇게 부딪치고
저렇게 부딪치고
당구 알처럼 굴러서
점수를 내는 게임일까?
내 백지는 무엇으로
가득 차 있을지
밤비 내리는 여름의 밤
비 맞는 우울한 별처럼
슬픔의 눈물이 흐른다

이렇게 늦은 밤이면
떠오르는 얼굴들
어디서 다 무엇을 하는지
더운 열기 속에
눈길을 걷던 하이얀 길들
지금은
알 수는 없지만
역시 끝나지 않는 길을 걸어간다
비 내리는 밤에
모두에게 인사한다
아주 희미한
작은 생명들을
사랑하며 살라고.

편지들의 초상

눈 내리는 날
우체국 앞에 서 있는 사람
꿈의 사연을 총총히 적어
멀리 있는 그대의 사람에게 보내는
흰 입김 같은 정감을 편지로 쓴다
모든 더 나가는 사연들은 날개를 달고
산과 바다를 건너
흰 새 한 마리 날아가듯이 날아간다
울고 싶은 날들과
웃음 짓는 나날들이 모여서
밤새 써 내려간 편지들에는

당신의 얼굴이 새겨져 있다
낙엽 같은 세월이 흘러 흘러
별 하나의 꿈들이 적혀 있는 백지의 노래들
아주 먼 곳에 고독한 등대 같은 사람에게
꽃잎으로 물든 입술을 적어 보낸다
흰 눈 내리는 날
하이얀 편지 속에 별처럼 초롱초롱한
빛나는 눈빛 사연이 적혀 있다.

타락한 인생

뱀 같은 꿈틀거리는
욕망의 세월이
흐르는 강물처럼 흘러왔다
썩은 사과 같은 시간 속에서
별빛 같은 너를 향해 달려왔다
아마도
그게 진정한 타락의 죄였다
너는 항상 없었고
너는 항상 빛나고 있었다
너를 향해 달려온 거친 질주 속에
짐승 같은 이빨이 빛나고 있었다
너는 저만치에서 꽃피어 있었다
그리고 빛나고 있었다
헉헉대며 달린 인생의 경주에서
흐려지는 너의 모습이
가슴에 욕정에 기름을 붓고

시뻘겋게 타올랐다
죄라면 죄이다
불타는 시간 속에
안식도 휴식도 없이
신문 속에 소용돌이처럼
세상은 한시도 편한 날이 없었다
신의 준엄한 눈길 앞에 서는
그 시간이 다가온다면
무슨 독백을 할 수 있을까?
뱀같이 뻔뻔한
꿈틀거리는 욕망의 세월이
지금 나를 형틀에 세우고
채찍질을 한다
아픔 속에서도 먼 밤하늘에
떠 있는 너를 바라본다.

꿈의 시간

시간이 촉촉이 흘러가는 날에
세상은 메마르고 타오른다
나의 방에
촉촉한 책들과
촉촉한 연필과
촉촉한 책상들
과연 이런 인생들이 모여 사는 곳에
사막을 적시는 촉촉함이
무지개처럼 피어날까?

하얀 얼굴이 피어나고
하얀 가슴이 솟아나고
하얀 허리가 사랑으로 자랄 때
아마 태초의 그리움처럼
세상은 촉촉해질 것이다
그냥 헛된 바람으로 살아가더라도
언제나 시계에 비가 내리고
햇빛이 내리고
가을날의 편지 같은
낙엽이 바람에 날릴 때
당신은 촉촉한 사람 곁에서
촉촉한 눈송이를 맞으며
세월의 촉촉함을 흠뻑 맞으며
창가에 따스한 난로에는
주전자의 입김이
키스의 감촉으로
방안을 떠돌리라
촉촉함이 물드는 세상의 단풍잎이
꿈 곁처럼 휘날리는
가을날의 어떤 벤치 위에서.

꿈같은 날의 오후

맑은 햇빛이 비처럼 내리는 오후에
꿈을 꾸는 어떤 조각상의 고뇌는
슬픈 인생의 그림을 그리는 화가의
탄식의 색감이다.

만났다 헤어지는 시간 위에
어떤 마음의 조각을 할까?
한번 생각해 보지 않겠니?
그리운 이여!
이런 날은 강가에서 배를 타고
먼 바닷가를 향해 가야만 해
항구에는 많은 새들이 날고
떠나야 할 사람들은
미지의 대륙을 향해 꿈꾸며 간다
담배 연기처럼 환상처럼 말이다
안식처는 그대의 품이 아닐까 생각하며
깊게 패인 그대 가슴에 머리를 묻는다
좋은 향기가 나는 유방에서
새로운 생명의 꿈이 태어나고
아기는 다시 긴 항해를 위해
별을 공부하며
철 지난 바닷가를 서성인다
밤하늘에 사랑이 별처럼 박혀있는
이 세상에서 모든 이들에게
편지에 장미를 꽂아
멀리 사막의 초원 위 구름에게
새들의 날개로 날아가리라!
오늘은
맑은 햇빛이 비처럼 이렇게
창문에 흘러내리는데.

꽃잎의 두 얼굴

비가 내린 뒤에

햇빛이 쏟아지는 날에

흐린 방 안에

앉아 있는 마음에 떠오른 꽃잎

그 꽃잎에 겹쳐지는

비 오는 날에 꽃잎은

하나이면서 둘인 너의 얼굴

아름다움이면서 슬퍼지는

이중의 꽃잎에

빗방울이 떨어지면

안개 같은 그리운 눈동자에

이슬은 흘러내린다

멀리 어떤 별에서

날아온 편지가 쓸쓸히 혼자 노래한다

너이면서 너가 아닌 너를 생각하며

언제나 혼자인 마음 위에

피어난 예쁜 꽃잎

흐린 장마의 바람이

창문에 불어오면

바람에 날아갈까 두려운 꽃잎의 표정

시계는 기차처럼 달린다

세월을 싣고서

두 개의 꽃잎이 겹쳐지는

내 마음의 철로를 따라서.

태양의 시계

시린 태양 빛이 거세게 내리쬐는
벌판에서 그림자들은 서성인다
나무와 꽃, 그리고 풀과 벌레들은
하얗게 비명을 울리면서 어디로
떠나간다
기차가 차로를 질주하면 바람은
고개 숙이고 풍경들은 비명을
지르며 어디론가 또 달려간다
시계들은 초조해하며 고통에 찬
꿈들의 목을 조른다
시베리아로 달리는 인생길은
곧 낭떠러지로 추락하며 악몽
속에서 떨고 있다
한낮에 따가운 태양은 시계를 보며
이제 단죄의 시간을 기다린다
하얗게 따가운 시리게 꽂히는
햇살의 공포가 이 땅을 지배한다.

꿈꾸는 시간의 노래

노래하리라
꿈의 세월을 슬퍼하면서
노래하리라
흘러간 시간을 아파하면서
지나간 모든 사물들이

밤 중에 불을 켜고
나의 정원에서 술을 마신다
나의 가난과
나의 낭만과
나의 꿈의 노래를 부르면서
떠오른 추억의 낙엽들과 함께
슬퍼하고 기뻐하면서
탄식의 노래를 부르리라
안개의 지난날들이
태양 빛 아래 빛나면서
달의 고요함과 함께
침묵의 노래를 부른다
시간의 똑딱임은 현재의
고통과 미래의 희망과 함께
술을 마신다
오직 하나
꿈에 취해서 살아왔다는 추억만이
흘러간 시간들의 아픔에
노래가 된다
노래하리라
순간순간 빛나는 모든
생의 순간들을
노래하리라
추억의 술을 마시면서
꿈을 노래하리라.

꿈꾸는 시간의 추억

나의 나무에는 꽃이 핀다네
그리움
희망
고독
아픔
그리고 사랑
인생길 마디마디에서 느꼈던 꽃봉오리들
이제 회상의 밤이 오면
별빛처럼 반짝이며 다가오는
추억의 빛들
책상에 앉아 나는 꿈꾸리라
사랑했던 모든 것들을
시간의 안개에 묻혀 있는
꿈의 모습들이
석양에 물들어 노을 질 때
나는 꿈꾸리라!
흘러가는 강물처럼
반짝이는 추억의 물줄기들
아픔의 행복이 가득 찬 커피향기들
나는 꿈꾸리라!
이제 홀로 아득한 시간 길모퉁이를 돌아
저벅저벅 걸어갈 때
멀리서 흔드는 하얀 손짓
나는 꿈꾸리라!
그대라는 환상이 그래도
한 줄기 희망의 빛이었음을
컴컴한 밤

혼자 우두커니 서서
달빛에 취해 다가오는 모든 운명들을
받아들이며 걸어가리라
나는 꿈꾸리라
모든 추억의 시간들을.

흐린 시간의 눈 편지

안개 같은 낙엽이 지는 날에
시간의 향기가
화살로 날아서
당신의 심장을 찌른다
빨간 장미가 당신의 마음에서 피어나고
구원의 천사가 내려와
기도문을 외운다
당신은 왜 늦게 왔냐고 화를 내며
마음에 장미로 천사를 찌른다
피 흘리며 쓰러지는 천사는
웃으며 하늘로 올라간다
천사의 피는 흰 눈이 되어
당신 눈앞에서 울어버린다
편지를 읽는 당신은
지상의 모든 연인에게
이별을 노래하며
슬픈 마음을 눈송이로 흘린다
마을 사람들은 애인들에게
꽃을 바치며 헤어지길 간청한다

모든 아름다운 여인들은
시간의 기차역에서
손수건을 흔들며
웃으며 안녕이란 빗물을 흘린다.

꿈꾸는 시간들의 향기

이별 아닌 순간들이 어디 있으랴?
만나면 헤어지는 게
세상의 이치 아닌가?
늦은 밤 가로등 사이로 두고
그대와 난
눈 내리는 밤에 헤어졌다
골목길 걸어 나오면서
지난 시간들이 나를 붙잡았지만
드린 걸음으로 뿌리치고
아픔의 발자국을 걸었다
길가엔 발자국만 남았다
눈이 내리면
그 시절의 헤어짐이 떠오르고
헤어진 그 사람의 초상이
별처럼 빛난다
그 빛은 시간의 향기가 되어
흘러간 시간들의 향수병처럼
내 몸에 담겨 있다
아련하고 애틋한 그 향기들은
시간의 순간들마다 몸에 뿌려지면

어두운 방 안의 가구들처럼
촛불 아래 생생한 이미지로
향기롭게 나타난다
꿈꾸는 지난날들이여
나의 초라한 향수병들이여
겨울밤
골목길의 눈 내린 발자국들.

사랑의 가을

이제 사랑의 가을이 오면
붉은 단풍이 물들고
바람이 불어와
낙엽으로 사랑의 계단을 타고
떨어져 내린다
한 잎 두 잎 살랑이며
낙엽은 내려앉는다
그 낙엽은 쌓이고
그 위에
햇빛과 비가 내리고
찬바람과 눈이 내린다
사랑의 징표들은
침묵의 세월을 보내고
미움과 회한과
그리움의 시간 속에
꿈의 추억이
향수로 익어서

지울 수 없는 시간의 열매를
맺는다
잊을 수 없는 순간들이
눈부시게
남은 생의 보석으로
가을빛 향기로 빛나며.
당신의 남은 날들을 적신다.
가을 그리고
사랑의 낙엽이 쌓이면.

가을사랑

내가 그리는 사람
내가 아파한 사람
내가 사랑한 사람
지금 꿈을 꿉니다
꿈속에서 당신을 만나기 위해
낙엽이 한 잎 두 잎 떨어지는
햇살이 비추는 길을 걸어갑니다
슬픈 음악처럼
당신에게 가기 위해
멋을 내고 외투를 입고
한 걸음 한 걸음 걸어갑니다
당신의 미소가 별빛으로
반짝이는 그 찻집에 나는 갑니다
그곳에 당신은 환상처럼 앉아 있습니다
반가움이 흘러내리는 내 눈가에

나를 기다리는 당신을 봅니다
창가에서 당신을 바라보며
얼굴을 가슴에 담습니다
그리고
나는 돌아섭니다
왔던 길로 한 걸음 한 걸음 되돌아갑니다
가을 낙엽이
한 잎 두 잎 떨어지는
외로운 가을 거리를 햇빛이
찬란한 따스한 마음으로
쓸쓸히 걸어갑니다
내년 가을에
다시 꿈꿀 때까지
안녕히 계십시오
그리운 꿈속의 사람이여.

세상의 우연처럼

살아가는 동안 이상한 순간들이
삶의 길목에 놓여 있다
어떻게 이런 일이 있을 수 있을까 하는
수수께끼 같은 우연들이 있다
어느 날 문득
바람에 휘날리는 빨래들
비 내리는 골목길의 서정
눈 내리는 어느 카페의 모습
이런 순수한 서정에서

우리는 작은 감동과
살아가는 재미를 느낀다
결코, 쉽지 않은 세상살이 속에서
날마다 부딪히는 크고 작은 사건들에
살아가는 아픔과 기쁨이
나지막이 숨 쉬고 있다
세상은 아마 수많은 우연으로
가득 찬 신비한 마술상자 같다
나는 너를 기다리고 보고 싶지만
아직 신비하고 수수께끼 같은 우연이
내 생에서 일어나지 않았다
많은 우연 속에서
어느 거리에서
우연의 우연 속에서
너를 만나고 싶다
생의 환희와 작은 감동을
우연처럼 느끼고 싶다
너를 만났을 때에.

고독의 편지

어제를 떠나보낸 고독이
허공에서
빈 편지처럼 떨어졌다
마치 별빛이 지듯이
고독은 자신을 응시하고
내면에 활활 타오르는 불꽃을

바라본다
편지는 나에게 쓴 것이다
나의 너인 나에게 쓴 편지
이제 그만 용서하고
빗장을 벗고 날아가는 새처럼
인간의 밀림 속에서
재잘대며
꿈의 세월을 보내라고
타오르는 불꽃은
나에게 검은 하늘의 빗방울처럼
말을 한다
타오르는 내면의 불꽃은
비를 맞으며
비에 젖은 새 한 마리가 되어
형형색색의 꽃들에게
날아가
살아가는 날들이 희망의 함성처럼
작은 대지 위에
먼 항구의 불빛으로
반짝인다고 고독의 노래를 한다.

어린 나뭇가지의 사랑

내 여린 가지 끝에 눈송이 같은
불이 켜지면
꿈의 기차를 타고 아주 먼 곳으로
바다를 건너 달려간다

그곳에는 섬이 졸고 있고
물새 한 마리 바위에 앉아
파란 등불을 켜고
누군가를 기다린다

세상이란 알 수 없는 길 위에서
서성이며 망설이는
존재의 여린 가지여!
살아가는 숨 막히는 현실 속에서
안개를 헤치고 달리는
삶의 경주는 얼마나 지겨운가?

또한 힘겹기도 하지만
겨울 강가에 내리는 눈꽃의
작은 희망이 모든 것을
견디며 살아가는 것이다

생생 불어오는 찬 바람
그러나 열린 가슴으로 맞으며
세상의 모든 것을 끌어안고
어린 나뭇가지는

바람에 흔들리며 생을 키워간다
알 수 없는 그리움의
작은 무지갯빛 꿈 때문에.

시간의 안개 속에서

생(生)의 역에 앉아서
멀리서 다가오는 기차를
기다린다
꿈의 안개를 헤치고
우렁찬 울림의 소리로
열차는 달려온다
아마도 그것은 희망
삶의 고지를 가고 싶은 열망은
언제나 나를 태우고 갈
그 기차를 기다리며
하루하루 안개 같은 세월을 보낸다
꿈속의 그 사람은
작은 가방을 메고 내게로 오고 있다
어디서 오는 것일까?
아무도 모르는 그곳에서
신비의 시간 열차를 타고
아마 안개 바다에 노를 저으며
천천히
아주 천천히 내게 다가온다
역사의 창가에 햇빛이 서성거리면
나는 담배를 피우고
연기를 내뿜으며
그 사람의 작고 하얀 손을 생각한다
내게 줄 선물은 장밋빛 심장에
그려진 화살
시간의 우울한 비가 내려도
나는 기차역에서

두 눈을 멀리 보내며
그리운 그 사람을
시간의 여백인 흰 편지처럼
기다린다
아무것도 써 있지 않은 빈 여운의
기다림을
안개를 헤치고 다가오는 그 사람을.

떠도는 날들의 애수(哀愁)

오랫동안 여행을 하고 있다
지나치는 길 위에서
보았던 수많은 풍경들
외로운 사람들
아름다운 여자
가을 겨울의 눈부신 정경
불어오는 바람에
나를 맡기고
머나먼 고장의 내음들
이 모든 것이 여행길의 선물이었다
지금 서 있는 곳은 어딘가?
새는 허공을 날고 어디론가 떠난다
 가고 있는 곳이 어디인가?
알 수 없는 고요의 적막감이
나를 감싸고
뜰 위에 감나무에는 열매가 주렁주렁
매달리고 담배 연기는 피어 오른다

끝없는 여행길에서
비가 내리고
우산 들고 서 있는 그 사람을 기다린다.

바람처럼 헤어지다

아무 말 없이 떠나가는 그대여
그냥 그렇게 흘러가는
구름으로 떠나가는구나!
생의 마른자리에 서서
먼 곳 바라보며
바람이 불어오는 곳에
흔들리는 나뭇가지처럼
사뿐히 떠나가는구나!
짧은 순간들이 강물처럼 흘러서
어디선가 다시 만나듯이
우리도 내리는 빗방울의 인연으로
또다시 만나
어느 카페의 한구석에
작은 불을 밝히고
지나온 자국에 대해
따스한 입김처럼 말하겠구나!
 불어오는 바람에 떠나는 그대여
말 없는 흔적의 바람으로
서서히 멀어지는 구름의 이별로
바람의 향기를 남기고
어느 바닷가에서

꿈꾸듯이 다시 만나자
바람의 꿈을 안고 떠나는
너의 긴 발자국 보며
나는 시선을 보내며
웃음을 실어 바람에게 보낸다.

환상 속에 우물이 있다

현대라는 사막에도 비는 내린다
추적추적 내리는 비를 보며
비는 내리는데
왜
사막에는 우물이 없을까?
너무도 메마른 가슴들
너무도 타들어 간 마음들
너도 황폐화된 생각들
바람에 날리는 건 사막의 모래알갱이
현대라는 사막에는
현대라는 내면의 거친 바람 속에
인간들은 헉헉거리며
끝없는 사막을 걸어간다
누구 하나 인정의 마음이 없다
바짝 마른 물기 없는 마음에는
독한 도시의 매연 냄새만이 가득하다
아주 오랫동안
우물 없이 살아온 사람들
이 도시에는

이 사막에는
인간이 살고 있지 않다
다만 인간의 형상을 한 짐승들만이
썩어가는 도시 속에서
으르렁거리며 아귀다툼의
지옥도를 연출한다
현대에는 우물이 없다
바짝 말라비틀어진 물기 없는
욕망과 욕정만이
이 도시에 불을 밝힌다
비는 내린다
그러나 말라버린 가슴에는
사랑이란
우물은 전설로 남아
현대의 사막을 더욱 메마르게 한다
우린 현대라는 지옥 속에 살아간다
다만
인간의 환상 속에
사랑의 우물이 있다
환상은 꿈의 나라이다
꿈에서 깨면
아무것도 남지 않는 지옥의
사막이 펼쳐진다
가도 가도 끝이 없는 현실의 사막
욕망의 태양만이
이글거리며 타오른다.

흐린 날에 커피 향기

이런 날이면 한 잔의 커피를 마시고
그리운 사랑처럼 담배를 피워문다
안타까운 옛사람 생각이
담배 연기처럼 피어오르고
함께 마주 보며 커피를 마시던 그 시간의
여운과 향기를 떠올린다
환영같이 늘 곁에 있는 당신의 흰 손
마취제 같은 커피향기는
어제와 오늘을 이어주는 끈처럼
당신과 나를 함께 한다
흐린 날에 파란 하늘을 그리워하듯
늘 커피향기는 당신의 검은 눈동자를
추억 속에 살아나게 한다
이제는 머나먼 이야기들
함께 걷고
함께 웃으며
함께 세월을 이야기하던 당신
아득한 시간의 물결 속에
잔영처럼 나타난다
한 잔의 커피와 담배는
나의 고독한 인생에 작은 위로
미래를 향해 가는 나의 길은
아직 오지 않은 그 사람의
입술 같은 달콤함
커피의 꿈처럼 아련하고
속삭이는 듯한 빗방울
이런 흐린 날이면

한 잔의 커피와 내면의 담배처럼
지난 어느 날의 당신의 위로 같은
사랑의 편지를 간직하고
시간의 노래를 한다
까만 그리움의 커피향기는
쓴 눈물의 독백 이야기
흐린 날에 쓰는
잔잔한 달빛 같은 추억의 꿈
흐린 날의 고백이다.

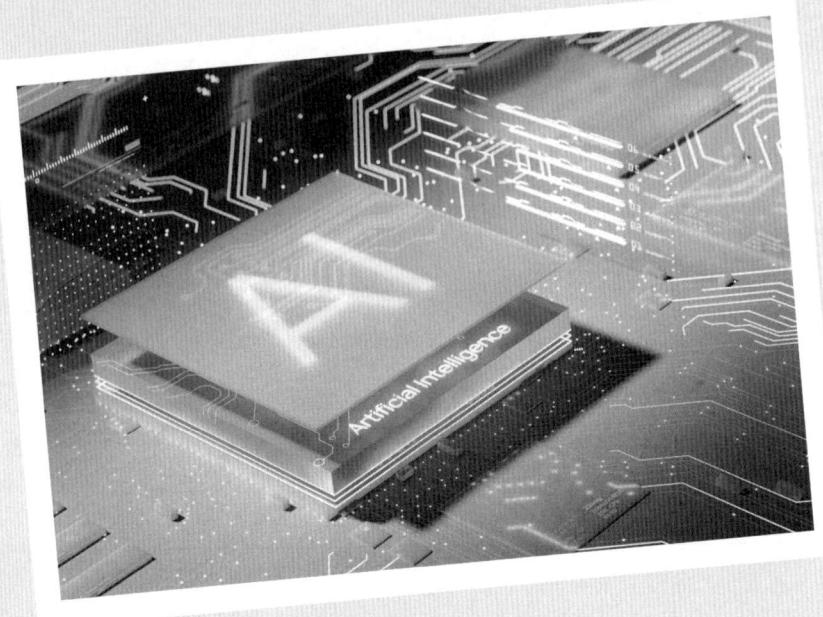

인류의 미래

지구(地球)의 위기(危機)

지금 대선 정국이라 사람들이 온통 선거에만 관심을 가집니다. 불면의 밤에 떠오르는 생각은 역시 현재 지구 전체가 겪고 있는 이상 징후들입니다. 지진, 폭염, 폭우, 화산폭발 등등의 갖가지 재난이 지구 곳곳에서 일어납니다. 솔직히 말씀드려서 여기에 대한 해답을 가진 사람은 그 누구도 없습니다. 제 걱정이 단지 기우에 지나지 않기를 절대적으로 바라면서 그래도 한 번 다시 돌아봐야 할 문제가 아닌가 합니다. 아마 여러 번 글로 쓴 적이 있지만 아무래도 이 현대 산업 문명이 가진 필연적 문제점이 있다고 봅니다. 물론 농업을 주산업으로 하는 나라들은 사정이 좀 다르겠지만 우리나라처럼 공업화와 산업화를 외치는 나라들이 하는 이 산업의 형태가 정말 심각한 문제라 봅니다. 아무리 잘사는 것이 좋다고 자기의 몸과 터전을 황폐화하면서 경제를 발전시키면 뭐합니까? 우리는 지금 문명의 모델을 잘못 만들고 있습니다. 과학이란 것이 절대적 진리인 양 떠들지만, 지구가 망가지면 그런 과학이 무슨 의미가 있습니다. 과학이 이 지구를 건강하게 만드는 데 쓰여야 의미가 있지 과학과 산업이 결탁하여 지구 곳곳에서 이상 징후들이 나타나고 있지만, 이 심각한 사태에 대한 진단을 누구도 정확하게 할 수 없다는 데에 더욱 문제에 중대점이 있습니다.

지구 세계 산업은 공장의 톱니바퀴처럼 맞물려 돌아가고 있기에 이 위기가 단지 어느 한 나라에만 국한된 것이 아닌 전 세계의 위기로 보아야 합니다. 하지만 속도의 페달을 정지시킬 수 있는 자는 그 누구도 없습니다. 무슨 새로운 대안과 모델이 있어야 이런 산업 문명의 폐해를 막을 수가 있는데 전 지구에서 누구도 새로운 대안을 제시하는 사람도 나라도 없습니다.

오로지 전 세계에서 저만이 주장한 목기 문명 시대로의 새로운 패러다임의 전환을 강력히 주창했으나 '소 앞에서 경 읽기'나 마찬가지일 뿐입니다. 될 수 있으면 영향력이 강한 국가에서 먼저 저의 주장을 이해하고 검토하면서 새로운 문명의 모델을 설계해 나가야만 우리 인류의 미래에 희망이 있다는 것을 나는 강력히 주장합니다.

반복해서 말하지만 우리는 목전에 이미 큰 위기가 닥쳐와 있습니다. 우물쭈

물하다간 인류 자체가 공멸의 순간에 놓일 날이 얼마 남지 않았습니다. 우리 모두 지구의 생명력을 되살리는데 인종과 국가가 따로 있지 않습니다. 이제 인류는 공생의 공동체로서 모두 합심하여 이 위기 상황을 벗어나지 않으면 안 되는 절박한 시간 앞에 있습니다.

세계인이여! 우리 모두 합심하여 지구를 지킵시다. 그리고 새로운 문명을 건설하여 우리의 후손에게 희망찬 미래를 보여줍시다. 전 세계인이 합심하여 노력합시다. 이상입니다!

목기 문명 시대로의 전환

현대문명은 지금 거대한 공룡의 형상을 하고 있습니다. 자기 몸을 제어할 수 없는 기현상을 하고 움직이고 있습니다. 지구의 생명을 갉아 먹으면서 성장하고 있습니다. 이유는 단순합니다. 돈 때문입니다. 돈이란 맹목 앞에서 닥치는 대로 지구를 파괴하고 황폐화해서 결국 지구의 생명을 죽이고 있습니다. 지금 대전환의 어떤 계기를 만들지 않으면 브레이크 없이 달리는 폭주 기관차의 끝이 어디인지 자명합니다. 이 현대 산업 문명의 폭주를 누군가는 막아야 합니다. 인류 전체를 파괴하는 이 문명의 횡포를 누군가는 정지시켜야만 합니다. 현대 산업 문명은 과학을 그 기초로 하고 있고 과학은 객관적 사물을 비(非) 생명을 가진 것으로 다룹니다. 이게 큰 문제입니다. 이 세상에 생명이 아닌 게 없습니다. 길가에 돌멩이 하나에도 다 생명이 있습니다. 이 세계에 모래 한 알에 전 지구가 유기적으로 얽혀 있기에 생명인 겁니다. 그 생명을 파괴하고 있는 것입니다. "우리는 걱정이다."라고만 외칠 것이 아니라 구체적으로 여기에 대응하는 어떤 대안을 만들어야 인류에 새 비전을 제시할 수가 있고 미래의 희망이 있습니다.

내 제안은 받아들여져도 그만이고 안 받아들여져도 그만입니다만 하나의 대안으로 생각해 볼 만한 제안입니다. 물론 현대 산업 문명을 일시에 정지시킬 수는 없습니다. 단계적으로 시행해 나가야만 합니다. 인류의 전쟁 문명을 종식해야만 합니다. 엄청난 자원 낭비와 환경파괴를 자행하는 것이 현대 전쟁입니다. 그래서 전 전쟁 팔씨름론(論)을 제안한 것입니다. 이제 인류의 지혜를 지구 전 세계인의 공생과 행복을 위한 지혜와 아이디어를 짜내야만 인류의 내일이 보장됩니다. 나는 단지 일개 시인에 지나지 않지만, 세계의 지성과 리더들이 합심하여 새로운 문명의 모델과 방향을 제시하지 않으면 내 생각에 정말 위험한 순간에 지구는 놓이게 됩니다. 목기 문명 시대는 어떠한 자원도 이제 우리가 채굴하지 않고 오로지 식물성 원료와 나무를 중심으로 인류가 문명 생활을 유지해야 한다는 것이 제 요지입니다. 물론 절대적으로 전부가 될 수는 없겠습니다만 이제 더 지하자원의 채굴을 중지해야 하며 기존의 자원들을 전부 재활용하여 앞으로 인류가 문명 생활을 유지하지 않으면 안 되는 상황임을 나는 직감합니다. 우리 모두 지혜를 모아 이 세계적 위기 앞에서 지혜롭고 현명하게 극복해 나갑시다.

모든 문화 문명의 근본은 농업이다

문명의 시원들을 살펴보면 무엇이 인간사회를 이루었나를 알아야 한다. 인간사회는 즉 공동체를 말하는 것이다. 이 공동체의 필수요건이 바로 식량이다. 그래서 모든 고대문명은 전부 강이 있는 농업지역에서 시작한 것이다. 그럼 오늘날 현대문명은 달라졌다고 말할 수 있는가를 따져보아야 한다. 우주선이 화성을 향해 가고 현란한 컴퓨터를 비롯한 각종 이기가 활약하는 이 문명이지만 그러나 이 문명의 뿌리도 결국은 인간이 먹고사는 문제에서 결코 벗어날 수가 없다.

그렇다면 한 국가운영에 있어서 이 먹고사는 문제에 대한 가장 중요한 정책과 대책이 있어야 한다. 혹자는 세상이 좁아져서 농산물 수입해서 사다 먹는 게 더 싸게 먹힌다고 말할지는 모른다. 틀린 말은 아니다. 대농장경영의 다국적 농업기업들이 대단위 생산을 통해 값싼 농산물을 얼마든지 수입해 들여올 수가 있다. 우린 고부가가치의 자동차나 반도체 컴퓨터 등을 수출해서 먹고 살 수 있다고 자부할 수도 있지만, 과연 그럴까 하고 의문을 한번 해보자! 세상이 그렇게 호락호락하지가 않다. 이 세상에는 결코 총칼만이 무기는 아니다. 인간 생존의 필수품이 없으면 그것이 곧 노예로서의 나라가 될 수밖에 없다는 이 엄연한 사실을 직시해야만 한다.

우린 박정희 정권 아래로 현재에 이르기까지 결국 농업을 죽이는 정책만을 범해 왔다고 할 수 있다. 우리나라의 근본이 원래 농업국이었건만 마치 대단한 무역국이 되어 세계만방에 기세를 떨치는 것 같지만 이는 큰 착각이고 오해인 것이다. 식량 주권과 식량안보가 절대적 당위성을 가지는 이유이다.

또한, 지금 인류는 큰 공포와 난제를 앞에 두고 있다. 솔직히 전 지구적 환경 위기 앞에 놓여있다. 그 이유는 현대산업들의 심각한 문제는 바로 찌꺼기와 쓰레기의 대량 발생이고 또한 현대산업의 무분별한 자원착취로 인한 엄청난 환경 대재앙을 언제 맞을지 알 수 없는 상황이다.

그런데도 눈앞의 이익에만 급급하여 마치 대단한 산업국가인 양 떠벌리지만, 이는 미래에 대한 전혀 대책을 세우지 않고 국가를 운영하는 어리석음이라 할 수 있다. 숫자놀음에 빠져서 우린 거기에 취해 진정으로 우리에게 생명과도 같은 것이 무엇인지를 망각하고 국가를 운영하는 것이다. 유비이면 무환이라고 했다. 과거가 되었든 미래가 되었든 인간이 과연 무엇으로 생존해 나가는지를 깨닫는다면 우리에게 절대적으로 필요한 문명의 필수요소가 바로 농업임을 확실히 느껴야만 한다. 이 농업의 안정된 바탕 위에서 다른 문화와 산업들이 발전해야만 그 나라가 잘사는 나라이고 부국인 것이다.

나는 여러 번 글로 썼지만, 지금이라도 우리나라는 농업과 어업, 수산업, 임업, 축산업, 낙농업, 약재업, 화훼업을 가장 중요한 이 나라의 근간 산업으로 삼아야만 어떠한 악재가 닥치더라도 여기에 대응해 나갈 수가 있다. 내가 한 얘기 또 하고 또 하는 까닭은 그만큼 이 문제가 심각하기 때문이며 우리나라를 비롯한 세계의 운명도 바로 농업에 달려 있음을 강조하기 위해서이다. 결코, 자동차 컴퓨터 반도체가 아니란 말씀이다. 다시 한번 강조하지만 모든 문화 문명의 뿌리는 바로 튼튼한 농업이 그 바탕이 되어야 함을 다시 한번 엄중히 주창하는 바이다!

인류 문명의 방향 어디로 가야 하나?

너무 또 거창한 주제로 시작한다 싶지만 사실 오늘 너무 사소한 일로 마음이 상해서 밖에 나가 산책을 했다. 이런저런 생각이 떠올랐지만, 기분이 좋지 못했다. 그래서 좀 거시적 안목을 가지고 큰 생각을 해보자 했더니 작금 우리 앞에 닥친 여러 지구적 위기 상황이 심각하게 다가왔다. 여기에 대한 해법을 나는 이미 여러 번 이곳에 썼기에 재탕을 하는 게 재미는 없지만 그래도 또 한 번 상상해보자 하는 심정이다. 재미없어도 양해 바란다.

유사 아래로 인류에는 여러 문명이 흥기 했다 사라졌다. 그러나 그 문명의 주체인 나라들은 사라졌지만, 그 문명의 흔적들이 다 사라진 건 아니다. 이집트 고(古)문명이 사라졌다고 이집트 문명 문화가 다 사라진 것이 아니듯 제 각각의 여러 문명은 한때 번성하다 사라졌지만 많은 그 당대를 지배했던 문명의 흔적들을 남겼기에 그 흔적의 문명 지혜들이 발전해 오늘날에 현대 문명을 낳을 수 있었다. 그러나 현대문명은 어리석게도 너무 부와 번영의 욕망에 빠져 지구 자체를 파괴하는 잘못을 저지르고 있다. 주체할 수 없는 속도로 이 자본주의 문명이 달려가기에 문제의 심각성이 지금 있는 것이고 여기에 제동을 걸고 새로운 문명으로 방향을 바꾸지 않으면 불원 인류와 지구는 종말을 맞게 되어있다. 하루하루를 밥 법이 신경 쓰는 일반인들이 여기에까지 신경이 미칠 수는 없다.

이런 거시적 문제에 대한 고민과 해법의 창출은 바로 이 세계의 지도층 인사들과 지적 엘리트들이 담당해야 할 몫이지만 안타깝게도 너무도 소수의 사람만이 이 문제에 대해 외쳤고 그동안 외면당했다. 하지만, 지금 불똥이 바로 발등에 떨어진 상황이다. 이제 이 당면한 문제를 좌시했다간 모두가 전 세계가 공멸하는 순간 앞에 놓여있다. 그렇다면 문제의식은 이런 절체절명의 위기 상황 속에서 벗어난 새로운 문명의 대안이 과연 있단 말인가 하고 물을 수 있다.

지금 세계는 경제발전이란 미명 아래에 너무 폭주하여 이를 일시에 정지했다간 순간 엄청난 문제가 발생한다. 그러나 아이러니하게도 우리가 이 속도에서 멈추지 않으면 인류를 절멸하고 만다는 사실 또한 부인할 수 없는 사실이다. 한마디로 이래도 문제 저래도 문제인 상황이라 할 수 있다. 그리고 속도를 늦추어서 해결된 문제가 아니라 새로운 문명 열차로 갈아타지 않으면 안 된다는 전 세계의 공통 인식이 자리 잡아야만 한다.

너무 글이 길어져 여기서 생략하지만 나는 이미 여러 내 나름의 대안과 새로운 문명의 방향을 제시했기에 아무도 귀 기울여 주지 않는 무명의 예술가의 외로운 외침에 속이 타들어 가고 있으나 나는 과연 인류의 운명이 어떻게 될지를 지켜볼 작정이다. 전 세계의 지도자들과 지적 엘리트들의 양심이 조금이라도 살아 있다면 이 인류와 지구는 소생의 희망이 생기리라 본다. 여기까지다!

이성을 잃은 이성의 문명

현대문명은 이성의 객관적 법칙에 따라 건설된 세계다. 모든 분야에 걸쳐 수리적 산술이 들어가고 그것에 의해 조작되었다. 그런데 이 광기 어린 이성의 문명은 너무도 비이성적인 욕망을 추구하는 문명으로 변질하였고 무한한 욕망의 노예가 바로 이성의 문명이다. 이성의 문명이 적당한 정도에서 분수를 알고 자제와 절제를 했다면 현재와 같은 참담한 위기 상황으로 이 세계를 몰고 가지는 않았을 것이다. 끝없는 전쟁과 환경파괴를 일삼으며 이성의 문명은 자체의 이성을 상실하고 말았다.

결과적으로 우리 인류 앞에 나타난 것은 무엇인가? 거대한 절망과 공포 상황으로 인류 자체를 위협하는 문명이 현대의 이성에 의해 건설된 문명인 것이다. 한마디로 통찰이 부재했다고 볼 수 있다. 환경적 생태학적 안목의 결여는 인간 문명과 자연생태계를 이(二)분화하여 서로 유기적 연결의 순환 고리로서만 존재할 수 있는 인간과 자연을 마구 작위적으로 마치 인간을 위해 자연생태계가 존재한다는 듯이 무참히 수탈과 파괴를 일삼았다. 과학이란 인류의 은총이라도 되는 듯한 학문 세계가 너무도 비이성적 행태를 저지르면서 나타난 것이 바로 현재의 지구의 자멸의 상태라 할 수 있다. 과연 과학으로 다시 파괴된 자연계를 되돌릴 수 있다고 확신할 수 있단 말인가. 노자가 말한 스스로 그러함의 원리에 의해 자체 치유의 방식으로 인류가 절제와 자제의 문명을 행한다면 지구란 생명체는 치유될 수 있을는지 몰라도 과학적 기술로써 지구를 다시 새롭게 만들 수는 없다는 게 나의 통찰이다. 과학도 적당해야 좋은 것이다. 지나친 과학에 대한 맹신이 불러온 것이 현재의 지구적 위기상황이기에 나는 이 광기 어린 이성의 문명을 생명의 원칙인 '호메오스타시스'적 방식에 의해서만이 본래의 자연 상태로 돌아올 수 있음을 확신한다. 과학만능주의를 외치는 모든 광기 어린 이성주의자들에게 솔직히 경고하고 싶다. 우리가 과학으로 얻은 게 과연 무엇인가 하고 냉철히 따져 묻고 싶다. 너무도 근시안적 편견의 현대문명은 다가오는 죽음의 그림자로 뒤덮이고 있다. 과연 현대과학이 이 어둠의 그림자 앞에서 무엇을 할 수 있단 말인가!

도시 문명과 농촌 문명

과연 도시와 농촌을 딱 이분화할 수 있겠는가 하는 문제 제기가 가능하지만, 오늘날 현대사회는 이 양(兩) 문화와 문명이 극단적 관계에 있다고 할 수 있다. 도시는 소비지향의 문명이며 농촌은 생산지향의 문명이다.
그렇다면 문제는 무엇인가? 도시는 비대해지고 있고 농촌은 실질적으로 축소 내지는 황폐해지고 있다. 도시로의 인구이동은 심각할 정도이고 농촌의 인구감소도 심각한 지경에 이르렀다. 현대산업 문명은 필연적으로 도시를 비대화시키는 방향으로 발전해 왔다. 대량생산의 소비처로서 도시 이상의 장소는 없다. 도시의 비대화에 따른 필연적 결과는 엄청난 쓰레기를 양산한다는 것이다.
현대산업이 도시란 소비처를 비대해지기 위하여 쏟아내는 엄청난 가공품들은 결국 쓰레기로 남는다. 농촌도 물론 이 현대산업의 소비처이기는 하지만 도시보다 너무도 미미하다고 볼 수 있다. 원래 농촌은 자급자족의 시스템을 가진 순환의 경제생활을 한 곳이지만 지금 그 어느 곳도 산업 문병의 생산물이 가지 않는 곳이 없다. 모든 현대의 이기들과 생산품이 이 도시를 목표로 하여 만들어지기에 지금 도시는 가장 소비 열망에 몸살을 앓고 있다고 볼 수 있다. 심각한 환경파괴의 원인이 바로 이 도시 문명에서 비롯되는 것이라 할 수 있다. 산업 문명은 오로지 인간의 욕망을 극대화하기 위해 물불 가리지 않고 소비 욕망에 불을 지르고 있다. 눈과 귀에 보이는 모든 공간이 전부 과대광고에 몸살을 앓고 있다.

지금 사람들은 이 도시 문명의 소비 주체가 되기 위해 도시로 몰려들고 있다. 농촌은 문명과 문화의 소외지역으로 취급당하며 사람들이 농촌을 떠나가고 지금 연로한 노인들만이 남아 있을 뿐이다. 이는 필연코 지구의 재앙이 될 수밖에 없다.

인류가 지구에서 생존해 나가기 위해서 시급히 해야 할 일은 농촌을 살리고 농촌 문명과 문화를 발전시켜야만 한다. 왜냐하면, 이제 더 쓰레기를 양산하는 도시 문명은 죽음의 문명이기 때문이다. 이 지구의 모든 오염은 바로 도시 문명의 쓰레기라 할 수 있다. 인류의 과제는 어떻게 도시에서도 쓰레기 없는 문명을 이룩할 수 있는가? 하는 과제에 있고 동시에 농촌을 확장하여 자급자족의 순환적 문화 문명으로의 이행을 해야만 인류는 이제 지구에서 생존할 수 있다는 긴박한 상황을 인식해야 한다. 나는 강력히 주장한다. 쓰레기 없는 문명만이 우리 인류의 미래이다. 그래서 농촌 문명이 중요하고 절실한 것이다.

자연 순환의 원리대로 살자!

옛날로 돌아가자는 말이 아니다. 현재의 문명 생활을 어떻게 지구환경을 파괴하지 않으면서 인류가 존속해 나갈지를 심각히 고민해야만 한다. 그건 우리가 생각을 좀 바꾸면 가능해진다. 나는 목기 문명 시대가 와야 한다고 주장했다. 현재의 문명의 이기들은 전부 지구자원의 착취에서 만들어진다. 하지만 이것들은 전부 고갈의 가능성이 있을 뿐만이 아니라 지구의 생명력을 병들게 만든다는 데에 그 문제의 심각성이 있다.

하지만 목기란 나무와 식물성 자원을 바탕으로 한 문명 세계를 의미한다. 목기 자원들은 가장 빨리 재생이 가능한 인류의 자원이다. 우리가 사용하는 자원 중에 광석류와 화석자원들은 한번 고갈되면 재생하기까지 엄청난 시간이 걸리든지 아니면 다시 복원하기가 불가능하다. 우리가 문명 생활을 유지하기 위해 쓰는 모든 일상용품을 목기원료로 사용하면 이건 다시 자연으로 돌아가 썩어서 비료가 되어 자연 순환의 원리에 의해 다시 성장하게 된다. 현재의 과학들이 단지 지구자원들을 변형하여 문명의 이기를 만들 뿐 이를 다시 환원하여 자연 상태로 만들 수는 없다.

모든 인류의 생활용품은 쓰면 버려진다. 이 버려진 생활용품은 오염물이 되어 지구환경을 파괴하고 만다. 그래서 나는 강조하고 외치는 것이다. 지구의 영구적 존속을 위해서는 자연 순환의 원리대로 인류가 살아가야 한다. 그 길은 내가 누누이 주장한 목기 문명 시대로 인류가 나아갈 때만이 가능하다. 과학의 발전이 필요하다면 그 이유는 어떻게 목기 자원을 가지고 인류가 문명 생활을 유지할 수 있는 자원을 생산해 내는가에 과학의 핵심이 담겨 있다.

현재 매우 지구는 심각한 상태에 처해 있다. 인류의 지성과 리더들이 지혜를 모아 지구환경을 건강하게 하려면 하루속히 목기 문명 시대로의 전환을 이뤄야만 인류의 미래는 보장된다는 사실을 명심해야 한다. 그것은 바로 자연 순환의 원리에 따라 인류 문명이 유지될 때만이 인류의 밝은 미래가 보장되며 우리의 후손들에게 꿈과 희망찬 미래를 제시할 수 있다는 것을 강조하고 싶다. 인류의 미래는 목기 문명 시대이며, 이는 자연 순환의 원리로서만 가능하다!

더 늦기 전에

만일 바다 한가운데 유조선이 파괴되어 거기 있는 기름이 바다에 퍼지면 이는 대환경 참사이다. 또한, 핵 원자력 발전소가 파괴되어 핵이 유출되어 바다로 퍼진다면 이 또한 참담한 환경사고이다.

앞으로 이런 일은 비일비재하게 일어날 수 있고 일어나고 있다. 우린 이런 큰 사고 앞에 멀리 있는 일이니 그리 신경 쓸 일 없다고 작은 걱정으로만 그치고 만다. 과연 이런 참사에 대해 단순 걱정만 해야 할까? 이런 사고들이 추후 불러올 엄청난 재앙에 대해 심각한 고민을 하지 않고 그저 혀만 차고 있는가?

이제 인류는 서로 아주 깊이 긴밀히 연관된 세계 속에 살고 있다. 저 멀리 떨어진 나라의 일이라 해서 우리와 결코 무관한 일이 아니다. 유조선 파괴나 핵발전소 파괴의 재앙은 결코 남의 일 보듯 할 일이 아니다. 바로 우리 자신 코앞에 떨어진 불덩어리라 할 수가 있다. 나는 강변하지 않을 수 없다. 과연 우리 인류의 지도자들은 어떤 방향으로 인류의 미래를 이끌고 나가자고 하는가? 현재의 자본주의 산업 문명으로 과연 인류의 밝은 미래가 보이는가? 본인들도 잘 아시다시피 참으로 앞이 캄캄한 미래의 전망에 모두 고민하고 답답할 것이지만 뾰족한 대책이 없기에 그저 속수무책으로 방관하고 있을 뿐이다.

물론 세계 각국의 이해관계가 엉킨 실타래처럼 복잡하다는 사실을 알고 있다. 기존 현대산업 문명에 의해 돌아가는 현 세계를 일시에 바꾸기엔 무리가 있다는 것도 알고 있다. 하지만 방법을 찾아야만 한다.

성실한 노력과 아이디어로 이 복잡하고 심각한 현 지구의 문제를 풀어야 한다. 절망적이라고 포기해선 안 된다.

내가 제시한 인류 목기 문명 시대로의 전환이 최선책이라 말하고 주장하고 싶지 않다. 얼마든지 더 좋은 우리 미래에 대한 비전이 있다면 그 길을 제시하고 우리 인류에게 희망을 보여주길 바란다.

많은 사람이 미래의 암흑 적 사태 앞에 한숨과 걱정으로 고민만 하고 있다. 지금 지구는 곳곳에서 이미 재앙적 징후 앞에 몸살을 앓고 있다. 도대체 어떻게 할 것인가?

과감히 새로운 문명에 대한 도전과 모험으로 새로운 문명 시대를 열어야겠다는 발상해야 한다. 새로운 창조적 발상에 의한 문명의 모험이 간절히 필요한 시기이다. 또한, 그렇지 않아도 현 벅찬 위기상황 속에서 진정 전쟁이 필요한가 묻고 싶다. 인류 지혜의 소산으로

발전된 문명사회를 이뤘다면 더 인류는 전쟁 없이도 현명하게 이 문명사회를 평화로 유지해 나갈 충분한 지혜들이 있다. 터무니없는 무한 욕망의 자극을 가지고 이 문명사회를 이끌고자 한다면 결국 인류는 지상에서 영원히 사라지는 불행 앞에 직면할 것이다.

나는 다시 간곡히 인류의 석학 지성인들과 각 분야의 지도자들이 한자리에 모여 우리 인류의 앞날에 대한 진지한 고민과 지혜를 모아 뭔가 새로운 대안들을 생각해 내기를 바라며 인류가 함께 평화적 공존을 모색하는 시대로 나아가야만 한다고 역설하고 싶다.

진심으로 전 세계 지성인들과 각 분야의 지도자들이 협력하여 자라나는 미래의 세대에게 책임 있는 어른으로서의 밝은 비전과 청사진을 제시하여 함께 살아가는 세상을 만들며 더 나은 미래를 창조하고 아름다운 지구환경을 미래 세대에게 물려주어야만 한다. 시간이 얼마 없다. 서두르자, 더 늦기 전에!

순환(循環)의 문명

목기 문명사회를 주창했지만 한 가지 더 첨가하자면 현 문명사회의 모든 쓰레기 – 일반 쓰레기, 건물 쓰레기, 산업 쓰레기 등등, 이 모든 것이 전부 재활용되어야 한다. 현재는 어딘가에 버려지고 있고 일부는 재활용되고 있으나 재활용되는 양이 너무 미비하다는 데에 큰 문제가 있다. 쓰레기 대부분이 농촌이나 바다와 산간지방에 그냥 버려지고 있어 자연환경을 오염시키는 주범이 되고 있다. 이는 토양오염과 해양오염을 유발하는 심각한 문제이다. 현재

비용문제로 쓰레기를 버려두고 천연자원을 마구 그냥 건설이나 산업용으로 쓰고 있으나 이는 머지않은 시간에 인간에게 재앙으로 닥쳐올 것이다.

쓰레기 없는 문명으로 가야 한다. 그것만이 인류가 현 문명의 재앙에서 벗어나는 길이다. 인류는 지금 한 치 앞도 내다보지 않고 마구 지구를 수탈하고 있다. 그 화는 누구에게 가겠는가? 우리 자신들과 후손들에게 모든 재앙의 불덩이가 닥친다고 볼 수 있다.

누누이 강조하지만, 현대산업 문명이 자연의 순환법칙을 깨고 끊임없이 쓰레기들을 배출한다면 눈에 보이는 비극의 그림자가 이미 너무 가까이 와 있다고 본다.

우리 인류가 이제 서로 공존과 공생의 공동체임을 깨닫고 함께 모든 지혜를 모아서 현 인류에게 다가오는 환경파괴로 인한 모든 비극적 사태에 대하여 아주 현명히 대처해야만 한다.

특히 세계의 정계와 재계 지도자들의 끝없는 야만적 지구 수탈이 자살행위임을 깊이 반성하고 지구와 인류의 미래를 위해 절제와 지혜를 모아 현명히 현 지구 위기 상황에 대처해 주기를 간곡히 부탁한다.

현재 우리나라의 산업폐기물들이 농촌사회에 마구 대책 없이 버려지고 있는 사태에 대하여 분노를 금할 수 없다. 그 쓰레기들로 인한 환경오염은 결국 누구에게 비극적으로 다가올지를 생각한다면 그런 만행들은 이제 있어서는 안 되는 인류를 파괴하는 행위들이다. 우리 산업계부터 반성하여 모든 산업폐기물은 수거하여 재활용할 수 있는 방책을 세우고 이 나라 이 강토를 청정지역으로 만드는 데 최선의 노력을 다해야 한다.

경제도 발전은 해야겠지만 제 살을 깎아 먹어가며 성장하는 것은 결국 자멸 이외에는 없다는 이 준엄한 사실을 직시하기 바란다. 결국, 인류의 생존은 어떻게 이 문명을 순환의 문명 산업 시스템으로 바꿀 수 있는가에 달려 있음을 뼛속 깊이 자각하기 바란다.

목기(木器) 문명사회를 위하여

나는 앞으로의 인류가 지향해 나아가야 할 문명의 형태는 바로 목기 문명사회임을 분명히 하였다. 많은 사람이 의아해할 것이다. 어떻게 목기 문명사회로 갈 수 있겠는가 하고 고개를 저을 사람들이 많다는 사실을 알고 있다. 하지만 이건 인류의 마지막 선택이란 점을 나는 확실히 말할 수 있다. 지금처럼 지구를 깎아 먹고 문명을 유지하는 것은 스스로 제 무덤을 파는 것이나 다를 바가 없다.

이에 대한 유일한 해법이 바로 목기 문명사회다. 물론 목기만 사용하자는 얘기는 아니다. 하지만 나머지 자원은 최소화되어야 하고 전부 폐품을 재활용하여 쓰여야만 한다. 나무와 식물성 자원만이 유일한 순환자원인 것이다. 그러나 역시 이를 일시에 시행할 수는 없다. 인류의 안녕과 미래를 위해 전 세계 국가들은 서로 어떤 합의점을 찾아야 한다. 서로 적대적 관계가 있다 하여 함부로 전쟁을 벌여서는 안 된다.

나는 이에 대한 대책으로 이미 전쟁을 팔씨름으로 대체하자는 주장을 여러 차례 했으나 전혀 반응들이 없다. 하지만 인류가 지속하기 위해선 현재와 같은 전쟁을 일삼는 것은 인류의 수명을 점점 단축하는 지름길이라 본다. 일단 팔씨름으로 인류의 전쟁을 대체한 후에 모든 산업이 이 목기 문명으로 점차 진입해 들어가야만 한다. 빠르면 빠를수록 좋지만, 천천히 하나하나 바꿔 갈 수 있는 것부터 변화가 이뤄져야만 인류에게 미래와 희망이 있다고 나는 생각한다.

더 어떠한 지하자원도 함부로 채취할 수 없고, 사용되어서도 안 되는 순간이 다가오고 있다. 과연 어떻게 이제까지의 문명형태를 목기 문명으로 전이해 갈 것인가에 대한 세계 각 분야 학자들의 진지한 논의가 있어야 하며 각국 정부는 이에 대한 물심양면의 지원과 노력을 해야 한다. 특히 우리나라 대한민국은 제일 선도적으로 목기 문명사회로 진입해 들어가 모범을 보여야 한다고 나는 생각한다.

이젠 경제발전이 큰 의미가 없다. 소박하고 자연환경을 지킬 수 있는 문명의 형태로 나아가지 않는다면 미래는 참으로 처참한 지경으로 빠져들 수밖에 없으며 인류의 종말이 바로 코앞에 닥쳐왔다는 것을 의미한다. 세계의 지도자들은 이를 명심하여 하루속히 목기 문명사회로 인류의 모든 산업체계가 변해가야 함을 명심하기 바란다. 이 길만이 유일한 인류의 대안적 미래사회를 위한 희망이며 우리의 미래 세대에게 희망을 앟길 수 있는 방법론임을 나는 강조하고 싶다. 이상이다!

똥 에너지 자원화만이 미래의 답이다.

지금 현 정권은 국제적 환경 에너지의 추세를 따라가지 못하고 갈팡질팡하고 있다. 그런데 나는 이미 오래전부터 이에 대한 방책을 이곳에 제안했다. 재생에너지로도 감당 못 하고 위험한 핵에너지 또한 진정한 미래의 대안 에너지 자원이 될 수 없다.

첫째, 재생에너지는 경비와 장소가 문제다. 기후환경 막는다고 마구 재생에너지인 태양열 풍력 등등의 기구를 어느 곳이나 설치하면 이 또한 결국 환경재앙이 된다. 핵에너지 역시 마찬가지다. 핵에너지 폐기물에 대한 방책이 도대체 전혀 되어있지 않기에 이게 한번 사고가 터지면 그 위험성은 너무도 큰 것이기에 여기에 대한 철저한 대책이 서지 않고는 함부로 시도할 수가 없다. 이것 역시 큰 모험이기에 신중해야 하지만 현재 국내의 기술과 재원 가지고는 감당이 되지 않는 게 핵에너지 사업이라 할 수가 있다. 내가 이미 너무 여러 번 강조한 똥 에너지야말로 참으로 현시대와 미래의 진정한 에너지에 대한 대책과 방책이 될 수 있는 자연과 환경 친화적 에너지 사업인 것이다.

모든 축산물의 똥과 또한 역시 사람들의 똥 또한 잘 모아서 활용하면 진정한 미래의 에너지로 탈바꿈하면 세계의 선구적 역할을 할 수 있는 미래의 자원인 것이다. 앞으로 인류의 미래가 사실, 이 똥 에너지에 달려 있다고 해도 과언이 아니다. 내 말을 안 듣다가는 주도적으로 세계 에너지 시장의 선봉에 설 기회를 놓치게 될 뿐만 아니라 닥쳐올 기후환경에 대한 준엄한 심판을 전 세계로부터 받게 될 것이다.

내가 제시한 이 똥 에너지 자원화를 시급히 서둘러서 진정한 환경친화적 에너지 자원을 개발시켜야 우리나라가 미래의 에너지 자원기술국으로 우뚝 설 기회를 얻게 되는 것이다. 즉시 국가 국책사업으로 시작해야만 한다. 자, 이제 우리 모두 가축 사람 모든 자연계의 배설물을 자원화해야 할 진정한 시점에 우리는 놓여있다. 어떻게 할 것인가. 똥 에너지 자원화할래? 안 할래!

미래의 자원은 똥이다!

인간 문명의 근본 원리는 순환에 있다. 옛날에는 나무를 연료로 했지만, 현재와 같은 문명에서 모든 에너지를 나무로 사용하기는 불가능하다. 하지만 나무만큼 좋은 자연환경에 순환하는 좋은 에너지는 없다. 그렇다면 지혜를 생각하자. 우린 가축을 기르고 인간도 매일 배설을 한다. 여기서 나오는 똥을 우리가 에너지로 사용할 수 있는 방법은 없을까? 아이디어를 짜면 얼마든지 우린 이 배설 에너지를 가지고 우리의 자원으로 활용할 수가 있다. 똥은 모아 발효를 시키면 여기서 분명 가스가 나온다. 이 가스의 양만 많으면 얼마든지 현대의 에너지로 활용할 수가 있다.

또한, 이는 자연에서 저절로 나오는 원료이기에 전혀 오염 없고 환경을 훼손시키지 않고 획득할 수 있는 자원인 것이다. 한마디로 자연스러운 순환에너지로서의 이점이 너무도 많은 게 바로 똥이라 할 수 있다. 인류에게 이보다 좋은 대체에너지는 있을 수 없고 자연환경을 전혀 해치지 않고 손쉽게 얻을 수 있는 이점이 있다. 발상의 전환이 단지 필요할 뿐이다. 날로 황폐해지는 지구환경에 대한 문제는 심각의 정도를 넘어 인류의 생존을 위협하고 있는 처지이다. 우리 모두 생각의 전환을 통해 미래 에너지로 똥을 적극 대체에너지로 활용할 생각을 해야만 한다. 오염 없고 환경파괴 없는 똥을 인류의 새 에너지로 만들자. 그래야만 지구가 건강해지고 인류의 위기를 타개해 나갈 수가 있다. 똥이 진정한 인류의 자원이다. 명심하자!

쓰레기가 자원이다

나는 목기 문명 시대에 의한 순환의 문명 시대를 주창했다. 그러나 역시 나무와 식물성 자원만 가지고는 부족한 면이 있다. 문명의 양태에서 목기만 가지고 이뤄질 수 없는 그 무엇들이 반드시 있다. 그렇다면 방법은 무엇인가? 지금도 조금씩 이뤄지고 있지만, 쓰레기와 폐기물을 철저히 수거하여 거기서 자원을 얻어 와야 한다. 좀 더 정밀한 방법으로 버려지는 쓰레기가 있어서는 안 되는 그런 시대가 와야 한다. 그리고 더 자원을 지구에서 캐내어 쓰면 안 된다.

지금 지구의 상태가 심각하다고 본다. 일반인이나 전문가나 이 심각한 상황에 대해 깊이 인식해야만 미래의 세대들에게 밝은 희망이 생긴다. 그래서 나는 다시 외친다. 쓰레기 자원화에 전 세계인이 앞장서야만 한다. 결코, 버려지는 쓰레기가 생겨서는 안 되고 지금 무차별하게 매장되는 모든 폐기물은 전부 자원으로 활용할 수 있는 방법론을 개발해야만 한다. 쓰레기가 100%로 재활용되는 그런 기술이 나오면 인류는 그래도 희망이 생긴다. 인류의 시간이 이제 얼마 남지 않았다. 이 나라 지도자들도 정쟁에 몰두할 때가 아닌 거 같다. 심각한 기후환경의 파괴로 인해 인류는 코앞에 위기가 닥쳐왔다. 모두 한마음으로 우리 환경을 지켜내야만 인류는 존속할 수 있다. 서두르자!

핵융합 에너지와 똥 에너지

요즘 하도 핵융합 에너지를 개발한다고 난리기에 조금 검색을 해보니 역시나 문제가 많습니다. 엄청난 비용과 나타날 수밖에 없는 부작용들이 있습니다. 나는 시인이기에 직감적으로 핵융합 에너지는 우리 인류에게 결코 대안적 에너지가 아님을 알 수가 있습니다. 핵융합 에너지는 엄청난 또 다른 대재앙이 될 수도 있습니다. 내가 주창하는 똥 에너지를 강조하기 위해서가 아니라 왜 무엇 때문에 그런 무리한 에너지를 만들어 사용하려고 하는가? 하는 점입니다. 똥은 모든 동물에게서 배출되는 천연의 자원입니다. 한마디로 부작용이 없고 또한 간편하게 사용할 수가 있습니다. 똥을 수거하기만 하면 되는 겁니다. 지금까지 얼마나 많은 사람과 동물의 똥이 거의 버려졌습니까? 여기에 조금의 노력을 들여 수거 시스템만 개발하여 똥을 모으고 숙성시켜 가스를 만들면 천연의 자원을 얻을 수가 있는데 무엇 때문에 엄청난 비용을 들여 무리한 인공태양을 만들려고 하는지 도대체 이해할 수가 없습니다. 그럴 시간에 똥에 관한 연구를 조금만 하면 인류에게 진정 시급히 필요한 에너지 자원이 바로 똥 에너지임을 우리는 알 수가 있습니다. 핵융합 에너지 개발한다고 시간 낭비하지 말고 우리 모든 동물에게서 자연적으로 발생하는 똥을 에너지 자원으로 개발하여 인류에게 진정한 친환경 에너지로 만들어 사용하는 것이 풍전등화의 위기 속에 있는 기후재앙에 대비하는 지름길이라는 점을 다시 강조하면서 하루속히 전 세계 나라들 기업과 과학 연구자들이 똥을 연구하고 개발하기를 진심으로 바랍니다. 똥 에너지 파이팅!!!

인류 문명의 대전환 어떻게 할 것인가?

현대의 과학 산업 문명은 지구를 파괴하며 성장하고 있다. 자본주의 산업의 부의 무한확장으로 인해 이 상태로 계속, 이 현대산업 문명이 지속하다가는 불과 오래지 않은 시간 안에 인류는 지구에서 생존할 수 없는 대재앙과 생태계 파괴와 환경오염 등으로 인류 공멸의 순간을 맞이할 수밖에 없는 운명이다. 각국의 노력하는 사람들이 있는 줄 안다. 내 생각과 견해가 대단할 것 없다 해도 나 또한 인류의 미래에 대해 고민하는 사람 중의 하나로서 짧은 식견을 여기에 적어볼까 한다.
현재 인류 문명산업들은 지구자원을 착취하여 짧은 시간 안에 엄청난 번영을 누렸으나 자원고갈과 생태계와 환경오염으로 인해 대재앙의 기후위기가 눈앞에 닥쳐왔다. 과연 인류는 여기에 어떻게 대처할 것인가? 그렇다고 갑

자기 모든 현재의 모든 문명 활동을 중단하고 원시의 시대로는 갈 수 없는 것 아닌가? 뭔가 해법이 필요하다. 그것이 무엇인가? 인류와 세계는 이제 문명의 대전환을 위한 노력의 시작을 해야 한다. 어떻게 과연 문명의 대전환을 할 것인가? 내 얘기에 경청하기 바란다. 일단 전 세계와 인류는 나무를 엄청나게 많이 심어야만 한다. 그건 내가 제시한 인류 목기 문명 시대로의 전환을 위해선 절실한 노력인 것이다. 그렇다고 현재까지 사용하고 있는 모든 자원을 포기하는 것은 아니다. 쓸 곳엔 써야 한다. 그러나 이제 더 이상의 자원을 지구에서 착취하듯이 갈취해선 안 된다. 최소화하고 나아가선 전혀 자원 채취를 해선 안 된다. 그렇다면 어떻게 해야 하는가? 이제까지 사용된 자원들을 다 재활용하여 자원으로 사용해야만 한다. 자원폐기물이 나올 수 없는 과학적 노력이 필요하다. 그러니깐 쓰레기가 나와선 안 된다는 얘기이며 쓰레기 없는 문명사회로 인류는 진보해야 한다. 그러면서 내가 주창한 목기 자원- 나무와 식물성 자원-을 적극 문명의 자원으로 활용해야 한다. 현대 자본주의 산업이 이 목기 자원으로 생산품의 원료를 대체하지 않으면 인류는 희망이 없다. 왜 목기 문명인가 바로 목기 문명만이 단기간 안에 재생이 가능한 자원을 인류에게 제공하기 때문이다. 순환의 문명으로 가야만 인류에게 미래에 대한 희망이 생기고 목기 문명만이 유일하게 순환의 문명을 만들 수가 있다는 점을 명심해야 한다. 목기 자원은 다양하다. 각종 나무와 식물, 농산물과 채소, 각종 과일과 약초와 풀, 꽃, 이름 모를 잡초와 갈대 등등 모든 나무와 식물성 자원을 깊이 연구하여 이 단기간 안에 재생이 가능한 유일한 자원을 활용하여 우리 미래의 인류사회의 문명을 창조해야만 인류에겐 미래에 대한 희망이 있는 것이다. 이런 문명의 전환을 단기간에 할 수는 없다 해도 여기에 희망을 품고 새로운 문명으로의 전환과 창조를 해야만 우리 인류에게 희망과 꿈의 새 문명으로의 안전한 전환이 이뤄지며 자라나는 새로운 미래의 세대들에게 꿈과 희망의 세계를 줄 수 있다. 또한, 인류 목기 문명 사회로의 전환을 통해 아름다운 지구를 소생시킬 수 있으면 미래의 세대에게 깨끗하고 청정한 지구환경을 물려줄 수가 있는 것이다. 또한, 모든 대체 에너지는 문제가 많다. 오직 똥 에너지만이 인류에게 안전한 에너지 자원을 줄 수 있다. 인류의 희망이 똥 에너지임을 명심해야 한다. 이와 덧붙여서 인류에서 전쟁은 사라져야만 한다. 미묘한 문제가 많다는 점은 알지만, 인류는 현명하게 전쟁을 타협과 협상을 통해 그것이 어려우면 전쟁을 팔씨름으로 대체하여서 파괴와 학살로 가득 찬 전쟁을 평화의 대제전으로 만들 수 있는 큰 지혜가 필요하다. 인류는 이제 하나로 돌아가고 있다. 결코, 전쟁으로 서로에게 원한과 상처를 주어선 안 된다. 전쟁 없는 문명으로 가자. 평화와 상생과 공존을 이룩하자. 또한, 모든 생명체가 이 하나뿐인 지구에서 각자의 몫을 가지고 생존한다는 만물의 평등론의 의미에서 멸종되는 동식물이 생기지 않도록 생태계와 환경보호를 위해 모든 인류가 노력해야 한다. 내가 주창한 심미적 생명 자본주의 모든 생명체가 똑같은 존재의 가치와 생존의 권리를 갖고 있고 이 모든 생명체를 보호하지 않으면 인류도 다시는 지구에서 살 수 없다는 이치를 우린 깨달아야 한다. 첩첩하게 얽히고설킨 이 지구환경은 커다란 생명 망(網)이기에 모든 생명체가 공존공생 해야만 지구란 생명체가 유지될 수 있다는 이 명확한 사실을 인류는 직시하고 모든 생명체와 함께 살아가는 노력을 통해서만이 인류도 지구에서 아름다운 생존과 행복이 가능하다는 진리를 깨닫고 실천적 노력을 해야만 한다. 이제까지 짧게 인류 문명의 대전환에 관한 내 생각과 견해를 밝혔지만 깊은 생각이 들어있는 글이니 여기서 많은 이들이 창조적 영감과 깨달음을 얻기 바라면서 부족하고 미숙한 글을 이제 끝마칠까 한다. 생명이 존중받고 단 하나뿐인 지구를 아름답고 깨끗하게 지키면서 인류도 아름다운 번영을 이룩하자. 창조적 문명으로 인류를 변화시키자, 생명의 문명으로 변화시키자, 아름다운 문명으로 변화시키자. 그것이 곧 인류 문명의 새로운 대전환이다!

인류 문명에 대한 사색(思索)

밤이다! 불면의 상념들이 머리에 계속 떠오른다. 과연 인류는 현 지구적 위기상황을 잘 극복해 낼 수 있을까에 대한 의구심을 버릴 수가 없다. 너무도 심각하고 큰 문제이지만 전체 지구적 상황에 관한 고민을 해야만 하는 이 골치 아픈 문제는 지금 누구도 이렇다 할 해법을 제시하는 나라도 집단도 사람도 없다. 현대과학은 놀라운 성과를 이루었고 인류에게 많은 혜택을 제공했다. 편리한 이기의 문명은 자본주의 상업 문명으로 전 지구를 뒤덮고 있고 여기에 대한 객관적 우려에 찬 고심의 탁견은 보이지 않는다. 인류는 절멸할 것인가에 대한 회의감이 안 들 수 없는 위험 요소가 끊이지 않고 지구 안팎으로 일어나고 있다. 끝없는 자원착취와 환경파괴와 전쟁은 지금도 지구 곳곳에서 일어나고 있으나 멈출 수 없는 자본주의 산업 문명의 속성으로 인해 아직도 위험한 고속행진을 계속하고 있다. 기후위기에 의한 심각한 문제도 있으나 이뿐만이 아닌 또 다른 지구환경문제의 여지는 너무도 많다. 이런 총체적 문제에 대해 지금 누가 고민하고 있는가? 나는 무명의 예술가이지만 내 나름의 해법을 인류 앞에 제시했다. 첫째가 순환의 문명론이다. 둘째가 인류 목기 문명사회. 셋째가 농업산업과 농업사회론이다. 대체에너지에 대하여 똥 에너지론을 주창했다. 전쟁을 대체할 인류 전쟁 팔씨름 대체론을 제안했다. 사회이론으로서 심미적 생명 자본주의를 제안했다. 이외에도 교육혁명론과 신명주의 신바람론을 주창했다. 이 하나하나가 다 중요한 큰 항목이지만 짧은 지면이기에 간략히 핵심만을 나는 대안적 해법으로 제시한 것이다. 지금 인류는 단순 일부 환경보호만으로는 도저히 해결될 수 없는 너무도 거대한 위기 앞에 있기에 새로운 문명의 대전환이 이뤄지지 않는다면 앞으로 언제 닥칠지 알 수 없는 심각한 위기 앞에 직면해 있는 것이다. 나는 나의 이런 대전환의 주장들을 독점하고픈 맘이 없다. 누구든지 더 좋은 의견과 주장이 있다면 우리 인류 앞에 올바른 길을 제시해주길 진심으로 바란다. 하루하루 살아가는 평범한 일상인이 생각하기엔 너무 거대한 문제이기에 인류를 이끄는 지도적 엘리트계층에서 이런 위기에 대한 해법을 인류에게 제시해야만 한다고 말하고 싶다. 내가 이런 글을 쓰는 것은 어떤 위기감을 조장하기 위해서 쓰는 글이 아니다. 목전에 당도한 심각한 현(現) 상황에 대한 한 예술가의 절규일 수도 있다. 내가 제시한 해법들은 이미 앞글에서 다 설명했기에 여기서 부연설명은 하지 않았지만, 우리 인류를 이끄는 지도적 엘리트들은 심각히 검토해 봐야만 할 현 위기에 대한 나름에 해법을 제시했다고 자부하고 싶다. 현재 상황대로 계속 이런 지구환경과생태계 파괴적 문명

산업으로 인류가 나아간다면 그 비극적 결말에 대하여 그 누구도 책임질 수 없는 대비극이 일어날 것이다. 물론 지금 큰 노력을 각계에서 하고 있다는 것은 알고 있다. 나름 새로운 희망의 실마리를 인류 앞에 제시해주기를 진심으로 바라면서 이 글을 마칠까 한다. 희망의 미래가 펼쳐질 수 있도록 인류는 단합하고 머리를 짜내야만 한다고 믿는다. 절망의 시대에서 희망의 미래로 나아갑시다!

과학적 작위(作爲)의 문명은 안 된다

나는 인류가 앞으로 나아가야 할 핵심 산업이 농업임을 분명히 밝혔다. 현재까지의 산업들이 모두 다 화석연료와 지하자원을 착취하여 이룩된 것이라 할 때 인류의 미래는 참으로 비극적이다. 그래서 나는 자연의 스스로 그러함의 원리에 따라 새 문명을 건설해야 한다고 주장했다. 오늘날 같은 에너지 소비가 극심한 문명 속에서 어떻게 자연 순환(自然循環)에 따른 문명 세계를 건설할 것인가는 전 인류가 숙고하여 아이디어를 내어야 한다. 나는 목기 문명 시대로 나아가야 한다고 주창했다. 이제까지의 모든 인류의 생산물들을 전부 나무와 식물성 원료로 대체해야만 우리 인류는 불행한 사태에서 벗어날 수가 있다. 지금 새로운 에너지를 얻기 위해 인류는 또 불행한 실험을 하고 있다. 이건 정말 큰 문제라 할 수 있다. 결코, 작위의 문명으로 가서는 답이 안 나온다. 이제까지의 우리 인류가 바로 이 작위의 문명을 건설하다 지구 종말이란 위기에 온 것이다. 작위가 아닌 자연 순환의 원리로 문명을 건설해 나가야만 한다. 나무와 식물성 원료를 이용해야 한다. 인류가 생산하는 모든 물품이 이 나무와 식물성 원료로 생산되어야 하며 그래서 이 물품들이 다시 자연으로 돌아가 하나의 거름으로 작용하고 그 위에서 동식물이 자라나서 다시 생활용품으로 만들자는 순환의 원리 속에서 인류 문명이 유지되어야만 한다. 과학적 작위의 문명은 순환이 안 된다는 데에 큰 결함이 있다. 그러나 자연 순환의 문명은 모든 생산물이 저절로 자연 그 자체로 돌아가서 다시 생산물로 환원이 되어 결코 오염이 없고 환경파괴를 하지 않는다는 데에 그 놀라운 성과가 있는 것이다. 작위적 과학 문명은 일대 결단하며 우리 환경과 생태계가 파괴되지 않는 문명으로 어떻게 돌아가야 할지를 스스로 그러한 자연 순환의 원리 문명으로 향해 인류가 나아갈 때만이 깨끗한 자연환경과 생태계 속에서 인류는 존속해 나갈 수가 있음을 강조하고 싶다. 그 길만이 우리 자라나는 미래의 세대들에게 꿈과 희망의 비전을 제시하는 길이다. 세계는 명심하라! 인류의 미래는 과학적 작위의 문명이 아닌 자연 순환의 원리로 새 문명을 창조해 나가야 한다는 사실을!

현대문명에 대한 나의 견해(見解)

이번 튀르키에의 큰 지진 피해를 보며 일반인들은 그저 흔하게 일어나는 지진의 하나로 볼 수도 있지만 내 생각은 다르다. 이번 지진은 우리 현대문명이 만든 또 하나의 참사라 할 수 있다. 지난해 있었던 파키스탄의 폭우와 코로나바이러스 또한 현대문명에 의한 환경파괴로 일어나 전염병이었다. 지진 또한 현대산업 문명의 끝없는 이 지구의 착취와 파괴로 인한 참사라 해도 틀린 말이 아니다. 사실 이런 문제에 대한 고민은 하루하루를 생활하기 바쁜 일반 대중이 고민할 수는 없는 문제이다. 인류의 미래를 진지하게 성찰하고 고민하는 지식인 엘리트들이 고민해야만 하는 문제이고 이 문명의 리더들이 깊이 숙고하며 대안을 제시해야만 하는 시급한 지구적 문제들이다. 지금 온실가스로 인한 기후환경문제는 촌(寸)급을 다투어야만 하는 절대적 위기 상황이지만 이에 대한 세계의 대책들은 솔직히 속수무책이라 할 수 있다. 지구는 또 하나의 타이태닉호가 되어 침몰하고 있다. 물론 아직도 노래는 흘러나오고 파티는 진행 중이지만 어느 한순간 억! 소리도 내지 못하고 지구는 처참하게 파괴될 수 있다는 엄중한 경고를 하지 않을 수 없다. 과연 우리가 살아가고 있는 이 현대문명이 인류를 위한 진정한 삶의 방법론인지 다시 한번 숙고해 보지 않을 수 없다. 제일 큰 불행은 자본주의 산업 문명과 과학주의가 만들어낸 지구파괴사업이라 할 수가 있다고 본다. 끝없는 전쟁과 핵무기 경쟁이 인류를 위한 일이라 할 수 있단 말인가? 그런 대량 학살 무기만이 성장해서 어쩌겠다는 것인가. 진정 인류를 위한 문명을 만들어야 하지 않겠는가. 나는 이곳에 내 나름의 저열하지만, 인류 문제의 대책을 제시했다. 순환의 문명론, 인류 목기 문명 시대, 신농업 사회와 신농업 산업, 똥 에너지론, 전쟁 팔씨름 대체론, 심미적 생명 자본주의, 신명주의 등등 내 나름의 무식한 견해인지는 몰라도 나름의 앞으로 불행할 수밖에 없는 인류의 미래에 대한 내 고심에 찬 대안론을 제시하였지만, 글쎄 과연 누가 이런 소리에 귀담아들을지는 미지수이다. 누가 속 시원하게 인류의 미래는 이렇게 가야 한다고 거짓말이라도 치면서 대안을 제시해 줬으면 좋겠다. 그리고 제발 화성으로 가서 살자는 망상과 헛소리는 하지 말았으면 좋겠다. 지금 시간은 째깍째깍하면서 초침이 흘러가고 가고 있다. 이것이 미래를 인류 종말의 시간으로 달리는 기차 소리가 아닐 길 기원하고 싶다. 뜻있는 양심과 지성이 있는 세계인들은 내 제안에 동의하던가? 뭔가 대안을 제시해 달라고 나는 호소하고 싶다. 과연 이 인류의 현대문명이 우리의 앞날에 보여주는 묵시론적 세계를 우리는 어떻게 받아들여야만 하는가. 어디서도 미래에 대한 뚜렷한 희망의 대안이 들려오고 있지 않다. 나의 고민은 우리 모두 함께 고민하는 이 세계의 고민이다. 미국 유럽 중국 일본 러시아 한국에는 많은 석학 지성들이 있다. 한자리에 모여 진지하게 인류의 미래에 대한 논의하고 해결책을 인류 앞에 제시해주기를 바란다. 우리 모두 희망의 미래로 전(全) 세계인이 손잡고 함께 나아가자, 아름답고 평화로운 세상으로!!!

신(新)농업 사회와 신(新)농업 산업

우리 사회의 가장 큰 문제는 무엇인가? 여러 가지 있을 수 있다. 서울과 수도권으로의 인구 집중화 현상, 도시와 지방 그리고 농촌 간의 불균형적인 발달, 부동산 가격 폭등, 빈부의 격차, 가정파괴, 저(低)출산으로 인한 인구감소, 실업자의 증대, 자살률 증가, 인간성 파괴범죄, 환경파괴, 공해와 오염산업 등등의 많은 문제가 있지만, 아직 여기에 대한 '이렇다' 할 만한 대책이 없는 게 현 우리 사회의 실정이다. 나는 여기서 다시 우리 사회가 나아가야 할 방향이 신농업 사회와 신농업 산업으로 코페르니쿠스적 전환이 이뤄져야만 위에 열거한 모든 문제에 대한 해법이 생길 수 있음을 강조하고 싶다.

일단 농촌의 인구를 증가시켜야만 한다. 농업인구가 늘어남으로써 농촌사회에 활력과 농업이 발전한다. 왜! 나는 자꾸 농업의 중요성을 강조하는가? 우리나라는 지금 공업화 산업화에 의한 무역 증진을 통한 경제를 발전시키고 있다. 하지만 어떤 사태에 의한 무역에 길이 막힌다면 우리 경제는 어떻게 될까? 그야말로 청천벽력과 같은 충격의 사태가 될 수밖에 없다. 대외 의존도가 높은 경제의 한계가 바로 이것이다. 농업으로 자립경제를 이뤄야 한다. 우리나라의 미래가 무역에 의존해 경제가 돌아갈 때 결국 우린 누구의 눈치를 보며 살아야 할까. 자주국으로서의 떳떳한 기개도 펴지 못하고 강대국의 눈치만 보며 살려고 할 때 과연 이 땅에서 우리 꿈과 뜻을 펼 수가 있을까?

신(新)농업 사회로의 진입은 시대의 요구이자 절실한 시대적 사명이다. 국토가 효율적으로 이용되기 위해선 농촌경제가 활성화돼야 하며 국민이 먹고사는 가장 인간에게 필요한 먹고사는 문제가 해결된다면 어떤 환란이 닥쳐도 우리 걱정할 게 없다. 농업을 국가산업의 핵심축으로 두어서 해로울 게 하나 없을 뿐만 아니라 이로 인해 파생될 수 있는 가치는 한둘이 아님을 나는 역설하고 싶다. 그러기 위해 신농업 산업에 기초한 신농업 사회로의 이행이 절실한 까닭이다. 위에 열거한 우리 사회의 모든 문제가 이 신농업 사회와 신농업 산업이 발전함으로써 모두 해결될 수가 있다. 또한, 널리 홍보해야 할 것이 젊은이들이 이 농업산업에 뛰어듦으로 인해 많은 혜택을 받을 수 있다. 이젠 옛날처럼 많은 고생을 하지 않고도 농업산업을 할 수 있다. 또한, 도시와 별로 문화적 격차도 생기지 않고 충분히 문화적 생활을 즐기며 농업산업을 할 수 있는 시대가 왔다. 길에서 거리에서 방황하지 말고 이제라도 한살이라도 젊은 시절에 농업산업에 뜻을 두고 매진하면 얼마든지 도시인보다 행복한 삶을 누리게 된다. 거시적으론 인류의 미래를 위해 필요하며 개인의 삶의 질을 높이기 위해서도 우린 신농업 사회와 신농업 산업으로의 전환을 모색하고 실행해야만 한다. 정부는 이런 뜻있는 젊은이들에게 많은 혜택과 지원을 아끼지 말아야 한다. 도시와 지방 그리고 농촌의 균형발전과 인구증가를 위해서도 우린 이 길을 향해 나가야 하며 우리의 미래가 달린 생명 같은 것이 바로 신농업 사회와 신농업 산업임을 깨달아야만 한다. 우리 모두 새로운 미래를 꿈꾸자!

인류는 지혜를 모아야 한다

지금 지구의 상태는 위태한 상황에 있다. 그 이유는 몇 가지로 요약할 수 있다. 서양의 과학주의와 자본주의 결합하여 현대산업 문명을 낳았다. 절제되지 않는 무한 욕망의 질주가 이런 위험한 결과를 만들고 있다. 시급히 이 달리는 욕망의 폭주 기관차에 제동을 걸지 않으면 불원 인류는 공멸하고 만다는 이 사실을 깊이 각인해야 한다. 나는 이미 몇 가지 내 나름의 제안을 해왔다. 이것이 받아들여지지 않는다고 해도 다시 나는 이 의견을 강조하지 않을 수 없다.

첫째, 인류에서 전쟁은 사라져야 한다. 군수공장에서 더 무기가 생산되어서는 안 되며 기존의 모든 무기는 인류의 자원으로 활용되어야 한다. 전쟁의 대안으로 나는 팔씨름 전쟁 대체론을 주창했다.

둘째, 현대산업 문명이 일으킨 과도한 과학 문명은 대도시를 만들어서 엄청난 에너지 소비를 일으키고 있다. 대도시를 축소하고 농촌사회를 확장해 나가야만 한다. 이는 대도시의 과도한 확장으로 인해 너무 많은 에너지 낭비와 자원파괴를 일삼는 행위이다. 농촌사회야말로 인류의 대안적 사회이며 자급자족의 순환적 경제생활이 바로 인류의 미래라 할 수 있다. 도시는 작아질수록 인류 미래에 도움이 된다. 쓰레기가 최소화되는 문화 문명으로 나아가야 한다.

셋째, 인류의 에너지는 똥으로 대체되어야만 한다. 화석연료나 다른 모든 에너지는 지구파멸에 원인이 된다. 하지만 유일하게 똥 에너지만이 자연적 순환자원에너지로서 어떠한 해를 우리 지구환경에 끼치지 않는 천연자원이다. 나라에 따라 환경조건에 의해 조금 달라질 수 있지만, 가급적이며 이 똥 에너지를 인류의 미래 에너지 자원으로 활용하는 것이 시급한 인류의 과제라 할 수 있다. 빠르면 빠를수록 좋다.

넷째, 나는 목기 문명사회를 주창한다. 이제까지 인류에 필요한 많은 생활용품과 주거시설을 지구에서 착취하여 사용해 왔다. 이 또한 꼭 지구를 파괴해 나가는 주범이다. 오로지 나무와 식물성 자원만이 단기간에 재생이 가능한 인류의 자원이기에 나는 시급히 인류의 문명이 목기 문명사회로 전환해 나가야만 한다고 주장하는 것이다. 인간에게 필요한 모든 의식주와 문화 문명 생활에 필요한 생활용품을 가급적 이 나무와 식물성 원료로 만들어야만 지구환경에 오염과 파괴를 막는 시급한 방법임을 나는 천명한다.

다섯째, 매우 중요한 문제이다. 인류 미래의 산업은 바로 농업이다. 인간에게 가장 중요한 것이 바로 식량이기에 무엇보다도 농업이 가장 중요하다. 따라서 농업이 모든 산업에 핵이 되어야만 한다 나머지 산업은 그 뒤에 문제라 할 수 있다. 또한, 식량 자원은 결코 쓰레기를 만들지 않는다. 따라서 환경이 보호되며 지구를 청정하게 만든다. 따라서 농업이 발전하면서 농촌사회가 발전해야만 한다. 지구는 현재 너무 많이 훼손되었기에 언제 대재앙이 닥칠지 아무도 모른다. 이에 대한 시급한 대책으로 꼭 농업이 널리 발전하고 확산하여 인류의 식량 자원으로서 넉넉한 비축이 필요하다.

여섯째, 공장이 사라져야 한다. 물론 쉽지 않은 일이지만 이제 수공업 시대가 다시 와야 한다. 모든 공장이 사라질 수는 없겠지만 예전처럼 수공업의 장인들이 다시 활약하는 시대가 와야 한다. 모든 생산품을 공장에서 조립하여 만드는 시대는 사라져야 한다. 물건의 대량생산은 이제 중단되어야 하며 수공업 제품들이 귀하게 써지는 아낌의 시대가 와야 한다. 그래야 인류는 지속 가능한 절제의 문명 생활을 할 수가 있다. 모든 분야는 아니더라도 될 수 있는 대로 많은 영역에서 수공업의 전문적 장인들이 활약해야만 한다. 그렇다면 노사문제는 거의 생기지 않는다.

기타, 수자원과 해양오염을 꼭 막아야 한다. 이는 앞에 나온 대책들을 충실히 이행한다면 자연히 이 또한, 예방될 수 있다. 하지만 이 또한 매우 긴급한 위급성을 띤 문제이기에 하루속히 앞에 대책들을 시행하여 인류와 지구의 위기를 막아야만 한다. 인류의 멸망이 아닌 인류의 생존을 위하여 또한, 우리 세대는 자라는 미래의 세대들에게 희망과 꿈을 주어야 한다. 결코, 암울하고 불행한 미래의 전망을 보여선 안 된다. 따라서 모두 지혜를 모아 서두르자. 전 인류의 모든 종교, 정치, 경제, 문화예술, 과학, 체육계의 리더와 지도자가 전(全) 인류의 여망을 모아 내가 말한 대책을 바탕으로 더욱 갈고 다듬어 현 인류의 위기를 막아낼 수 있는 지혜들을 짜내기를 진심으로 바란다. 이상이다!

새로운 문화와 문명의 비전

나는 이미 여러 차례에 걸쳐 이 나라의 미래에 대해 언급했다. 물론 내 말들은 거시적이기에 문제는 항목에 악마가 있다는 말처럼 내가 했던 말과 비전이 쉬운 게 아니며 그 세부 사항에 이르면 굉장히 섬세하게 단계를 밟아야 할 것들이 많다. 신(新)농업 산업론과 심미주의 사회로의 지향은 매우 이상적이지만 현 체제와 산업구조 속에서 이를 실행하기에 난감한 점이 한둘이 아니다. 그렇다고 내 말이 미친놈 헛소리인가에 따지고 들면 전혀 그렇지 않다는 데에 내 말에 우리나라와 세계에 대한 비전이 있는 것이다. 우린 현재 수출 주도형 공업과 산업체제 속에 이 나라가 모든 면에 걸쳐 형성되었다. 이를 싹 무시하고 새로운 문화와 문명의 진입은 불가능하다. 그러나 향후 조선의 문화와 문명이 이 신(新)농업 산업에 그 승패가 달려 있다 해도 과언이 아님을 나는 확신한다. 왜냐 새로운 패러다임의 문명 전환을 일단 그 문명을 이루는 어떤 가치 기준의 변화가 선행되어야 한다. 우린 수학적 과학주의를 현대문명의 가치 기준으로 삼고 있다. 전 분야에 걸쳐 이 과학주의에 덫에 안 걸린 것이 없다시피 한다. 그러나 모두가 잘 알다시피 이는 필연코 자연 생태계에 엄청난 파괴를 자행하여 인류를 파괴할 암 덩어리로 성장하고 말았다. 여기에 우리가 새롭게 주목해야만 하는 것은 생명 주의이며 이는 스스로 그러한 우리 생태계와의 조화를 통한 산업체계만이 인류에 새로운 구원투수로 등장할 수밖에 없는 필연적인 까닭이 있다. 농업 하나만 잘 연구하고 발전시키면 앞으로 다가올 모든 인류의 문제에 해답을 제시할 수가 있다. 이는 각 민족마다 고유의 산업을 전제하고 하는 말이다. 우리 조선은 수천 년을 농업에 기반한 산업을 하고 성장한 민족이다. 그런데 불과 수십 년 만에 우리는 산하와 자연을 철저히 파괴하며 산업체계를 바꿔왔다. 여기에 이 나라 이 강토에 철저한 비극이 있는 것이다. 우리 자연 환경생태계와 조화를 이루려면 다시 신(新) 농업사회로의 진입을 할 때만이 우리 민족의 미래가 있는 것이다. 그렇다고 서구의 과학주의를 전적으로 부인하자는 것은 아니다. 농업은 결국 생명이고 이 생명 산업을 발전시키기 위해서도 과학적 방법론은 필요하다. 우리 주변 자연 생명체들을 잘 연구하면 여기서 기막힌 자원들이 쏟아져 나올 가능성이 너무도 크다. 아무튼, 여기서 세부 사항을 일일이 거론할 수는 없지만, 이 땅에서 새로운 문화와 문명을 태동시키고 보다 나은 인간사회를 만들기 위해서는 우리가 변화시켜야 할 것이 무엇인지를 똑똑히 알아야만 한다. 여기에 심미주의 사회는 어떠한 이념이나 체제보다 인간의 가장 기본적으로 배우고 갖춰야 근본적 신념으로 자리 잡아야 하며 이는 어떠한 민주주의보다도 더 인간사회를 조화와 가치 있는 공동체로 만들 것이다. 말이 길어졌다. 여기까지다.

목기 문명과 쓰레기 없는 문명

앞으로 미래의 문명사회는 어떻게 더 이상의 지하자원 채취 없이 우리 문명을 유지해 나가는가에 그 운명이 달렸다 해도 과언이 아니다. 이는 두 가지 방법론이 있다. 하나는 기존 제품들의 자원으로서의 재활용의 묘가 그 한 가지이고 또 하나는 모든 생산되는 문명사회의 제품을 목기와 식물성 자원으로 대치할 수 있냐는 방법론에 달려 있다. 우리 어린 시절에는 고물장수가 있어서 손수레를 끌고 다니며 중고제품이나 폐품들을 수집했다. 그리고 고

물상이 곳곳에 있어서 이런 중고품을 수집해서 재활용했었다. 근데 요즘 도대체 고물장수가 보이지 않는다. 특별히 그 이유는 모르겠지만 아무튼 인류가 미래의 생존을 위해 해야 하는 두 가지 해법은 앞에 제시한 방법론이다. 난개발이 있다. 개발만 했지 그 이후를 생각지 않고 마구 개발하여 문제를 일으키는 경우다. 현대산업사회의 많은 제품도 바로 난 제품이 많다. 편리를 위해 만들어졌지만, 그 이후를 생각지 않고 마구 제품을 생산하여 그 제품들이 전부 환경오염을 불러일으키는 경우가 바로 문제이다. 이제부터라도 모든 제품을 생산하는 기업들은 그 제품이 폐품으로 버려질 때 어떻게 재수집하여 자원으로 재활용하느냐의 문제까지 고려하여 모든 제품을 생산해야만 한다. 그러니 한마디로 쓰레기가 양산되지 않는 문명산업사회를 만들어야만 한다는 점이다.

목기 문명이란 나무와 식물성 원료를 가지고 우리 미래의 산업들이 인간들이 사용하는 거의 모든 제품을 어떻게 만들 수 있는가 하는 점이다. 이것도 제품이 폐품으로 낡아 못 쓰게 됐을 때 다시 자연으로 돌아가 이 제품이 썩어서 비료의 효과를 주어 여기서 다시 나무와 식물이 자라나게 할 수 있도록 모든 제품이 만들어진다면 우리는 전혀 쓰레기를 걱정하지 않고 순환의 문명산업사회를 만들 수가 있다.

그러나 사람들은 의문일 것이다. 어떻게 현대 문명사회를 유지해 나가려면 나무와 식품상 자원만 가지고 문명이 유지되겠냐는 의문이 들 수도 있다. 나는 절대적인 나무와 식물성 자원만을 고집하는 것은 아니다. 이 외에 여타의 자원들도 필요한 것이 사실이다. 하지만 지금처럼 무분별하게 그저 인간의 편리를 위해 지하자원들을 고갈시킨다면 인류는 오래지 않아 이 지구에서 생존할 수가 없다. 단순 자원의 고갈에 그치는 것이 아닌 지구의 생명력 자체를 죽이는 행위이기도 한 것이 바로 자원착취 문제다.

긴 설명이 될 수도 있지만 짧게 목기 문명을 말한다면 나무와 식물들의 특성과 성향을 잘 연구해서 어떤 나무는 철을 대신하고 어떤 식물은 구리를 대신할 수 있고 어떤 식물은 니켈이나 아연 등의 자원들을 대신에 할 수 있다는 것을 오늘날의 과학자들은 연구 개발해야만 한다. 그래서 집도 건물도 자동차도 선박도 기계도 전자제품도 일반 용품도 다 이 목기와 식품상 자원으로 만들어지고 생산되어야만 한다. 물론 쉬운 일은 아니나 과학의 발전과 그 응용은 이런 데서 빛내야만 한다. 그래서 거의 모든 현재의 산업제품들을 목기로 만들어낼 수 있다면 인류는 지구의 환경오염과 생태계 파괴가 없는 문명사회를 창조할 수가 있다. 그러니 정 대체가 안 되는 부분의 자원만을 조금씩 기존의 재활용자원으로 대체한다면 충분히 우리는 미래의 문명사회를 새롭게 창조해 나갈 수가 있다. 많은 사람이 이 목기 문명에 관한 관심으로 나무와 식물들을 연구하기를 바란다. 문명의 모험이 시작되어야만 한다. 그래야 인류는 지구에서 새로운 문화 문명을 꽃피울 수가 있다. 그리고 중요한 것이 에너지인데 나는 이미 여러 번 우리가 앞으로 미래의 에너지 자원으로 활용해야 하는 것은 다른 것을 아신 바로 똥 에너지 자원임을 여러 번 주장했다. 이건 내가 처음 주창한 것도 아니고 이미 오래전부터 나온 이론이지만 가장 합리적이고 환경파괴가 없는 천연의 에너지 자원이 똥임을 알만한 사람들은 이미 다 알고 있는 사실이지만 나는 강조하여 다시 주장하는 것이다. 쓰자면 한없이 길어질 것 같아 여기서 간략히 핵심을 말한다면 한마디로 쓰레기 없는 문명사회로 가야만 인류는 환경파괴 없는 자연 생태계의 순환 원리에 의한 문명사회 속에서 살아갈 수 있다. 너무도 중요한 문제이기에 나는 조금 부연하여 다시 이 글을 쓰지만, 더 이상의 지구환경 파괴는 인류를 공멸의 사태로 몰고 간다는 점만을 나는 강조하며 이 글을 마칠까 한다.!!!

인류 앞에 놓인 과제

지구는 현재 극심한 환경파괴로 인해 깊은 중병을 앓고 있습니다. 현대문명 자체가 안고 있는 그 어떤 속성 자체가 지구를 파괴하면서 발전해 나가는 형태를 가지고 있기에 급속도로 지구는 파멸되어가고 있는 것입니다. 지난 1세기 동안 우리 문명산업이 이런 자체의 모순을 가지고 성장해 온 것입니다. 지구적 문제의 심각성을 일반인들이 느끼기에는 어렵습니다. 너무도 큰 단위의 위기라 현실 생활을 하는 일반인들이 이런 징후들을 체감하면서 위기감을 느끼지는 못하는 겁니다. 그러나 이런 위기의 징후는 이미 오랜 기간 진행되어왔고 언제 어느 순간에 불시에 엄청난 재앙으로 우리 앞에 닥쳐올 지 아무도 예측할 수 없습니다. 오늘 괜찮으니까 내일도 아무 일도 없을 거라 낙관하며 대부분 사람이 살아가고 있습니다. 그러나 이런 위기에 대하여 이미 환경론을 주장한 많은 학자가 있고 심각하다는 진단을 내린 지 이미 반세기도 넘었습니다. 그러나 아무도 귀 기울이지 않았고 버려둔 채로 이 현대 산업 문명이 지속하여 왔습니다. 현대산업 문명은 오로지 돈 하나 밖에는 생각하지 않는 자본주의 문명입니다. 그러니 돈이 된다고 하며 물불을 가리지 않고 수탈과 파괴를 지구환경에 가한 겁니다. 이게 나만의 기우일까요? 너무 많은 사람이 지금 이 환경문제에 깊은 고민을 하고 있습니다. 여기에 대하여 정확한 진단과 처방을 내릴 수 있는 사람들이 없습니다. 대게 보면 졸속과 언 발에 오줌 누기 정도의 처방으로 이 심각한 위기 상황을 모면해 보자고 하고 있지만 여기저기 들려오는 소식들은 결코 낙관할 수 없는 중대한 위기 문제들만이 일어나고 있습니다. 나는 대단한 사람은 아니지만 이런 지구적 문제에 대하여 내 나름에 처방했습니다. 개인적 생각이지만 한 번 정도는 심각하게 고려해 볼 만한 대책이 아닌가 생각됩니다. 이미 여러 글에서 이에 대한 글들을 썼기에 여기선 생략합니다만 관심 있는 분들은 나의 예전 글들을 참조하셨으면 합니다. 핵심적 사항은 목기 문명사회로 어떻게 인류가 문명의 모험을 할 수 있는가에 생사기로에 놓인 현재의 지구적 문제에 활로가 생긴다고 할 수 있습니다. 거대한 타이태닉호가 침몰하듯이 지구도 이 우주에서 침몰할지 모릅니다. 시간이 많지 않다고 봅니다. 뜻있는 세계의 여러 다양한 계층의 리더와 엘리트들이 제 글들을 검토하시고 어떻게 지금의 인류 앞에 놓인 현대문명의 심각한 병증에서 벗어날지에 대한 해법을 찾기를 진심으로 바랍니다. 한번 진지하게 검토하시길 바랍니다.

새로운 문명의 모델을 만들자!

누군가는 해야만 할 일이 바로 새로운 문명의 모델을 제시하는 일입니다. 현재 우리가 살아가고 있는 현대 자본주의 산업 문명이 이대로 지속하다가는 인류는 머지않아 공멸의 사태로 나갈 수밖에 없습니다. 나의 이런 얘기가 피부로 와닿지 않을 사람이 많다고 봅니다. 특히 정치가들과 현재의 산업을 이끄는 리더들은 제 말에 황당해할지도 모릅니다. 어떻게 어떤 문명을 새로 만들자는 말이냐고 하면서 저를 욕할지도 모르겠습니다. 그러나 이미 새로운 문명에 대한 많은 제시가 있었습니다. 가장 중요한 것은 현재 진행되는 산업 문명은 시작은 있지만, 그 끝을 전혀 고려치 않고 이 산업 문명을 이끌고 있다는 데에 그 심각성이 있습니다. 과학과 기술이라는 명목하에 많은 문명의 이기들을 만들었지만, 그 이기들이 다 지독한 환경파괴 물질이라는 것에 문제의 심각성이 있고 지금 지구 자체를 파괴하는 오염물질이 되는 겁니다.

답은 순환의 문명을 어떻게 만들 것인가 하는 문제입니다. 생산된 제품은 썩어야 합니다. 그리고 그것이 거름이 되어 다시 새로운 생산물의 자원이 되어야만 하는 겁니다. 이런 문명형태는 거의 1세기 전까지만 해도 우리 문명이 유지했던 산업모델이었습니다. 그러나 자본주의 체제가 공고해지고 과학과 기술의 발전이 모든 것은 너무도 다량생산하고 썩지 않는 제품들을 생산했기에 지금 심각한 지구환경파괴로 인해 인류의 종말과 지구의 파괴를 예언할 수밖에 없는 지경에 이르렀습니다.

어떻게 순환의 문명으로 갈 것인가에 대한 의문에 짧게 답해 보겠습니다. 현재 양산되는 모든 쓰레기가 전부 재생산의 자원으로 돌아오는 시스템을 만들어야 합니다.

그 하나의 방법이 제가 주창한 목기 문명입니다. 나무와 식물성 자원만을 가지고 거의 모든 인간이 사용하는 제품들을 만들어야 합니다. 이제까지 플라스틱류로 만들어진 모든 제품이 사라져야 합니다. 그 대신에 나무와 식물성 자원을 회복이 가장 빠른 재생 자원입니다. 과학자들이 심각하게 연구해야만 하는 과제가 바로 이 나무와 식물성 자원을 가지고 어떻게 현대산업의 거의 모든 생산물을 만들 수 있는가에 대한 답을 제시해야만 인류에게 희망이 있습니다.

그러기 위해선 신농업 산업의 발전과 신농업 사회로의 이행이 반드시 따라와야만 합니다. 한마디로 농촌을 살리고 그 기능을 잘 활용해야 합니다. 농업은 식량이면서 자원입니다. 현재 지하자원과 화석연료로 발전하는 현대산업모델을 이제 막을 내려야만 하고 농업산업으로 대체되어야만 인류는 지구에서 계속 존속할 수가 있습니다.

인류가 그동안 사용된 화석연료에 의한 에너지 사용을 중지해야 합니다. 그 대안으로 저는 똥 에너지를 주창했습니다. 똥이야말로 인간과 동물에서 순환적으로 생산되는 환경파괴가 전혀 없는 천연의 자원이며 고갈되지 않는 자원입니다. 이 똥을 숙성시키고 거기서 천연가스를 만들어서 에너지 자원으로 활용해야만 인류는 에너지 문제에 대한 새로운 활로를 찾을 수가 있습니다.

지금 자행되는 대체에너지들 - 태양열 에너지, 풍력, 지열, 수소, 전기, 핵 원료 등등의 대체에너지는 그야말로 위험천만한 대체에너지입니다. 이미 많은 문제점이 나타나고 있는 대체에너지입니다.

또한, 인류에서 전쟁이 사라져야 합니다. 엄청난 자원의 낭비이며 환경파괴이고 또한 인류의 종말을 고하는 핵전쟁이 반드시 일어나게 됩니다. 전쟁을 영원히 인류에서 사라지게 해야 합니다.

여기에 대한 대안으로 저는 팔씨름 전쟁 대체론을 제안했습니다. 피 한 방울, 총알 하나 안 쓰고 전쟁을 대체할 수 있는 가장 현실적 방법이라 생각합니다. 우리 모든 인류가 이 지구에서 평화롭게 살 방법이라 생각합니다.

첨부하자면 인류의 미래를 위해 나무를 엄청나게 많이 심어야만 합니다. 나무만이 인류의 빛이고 광명이며 모든 재해와 환경파괴에 대한 실질적 대책이라 생각합니다.

이런 시스템의 순환 문명으로 새 문명의 모험을 하지 않으면 인류에겐 희망이 없습니다. 눈앞에 뻔히 보이는 극심한 환경파괴 문명으로 현재 산업 문명이 지속한다면 우리 인류는 자살 특급열차를 타고 질주하는 것이나 다름없습니다.

너무 긴 얘기가 되어서 짧게 썼습니다만 현실적으로 너무도 중대하고 시급한 문제라 제가 계속 반복해서 이 문제에 대한 해법을 제시하는 겁니다. 현재 우리 기성세대들은 자라나는 미래의 어린 세대들에 대해 밝고 희망찬 꿈을 심어주기 위해선 반드시 이 새로운 문명에 대한 모델로 힘차게 전진하는 것 외에는 달리 방법이 없음을 저는 강력히 주창하면서 이 글을 마칠까 합니다. 우리 모두를 위해 새로운 희망의 미래를 만들어나갑시다. 고맙습니다. 이상입니다!

지구를 고민하는 고민남의 번뇌(煩惱)

이번 이태원 참사를 생각하면서 우울한 마음을 금할 수가 없다. 그러나 연이어 내 뇌리에 떠오르는 걱정과 고민은 단순 이런 사건에 그치는 것이 아니라 우리 미래에 닥칠 엄청난 재앙에 대한 심각한 고민과 걱정을 하지 않을 수가 없다. 산책하면서 내가 왜 이런 걱정과 고민을 해야 하나 하고 자괴감에 빠지지 않을 수가 없었다. 걱정도 팔자라고 하더니 꼭 내 꼴이 그 짝이라 말하지 않을 수가 없다. 이번 참사에 대한 예방과 대책에 대한 질타가 언론에서 게재되고 있고 정치권도 이를 이용하려고 한다. 나는 속이 타들어 간다. 일어난 사건도 문제이지만 앞으로 닥칠 미래의 재앙은 이보다 몇천 배 몇만 배 클 수도 있는데 이를 막고 대책을 세우는 이 나라와 세계의 리더들이 보이지 않는 듯하여 홀로 속을 태우지 않을 수가 없다. 나는 페이스북에 이미 이에 대한 많은 내 나름의 고민과 대책을 글로 썼지만 아무도 주목하지 않는 듯하여 안타까울 따름이다. 앞으로 닥칠 지구적 재앙에 대하여 몇 가지 제안을 다시 하고자 한다.

1. 쓰레기 없는 문명을 만들어야 한다.
2. 쓰레기가 없어지려면 순환의 문명으로 돌아가야만 한다.
3. 순환의 문명은 농업 문명을 통해서 가능하다.
4. 화석자원을 비롯한 지하자원의 채취를 중단해야 한다.

5. 현재 과학은 생명학으로 방향을 전환해야만 한다. 과학의 객관적 진리의 학문은 지구를 파괴하고 있다.

6. 농업자원에서 인류의 모든 문명의 이기들을 만들어야 한다. 그래야 절대 쓰레기가 생기지 않는다. 나무와 식물성 원료로서 현재 문명을 대체하지 않으면 인류는 곧 공멸하고 만다.

7. 핵 원료와 핵무기를 전부 폐기해야만 한다. 왜냐하면, 핵은 가공할 환경파괴의 주범이며 핵무기를 가지고 있으면 언젠가는 핵전쟁을 반드시 발생할 수밖에 없기 때문이다.

8. 모든 나라의 전쟁은 팔씨름으로 대체해야만 한다. (전쟁은 곧 핵전쟁이 된다.)

9. 이제까지 산업 쓰레기와 자원 쓰레기를 전부 자원으로 재활용해야 한다. 지구의 산과 바다에 있는 모든 쓰레기를 수거하여 재활용할 수 있어야 한다.

10. 나라마다 전통적 산업들이 중심산업이 되어야 한다. 약 2~3세기 전 문명으로 돌아가야 한다. 소박한 절제의 문명 생활을 해야 한다. 자본주의에 무한 욕망은 결국 지구의 파괴와 인류의 절멸을 의미한다.

11. 나라마다 토양에 맞는 나무들은 무지하게 많이 심어야 한다. 아마존 숲의 파괴는 인류의 대재앙이다.

12. 물을 보호해야 한다. 강과 바다의 오염은 끔찍한 생태계의 파괴이다.

13. 거미줄보다 더 복잡한 생태계를 지키기 위해 자연 야생 동식물을 절대적으로 보호해야만 한다. (생태계가 파괴되면 인류도 생존할 수 없다.)

14. 다시 한번 강조하지만, 인류의 유일한 에너지 자원은 인간과 동물의 똥이다. 절대 명심해야 한다. 똥으로 모든 화석자원에너지를 대체해야 한다.

15. 태양열 에너지와 풍력 에너지는 나라마다 사정이 다르다고 보지만 우리나라에 국한해서 말하자면 대한민국을 환경생태계를 파괴하는 주범이 바로 재생에너지사업이다.

16. 인류는 자라나는 미래의 세대들에 대한 절대적 보호와 배려를 해야만 한다. 기성세대만의 이기주의가 미래 세대들에게 절망으로 가득 찬 비극의 시간이 될 수가 있다. 미래의 꿈나무들에게 꿈과 희망을 물려줘야 한다.

간략하게 적었지만, 이 글의 행간에 얽힌 사정은 참으로 기가 막히고 절절한 것이다. 이미 쓴 내용이지만 지금 너무도 급박한 위기의 순간들이기에 반복해서 이 글을 썼다. 참고하기 바란다!!!

문명의 대(大)전환 시대

지금 국내외적으로 거대한 위기가 닥쳐오고 있음을 우린 여러 소식을 통해 알고 있다. 이건 위기이지만 결코 희망이 없는 위기는 아니다. 위기는 또 다른 기회일 수가 있다. 경제적 어려움이 고달프고 힘든 것이기는 하나 이제 세계는 대변혁의 시기로 가고 있다고 나는 본다. 우리나라를 한정해서 말한다 해도 내가 늘 말한 것이지만 신(新)농업 사회와 신(新)농업 산업으로 우리 모두의 산업 전반이 변해가야만 한다. 이런 말을 하면 젊은이들은 구닥다리 산업인 웬 농업에 우리가 주목해야 하는가 하고 반문할 수도 있으나 사람이 먹고사는 일 만큼 중요한 일이 없다. 또한, 이젠 농업을 통해 진정 다양한 사업을 할 수가 있다. 앞으로의 인류의 자원은 모두 농산물에서 나와야만 하는 필연적인 까닭이 있다. 더 지하자원을 통해 인류가 생활해나가고자 한다면 이는 기필코 인류 공멸의 사태로 발전할 수밖에 없다. 인류는 이제 자연과 함께하며 자연에서 생산되는 농산물에서 인류의 모든 자원을 개발해 내지 않으면 안 된다. 순환의 문명으로 가지 않으면 인류의 존속은 가능하지 않다. 순환의 문명은 농산물에서만 가능하기에 나는 반복해서 주장하는 것이다. 나는 젊은 청춘들에게 이제 농업에 주목하고 대변혁의 시대를 맞이할 것을 강조하고 싶다. 생각과 아이디어만 있다면 얼마든지 농업을 통해 신산업을 계발해 낼 수가 있다. 현재 인류는 대위기 상황 앞에 놓여있다고 판단한다. 이 위기를 극복하기 위해선 새로운 문명의 패러다임으로 인류가 변해가지 않으면 엄청난 비극이 이 지구에서 일어난다는 사실을 명심하고 이 땅에 깨어있는 젊은 청춘들에게 그 대전환의 문명은 바로 농업혁명을 통해서 일어날 수 있음을 강조하며 짧게 이 글을 마칠까 한다. 새로운 대 문명의 전환을 위해!

새로운 문명(文明)의 전환(轉換)

우리는 미구에 닥칠 대재앙을 목전에 두고 있지만 이런 현실적 문제에 대해 심각한 고민을 하는 사람들이 희소하다는 데에 더 큰 고민과 문제가 있다. 그냥 넋 잃고 그냥 그런가 보다 하며 알면서도 어디에서부터 손을 써야 할지 막막할 뿐이다. 문제는 이 자본주의 산업 문명에 대한 심각한 재고를 해야 하며 지구를 파괴하는 일체의 문명을 새로운 대안을 가지고 바꾸어 나가야만 인류에게 미래와 희망이 있다. 과학적 지식을 전부 폐기하자는 의미가 아니라 우리의 조상들의 삶의 생활방식과 문명을 현재의 문명과 적절하게 융합시켜 창조적 새 문명과 문화들을 우리 세계와 인류에게 제시해야만 하는 시급한 상황에 우린 놓여있다. 아마도 보이지 않는 곳에서 이런 문명의 씨앗들이 이미 태동하여 있기도 하겠지만 너무 미미하다. 21세기로 인류가 절멸해 버릴 수도 있다는 위기감을 사람들이 심각하게 느껴야 하며 우리 현 교육이 입시에 치우친 그런 소모적 교육행태를 이어나가서는 이제 인류에게는 희망이 없다. 젊은 창조적 엘리트들의 새로운 문명에 대한 이상을 가지고, 새로운 가치관과 생태론적 문화 문명을 창도해 나가야 인류는 21세기가 인류사에 가장 창조적이며 신(新)르네상스적 문화 문명이 이 세기에 꽃피어 나갈 수 있다. 진지하게 우리 선조들의 고전을 공부하고 새롭게 거기서 앞으로 우리 민족뿐만이 아니라 인류가 화해와 공존공생의 목표를 가지고 평화롭게 살 수 있는 새 문명의 씨앗을 만들어내고 꽃피워야 한다. 우리는 지금 심각한 상황 앞에 놓여있다. 어! 어! 하다가 인류는 후회해도 소용없는 위기를 맞이하게 된다. 이미 그런 위해 적 요소는 지구 곳곳에서 일어나고 있다. 정치인들도 단순 정권 유지에 정치적 책략을 가지고 나라를 운영해서는 안 된다. 지금 닥치고 있는 이런 심각한 문제를 그냥 나 몰라라 한다는 것은 한 국가를 운영해 나가는 대표의 자격이 없다. 지구적 환경이 온전히 지켜지고 생명력을 가질 때 인류도 이 지구에서 살 자격과 가치를 얻을 수 있다는 이 당위명제를 심각하게 받아들이기를 바란다. 또한, 젊은 청춘들이 인류에 산적한 고전과 지혜들을 오늘날에 맞게 되살려 이 시대가 절망의 세기가 아닌 희망의 21세기로 만들어나가 주길 진실로 고대해 마지않는다. 새로운 문화 문명으로 인류의 앞날이 밝게 빛나기를 열망해 본다.

새로운 문명의 전환 2

우리는 무엇을 공부해야 하는가? 자라나는 세대를 물론이거니와 현재 앞으로의 미래를 창도해 나갈 사람이라면 당연히 의문시해야 할 고민이다. 현대의 과학기술도 당연히 공부해야 하지만 우리 동양의 문명이 결코 과학이 없었던 것이 아니다. 우린 그것을 지혜라고 부를 수가 있다. 우리에게 진정 필요한 것은 지식이 아니라 지혜라고 나는 말하고 싶다. 우리 동양의 고전을 깊이 파고들어야 하며 이를 비롯한 우리 옛 선조들의 생활양식 속에서 사라진 무수한 지혜들이 있다. 이것을 찾아내고 현대의 생활에 맞게 재조명하며 활용해야 한다. 여기엔 의식주를 비롯한 의학과 마음 씀씀이에 이르기까지 무수히 많은 지혜가 파묻혀 있다. 이것을 캐내야 한다. 히말라야산맥보다도 높고 깊은 그리고 아름답고 슬기로운 지혜들이 아마 매장돼 있을 것이다. 보이는 지식과 보이지 않는 지혜들을 비롯해 우리가 연구할 것은 무궁무진하다. 젊은이들이여 왜 우리에겐 과학이 없었냐고 항변하지 마라. 과학이 없었기에 너무도 풍요로운 삶의 지혜들이 있었다. 그리고 실제로 과학적 지식이 없었던 것도 아니다. 찾아보면 너무도 많은 서구과학의 지식을 능가하는 동양의 과학지식이 많다는 것을 말하고 싶다. 동양의 고전들이 쌓여 있다. 참으로 아름다운 광맥이라고 나는 말하고 싶다. 미래는 이 고전들이 있는 한 어둡지 않고 절망적이지 않다. 지금부터라도 이들을 깊이 천착해 들어가는 새로운 미래의 주역이자 동력들이 되기를 바란다. 이 고전들 속에서 인류의 새 희망들이 탄생하리라 나는 의심치 않는다. 우리 조선 문명 속에 축적된

많은 지혜의 서가 여러분 앞에 기다리고 있다. 새로운 미래를 창조하라!!!

〈새로운 문명의 탄생〉

1. 인류 목기 문명 시대

인류는 지금 큰 위기 앞에 봉착해 있다. 곧 지구는 여러 재앙적 사태로 인해 인류는 절멸의 위기 앞에 놓여있다. 그 가장 이유는 너무도 지구생태계를 돌보지 않고 지구자원을 무한 착취한 결과로 지구의 생태계 자체와 철저히 파괴되어 가고 있다. 우리는 당면한 기후위기 사태만을 주시하고 있으나 이 이외에는 여러 불행한 재앙적 조짐은 많다. 이번 코로나 바이러스는 시작에 불과할지 모른다. 다양한 바이러스와 질병들이 창궐할 수밖에 없는 상황이다 나는 분명히 강조해서 말하지만, 지구는 커다란 생명체이다. 지구자원을 착취하며 경제를 운영하는 것은 자기 살을 파먹으며 성장하는 것과 같은 이치이다. 따라서 지구 자체의 생명력이 고갈되어 가고 있는 현 지구 상태는 인류파멸의 위기로 다가온다.

그 이유는 바로 무한히 자원들을 착취하는 게 큰 원인이고 또한 이런 자원들이 환경생태계를 완전히 파괴하고 있으며 자본주의 산업 문명의 속성이 바로 지구를 파괴하며 경제성장을 하고 있다는 심각한 문제를 안고 있다. 그건 과학과 자본주의 시장경제가 결합하여 무한 지구파괴를 하며 돌진하는 죽음의 기관차로 방향을 잃고 달리고 있다. 내 말이 틀린 말이 아님은 여러 과학자가 이미 다 알고 있는 사실을 나는 쓰고 있다. 이 심각하고 절망적 상태 앞에 지구의 그 어떤 누구도 해법을 제시하지 못하고 있다. 그래서 내가 우리 인류의 이 위기에 대처하기 위하여 인류와 지구가 기사회생할 수 있는 유일한 방법은 인류 목기 문명사회로 진입해야만 이 지구와 인류는 다시 희망을 품고 새로운 문명사회를 만들어 갈 수 있다는 것이다. 내가 이 페이스북에 이 목기 문명 시대에 관한 실마리를 이미 제시했기에 각론적 부분들은 각 분야의 전문가들이 모여서 어떻게 인류를 목기 문명 시대로 전환할 것인가에 대한 숙고와 논의를 통해서 해법을 찾아 나가야만 한다. 너무도 지금 위기가 심각하여 과연 이렇게 해서 회복될 것인가에 대한 확답은 그 누구도 말할 수 없지만 전 인류와 세계가 합심하여 인류 목기 문명 시대로 방향 전환을 하지 않으면 이번 세기 안에, 아니 앞으로 몇 년 안에 지구와 인류는 완전히 파괴될 수 있다는 경고를 하지 않을 수 없다. 부디 전 세계의 각 분야의 지도자들 - 종교계, 정치계, 학계, 경제계, 문화 예술계, 언론계, 법조계, 스포츠계의 지도적 리더들은 합심하여 문제의 해법을 찾도록 노력할 것을 당부하고 싶다. 나는 큰 틀에서의 해법들을 제시했지만 복잡하게 얽힌 지엽적 부분에까지 내가 해법을 제시하기엔 나 자신의 전문성이 너무 없다. 여러 분야의 지도자들이 각각의 사항들에 대하여 전문적 의견을 제시하고 더 나은 해법을 내놓아야만 한다. 과연 앞으로 어떤 인류 문명을 만들어나갈 때 지구환경 생태계를 보호하면서 아름다운 자연환경을 우리의 미래 세대에게 물려줄 것인가를 진심으로 고민해야 한다. 꿈과 희망의 미래를 다음 세대에게 물려 줄 수 있어야 할 의무가 기성세대에게는 있다고 본다. 가장 큰 문제는 지구를 파괴하는 모든 행위를 중지해야 하고 순환의 문명을 어떻게 만들 것인가를 논의하고 실행해야 한다. 순환의 문명이 바로 모든 인류가 쓰는 자원을 목기와 식물성 자원으로 대체했을 때만이 가능하다. 너무도 시간이 없다. 전 세계는 서둘러야만 한다. 문제가 보통 복잡한 것이 아니란 것을 나는 알고 있다. 하지만 이 길 밖에는 방법이 없다. 너무도 중요한 문제이기에 나는 페이스북으로 전 세계에 촉구하는 것이다. 잠자는 미래의 세대들의 얼굴을 보라. 그들을 안전하게 위험에서 지켜야 한다. 내 말을 명심하고 따른다면 지구와 인류는 안전해질 수 있다. 명심하라!

2. 순환의 문명론

내가 누누이 강조하는 것이 바로 순환의 문명이다. 왜 순환의 문명으로 가야 하는가에 대한 답변을 제시하겠다.

오늘날 현대문명은 시작만 생각했지 그 끝을 전혀 고려하지 않는 문명이다. '자원들을 캐내서 쓰면 그만이다'라고 생각하고 마는 데에 그 문제의 심각성이 있다. 지금 인류가 쓰는 거의 모든 기계와 도구들이 전부 쓰레기가 되어

오염 덩어리로 환경파괴의 주범이 되고 있다. 이것들이 썩어서 거름이 되어 다시 자원으로 환원이 된다면 문제가 없지만, 전혀 썩지 않고 환경만 오염과 파괴를 한다는 데에 심각한 문제가 있다. 이런 현대문명 때문에 순환이 되지 않는 모든 인간의 사용품들이 엄청난 쓰레기로 환경을 파괴하며 다른 생명체들의 생존을 위협하고 인간들마저도 이제는 생명을 이어갈 수 없는 막다른 골목으로 끌고 가고 있다. 따라서 내가 주창한 쓰레기 자원 화론을 나는 강조하고 싶다. 신상품을 만드는 데에만 과학이 열을 올릴 게 아니라 우리가 이미 쓰고 버린 쓰레기와 폐기물들을 어떻게 다시 자원으로 재탄생 시킬 것인가에 관한 연구가 꼭 필요하고 실행되어야 한다. 쓰레기 없는 문명을 만들어야 한다. 쓰레기가 자원이어야 한다. 지금 지구에 쌓여 있는 쓰레기의 양은 어마어마한 것이다. 이것은 몽땅 자원화할 수 있는 과학적 방법론을 찾아야만 하는 것이다. 그래서 이것을 자연스럽게 순환의 자원으로 활용할 때 현대문명을 존속할 수 있다.

내가 똥오줌 에너지론(論)을 주창했다. 이미 여러 군데에서 활용이 되고 있어 다행이라고 생각하지만, 더욱 광범위하게 동물과 인간들의 똥오줌이 에너지로 활용되어야만 이 역시 에너지의 순환이 되어 우리 자연환경을 깨끗하고 아름답게 보존할 수가 있다.

내가 목기 문명을 주창하는 것도 가장 빠른 기간 안에 재생이 가능한 자원이 바로 나무와 식물성 자원이기에 이것을 활용하여 우리의 문명을 유지해 나가야 한다고 주장하는 것이다. 이제 더 지구의 자원들을 마구 캐내어 사용하다간 엄청난 비극적 사태가 발생한다는 사실을 알아야 한다.

순환의 문명으로 가야만 한다. 그 길만이 인류가 지구에서 존속해 나갈 수 있는 유일한 방법이며 수단이다. 세계의 모든 각 분야의 지도자들은 이 순환의 문명론을 반드시 실천에 옮겨야만 한다.

나는 인류가 살길은 오로지 순환의 문명으로 가야만 할 때 가능함을 역설하겠다!

3. 장인(匠人)의 시대가 와야 한다

나는 현대문명의 가장 큰 문제가 모든 제품이 공장에서 생산된다는 데에 그 심각성이 있다고 본다. 내가 어린 시절만 해도 여러 분야의 수공업 장인들이 있었다. 옷도 그렇고 먹는 빵도 그렇고 일상용품이나 가구들이 전부 장인들에 의해서 만들어졌다. 이건 전부 주문식 소량생산이었다. 현대문명의 가장 큰 문제가 너무도 기업주도의 대량생산화라는데 그 비극적 요소가 있다. 모든 분야가 될 수는 없을지라도 이제는 우리 생존이 환경을 지키는 데에 있기에 각 분야의 장인이 생산하는 수공업 시대가 와야 한다. 왜냐하면, 대기업의 큰 공장에서 나오는 오염물질이 너무도 심각한 문제이고 사회를 양극화로 만드는 주범이기 때문이다. 수공업 장인들의 시대가 오면 노사문제는 깨끗이 해결된다. 더구나 이제 AI 시대가 오면 일자리가 없어서 난리가 나는 것 또한 사회의 큰 문제일 것이다. 어떻게 해서든지 이제 다시 수공업의 시대가 와야 하며 각 분야의 장인들이 물품을 만드는 시대가 도래해야만 한다. 그래야 물건의 질도 좋아지고 사람 사는 인간적 세상이 올 수가 있다. 공장부품 같은 공장노동자들은 인간소외의 큰 사회 병이다. 분명히 말하지만, 수공업 장인의 시대가 와야 우리 사회와 지구환경을 지킬 수가 있다.

4. 농업이 모든 산업의 핵심이 되어야 한다

농업은 여러 분야를 아우르는 개념이다. 여기에는 농업, 수산업, 축산업, 임업, 과수업, 화훼업, 낙농업, 약초업 등의 개념을 포함하고 있다. 내가 농업을 중요시하는 이유는 너무도 자명하다. 먹을 식량이 없으면 인류는 모두 죽을 수밖에 없다. 또한, 비단 농업자원은 앞으로 단지 먹는 것에 그치지 않고 여러 분야로 활용될 수가 있다. 의학, 건축, 산업자원, 문화자원 등 식량의 역할 이외에도 활용될 수 있는 분야가 광범위하다는 것이다. 그래서 인류와 세계는 식량을 독점해서도 안된다. 우리가 새로운 문명의 탄생을 이루기 위해 가장 중요한 산업이 바로 농업이다. 농업 하나만 잘 생산되면 모든 문제가 해결될 수가 있다. 첨단 산업이 중요한 것이 아니라 가장 기본적인 바로 이 농업을 제대로 생산하면 인류의 모든 문제는 거의 해결된다고 본다. 또한, 농업만이 인류의 위기에서 인간과 모든 생명체를 위기에서 구원할 수 있는 유일한 산업이라고 볼 수가 있다. 인간을 포함한 모든 생명체에 필수적인 것이 바로 식량이다. 따라서 우리 인류와 세계는 농업에 집중적인 관심과 활성화를 통해 농업산업을 모든 산업의 핵심 산업으로 자리매김해야만 한다. 앞으로의 모든 산업은 바로 농업의 응용과 다양성으로 인류의 미래 산업이 나가야 한다.

5. 심미적 생명 자본주의

자본주의 사회의 핵은 시장경제이다. 이 시장경제는 인류의 역사와 더불어 시작된 것이기에 파괴되어서는 안 되는 것이다. 공산주의에 오류가 바로 이 자연발생적 경제 체계인 시장경제를 파괴하고 인위적이고 작위적인 방법의 경제체제를 운영하려다가 실패한 사례다. 하지만 오늘날 산업자본주의는 너무도 문제가 많은 심각한 경제체제로 변질하였다. 다윈이 말한 적자생존의 잔인한 전쟁터가 바로 우리의 자본주의 사회라 할 수가 있다. 한 사회와 문명을 유지하도록 필요한 것이 시장경제의 원리라 할 수는 있지만 모든 인간 사회의 공동체의 미적 가치 - 종교, 윤리, 아름다움 -, 이런 파괴 되어서는 안 되는 가치마저 파괴하는 게 현 자본주의 사회라 할 수가 있다. 오로지 돈만을 위한 맹목적 가치 추구의 사회는 끔찍한 정글의 법칙만이 있는 것이다. 따라서 우리가 자본주의 시장경제를 하더라도 한 문명과 국가사회를 이루기 위해서 필수적인 어떤 미덕들은 보호하면서 그 체제를 유지해야 한다. 사실 민주주의는 이런 종교적 윤리적 아름다움의 가치가 그 밑바탕에 깔리지 않으면 결코 유지 되지 않는 형식적 민주주의밖에는 할 수가 없다. 그런 민주주의 진정한 민주주의가 아닌 정글의 법칙 속에 생존하는 잔인한 인간파괴의 민주주의만이 기승을 부릴 수밖에 없다. 무엇보다도 진짜 민주주의를 한 사회의 체제 기반으로 하려면 이런 종교적 윤리적 미적 가치들이 그 사회에 어떤 아름다운 토대로서 뿌리를 내리고 그 가치들이 사람들에게 사회의 공동체적 가치로서 형성되어야만 우리는 참다운 사회체제를 이룰 수가 있다. 따라서 내가 주창한 심미적 생명 자본주의는 다른 말로 하면 문화적 민주주의이며 그 문화 주의는 종교 윤리 미적 가치를 생명으로 여기는 자본주의이다. 또한, 여기서 생명이란 모든 생명에 대한 존중이다. 결코, 인간만의, 인간만을 위한 문명을 만들어서는 안 된다는 것이다. 모든 동물과 식물 그리고 곤충까지도 존중받아야 하며 이들과 인간이 공생의 삶을 살아야만 인류도 이 지구에서 살아갈 수 있는 자격과 생존의 방식이 생긴다는 점이다. 그래서 생명을 위한 문명이어야 하며 우리의 지혜도 모든 생명체에서 배워나가야 한다. 꽃과 식물 그리고 동물과 곤충의 삶의 지혜를 인간은 배우고 응용하며 사회를 이뤄나가야만 한다. 현대문명은 너무도 과학적 지식만을 강요하며 이성과 합리를 주창하는 학문으로 이루어져 있으나, 우리가 경험한 이런 이성의 문명이 얼마나 잔인한 만행을 이 세계와 인류에게 퍼부었는지는 지난 20세기의 전쟁들과 오늘날 우리가 직면한 인류의 환경위기를 생각할 때 우리가 진짜로 알고 배워야 진정한 배움의 가치들이 무엇인지를 다시 생각해야 한다. 생명을 존중하며 같이 공생의 미덕을 인간윤리로 자리 잡아야만 인류도 이 아름다운 지구에서 모든 생명체와 함께 살아갈 수가 있다. 이런 심미적 생명 자본주의 사회가 되었을 때만이 모든 세계 인류에게 참다운 인간사회와 세계평화를 이룰 수가 있다고 나는 생각한다. 우리 모두 심미적 생명 자본주의를 향해 힘차게 전진해 나갑시다. 세계의 각 분야의 지도자들은 이 심미적 생명 자본주의로 아름다운 국가와 사회를 이뤄나가는 공동체적 가치로 만들기를 진심으로 바랍니다!!!

6. 평화 - 전쟁 팔씨름론(論)

인류의 역사는 전쟁의 역사라 해도 과언이 아니다. 특히 20세기는 세계 양차 대전으로 인해 피비린내 나는 지독한 인간 살육전이었다. 우리는 여기서 왜 전쟁은 이제 사라져야 하는가에 대한 심각의 의문을 던져야 한다. 전쟁의 이유가 무엇인가? 돈인가 이념인가 무엇이 전쟁을 일으키는가? 갈등의 원인은 여러 가지겠지만 한 가지 분명한 사실은 이제 더 인류에게 전쟁의 역사가 반복되어서는 안 된다는 사실이다. 과연 전쟁이 인류에게 줄 수 있는 것이 무엇인가? 양민과 어린이들이 학살당하고 많은 물적 자원들이 파괴된다. 또한, 가장 심각한 문제는 이제 나라마다 핵무기를 보유하는 시대로 나아갈 수밖엔 없다는 점이 문제이다. 전쟁이 계속된다면 결국 핵전쟁이 일어날 수밖에 없는 것은 자명한 사실이다. 핵전쟁의 결과는 무엇인가? 과연 핵전쟁에서 승자가 있을 수 있다고 보는가? 결론은 모두 죽는 것이다. 핵전쟁이 일어나면 인류는 모두 죽을 수밖에 없는 인류 자멸의 전쟁으로만 잔인하고 처참한 전쟁이 될 뿐이다. 과연 로켓이 화성을 향해 날아가는 이런 시대에 뻔한 결과가 예상되는 전쟁을 해야만 하는가? 나는 묻고 싶다. 과연 전쟁을 원하는가. 인류 모두 죽고 싶다면 우린 전쟁을 해야 한다. 거기엔 아이부터 갓난아기까지 모두 포함되어 있다. 이제 전쟁은 바로 핵전쟁임을 알아야 한다. 왜 인류를 파멸시키며 전쟁을 하는가? 그래서 내가 거기에 답을 했다. 인류는 이제 공정한 게임을 해야 한다. 바로 팔씨름으로 전쟁을 대신에 해야 한다는 것이다. 총알 하나 피 한 방울 흘리지 않고도 전쟁을 할 수가 있다. 그리고 그것은 인류의 축제가 될 수도 있다. 이렇게 현명하게 전쟁을 대신에 해서 평화로운 전쟁을 할 수 있는데 인류를 파멸시키는 전쟁을 꼭 해야 하는가. 인류에게는 심각한 과제가 많지만, 인류가 가장 빨리 자멸의 길로 가는 것이 바로 전쟁이다. 평화의 시대로 가자, 평화의 세상으로 가자! 바로 팔씨름으로 모든 전쟁을 대신에 하면 인류는 함께 행복하고 평화로운 세상에서 살 수가 있다. 너무 이상적이라고만 생각하지 말고, 인류의 지도자들은 깊이 숙고하여 인류에게 평화로운 세상을 만들기 위해 함께 고민하며, 아름다운 세상을 만들 수 있도록 전 인류가 함께 지혜를 모아 나가자! 그 길은 바로 전쟁 팔씨름론이다!

7. 교육 - 신명 주의와 신바람 사회

한 인간이 태어나서 사회생활을 하기에는 분명한 교육이 필요하다. 공동체의 일원이 되기 위해서 사회적 약속과 자기 생업을 위한 교육은 필수적이다. 그러나 오늘날 교육의 심각한 문제점은 사람들은 타고난 재능이 다 다르다는 점을 간과하고 있다는 사실이다. 똑같이 일률적인 주입식 교육을 해선 안 된다는 점을 알아야 한다. 우리나라를 예로 든다면, 쓸데없는 학과목을 무조건 교육하는 폐단이 있다. 교육이 재미있어야 배우고자 하는 열망이 있는데 아무 재미도 없고 쓸데도 없는 학과목을 배운다는 것은 참으로 괴로운 일이다. 그래서 학업을 포기하고 사회의 낙오자가 되는 사람들이 너무도 많다. 배움이 재미있으면 그 배움 자체가 기쁨이고 행복이다. 자기 능력과 적성에 맞게 교육해야 한다. 특히 대한민국은 이제까지 너무도 엉터리 교육을 해왔다. 아무런 창의적 인재를 기르지 못하는, 이른바 '범생이'들만을 양산하고,

학벌 경쟁으로 이 사회에 학벌 나치즘의 이데올로기를 만들어내었고 그 야만적 학벌 나치즘이 우리 사회를 지옥으로 만들었다. 아무런 심미적 양식을 키우지 못하는 교육으로 인격이 없는, 너무도 많은 잔인한 심성의 경쟁교육으로 자살률이 가장 높고도 출산율이 가장 낮은 나라가 된 것이다.

각자의 재능에 맞는 공부를 가르쳐야 한다. 자기의 적성이 맞으면 어떤 일도 재미있고 행복해진다. 행복한 인간이 되어야 한다. 자기 일이 재미있으면 신명이 나고 신바람 나는 삶을 살아갈 수가 있다. 그럼 자연히 사회는 활기차고 역동적이고 생명력 있는 사회가 된다. 신명주의 사회로 신바람 나는 사회로 가야 한다. 그러기 위해 진정 나라의 지도자들은 교육의 문제에 깊은 관심과 나라의 미래를 위해 진정 자라나는 미래세대가 어떤 교육을 받아야 하는지에 대한 깊은 고찰과 통찰을 해야 한다. 교육이 인류의 미래라는 점을 밝히고 싶다.

8. 계급(階級)

우리는 민주주의 사회에 살고 있다. 민주주의는 계급을 거부하고 평등을 외친다. 그러나 이것은 단순한 문제가 아니다. 역사 이래로 평등이 있어 본 적은 없다. 오늘날 사회가 평등하다고 하지만 그 안을 들여다보며 이 사회가 얼마나 층층의 계급사회인지를 알 수가 있다. 유사 이래 어떤 관성의 법칙이기도 하고, 모든 생명체는 다 서열 있고 계급이 있다. 표면적으로 없애자고 해서 평등사회가 되는 것은 아니다. 그리고 그 사회의 질서를 지켜나가기 위해서는 사회 각 분야에 어떤 서열과 계급이 존재할 수밖에 없다. 조건 없는 계급의식도 문제이지만 마냥 모든 게 평등하다고 외치는 것도 문제이다. 이 사회를 이루기 위해서 여러 사회단체가 있고 이 조직들은 권력의 층층의 서열이 있다. 이마저 무시하고 조건 없는 평등을 외치면 사회는 붕괴하고 만다. 가족 간에도 서열은 있고 권력이 있다. 하물며 국가와 사회에서는 계급이 없을 수가 없다. 나는 그렇다고 계급사회를 조장하는 것은 아니다. 그러나 인정할 것은 인정해야만 한다고 본다. 잔인한 계급의식이 아닌 따뜻한 심미적 계급의식이 그 사회를 지배해야 한다. 이 세상에 차별대우 받는 거 좋아할 사람 아무도 없다. 그러나 어떤 그 사회가 돌아가기 위해서는 권력의 서열 없이는 사회 자체가 운영되지 않기에, 보이지 않는 서열은 절대 인류사에서 사라질 수가 없다. 그래서 동양에서는 높은 위치에 있을수록 덕과 인격의 가치를 최고로 뽑은 것이다. 아무튼, 그 나라와 사회에는 위계가 존재하고 여러 조직의 리더들이 있기에 그 조직 구성원의 조화와 자기 분수에 맞게 행동하는 예를 배워야 하고 그것이 그 사회에 도덕적 원리로 작용해야만 분열과 분쟁이 없는 아름답고 조화로운 사회질서가 세워질 수가 있다. 계급은 있다. 그러나 그것은 국가와 사회조직 구성원들의 아름다운 조화이어야만 한다.

9. 상상력과 로맨티시즘- 문명의 모험

인류는 지난 일세기 동안 서구의 학문과 과학으로 수많은 편리와 눈부신 신기술을 이룩하였다. 또한, 그로 인해 인류 역사상 유례없는 번영을 누린 것이 사실이다. 그러나 그 화려한 결과물들이 지금은 우리 인류가 살아가는 삶의 터전인 지구를 처참하게 파괴하며 달리는 폭주 기관차로 죽음의 고속행진을 하고 있다. 여기에 제동을 걸기에는 지금 엄청난 문제들이 있다. 세계가 지금 한 고리로 연결되어 돌아가기에 결코 멈출 수 없는 운명에 처해 있는 것이다. 과연 우리는 어떻게 해야 할 것인가. 나는 이미 앞글에서 이에 대한 기본 방향의 실마리를 제시했다. 순환의 문명론과 목기 문명사회로의 전환만이 인류가 앞으로 미래의 희망을 품을 수 있음을 역설했다. 인류가 지난 수 세기 동안 서구적 상상력으로 창조한 현대문명이 결국 죽음의 문명이란 것은 누구나 다 아는 사실이다. 지구를 파괴하며 성장하는 경제발전이란 게 얼마나 어리석은 일인가. 지금도 쉼 없이 자원을 착취하며 돌아가는 현대문명의 어리석음은 많은 사람을 절망에 빠뜨리고 있다. 우리는 어디로 갈 것인가. 새로운 상상력이 필요하다. 인류의 영원한 자원은 상상력이다. 내가 제시한 상상의 한 단면이 순환의 문명론, 목기 문명사회고 똥오줌 에너지론이다. 내 상상력이 과연 잘못된 것일까. 그렇지 않다. 나는 바른길을 제시했다. 모든 자원은 고갈된다. 그리고 지구의 생명력을 죽이고 파괴한다. 유일하게 나무와 식물성 자원만이 끝없는 순환의 자원으로 인류에게 제공할 수가 있는 것이다. 또한, 똥오줌 에너지만이 고갈 없는 에너지 자원을 인류에게 제공할 수 있다. 인류 평화를 위한 전쟁팔씨름론도 주창했다. 인류는 위기의 현대문명 앞에 어떤 돈키호테를 필요로 한다. 로맨티시즘이 없이는 어떠한 새로운 생명의 문명을 건설할 수가 없다. 나는 시인이지만 정확히 현대산업문명의 문제점을 간파했고 인류 앞에 그 답을 제시했다. 인류는 내가 제시한 해법으로 문명의 모험을 하지 않으면 비극적 시련이 닥칠 수밖에 없다고 본다. 이게 돈키호테의 망상이라 해도, 이런 시도라도 할 수 있는 마지막 희망의 해법을 인류에게 제시한 것이다. 아니면 인류를 전부 화성으로 옮기든지 해야만 한다. 인류의 지도자들에게 필요한 것은 문명의 모험을 할 수 있는 로맨티시즘이 절실하다. 아마 그 돈키호테적 용기가 인류를 구원하리라 나는 정확히 예측한다. 문명의 모험만이 살길임을 천명한다!

10. 결론 – 결단과 실행

지금 너무도 어둡고 앞이 보이지 않는 불안한 미래의 전망이 보인다. 지구파괴와 인류 절멸의 어두운 그림자가 우리 앞에 놓여있다. 이 세계에서 누구도 이런 비극적 불행 앞에 해법을 내놓지 않았기에 어느 바보 시인 하나가 용기있게 '인류의 길은 이거요' 하고 그 해법을 제시했다. 그러나 이 해법은 어느 한 국가만이 해서 될 일이 아니고 세계의 모든 각국의 종교, 정치, 경제, 학계, 문화예술, 방송 언론, 스포츠, 법조계 등의 모든 분야가 지혜를 모아서 지구와 인류의 대위기를 막아서 새로운 문명으로 나아가겠다는 결연한 결단을 내리고 실행을 해야만 한다. 솔직히 지금 시간이 별로 없다. 우리 앞에 이미 지구 종말의 위기가 눈앞에 다가왔음은 여러 과학자가 잘 설명해주고 있다. 조속히 각계의 지도자들이 지혜를 모아 결단을 내리고 새로운 문명의 모험에 동참해야만 인류는 무사히 이 위기를 넘기고 새로운 희망의 세상으로 갈 수가 있다. 나는 앞에서 9개의 항목에 걸쳐 새로운 문명의 탄생을 예고하는 글을 썼다. 솔직히 너무도 부족하고 아쉬움이 많은 글이나, 내 나름의 최선의 글이었다고 생각한다. 이제 모든 글을 마치면서 인류가 루비콘강을 건너야 할 시점임을 나는 강하게 주창하면서 이 글을 마칠까 한다.

지구 생명은 파괴되고 있다

내가 이곳에 인류 목기 문명 시대를 이 절박한 시대에 대안으로 내놓았다. 또한, 똥 오줌 에너지론을 주장했습니다. 지금 전(全) 세계에서 똥 에너지가 활성화된다고 들었습니다. 지금 현재 아무도 이 암울한 시대 앞에 해법을 제시한 사람들이 없기에 엉터리 시인 이 하림이가 해법을 제시한 것이다. 요즘 김누리 교수가 강연을 많이 하는 데 이분이 인류는 이번 세기 안에 모두 멸종한다고 말씀하십니다. 이게 유럽 학계에서는 상식으로 이런 말들을 하고 있다고 합니다. 다음 세기는 올 수가 없다고 합니다. 최재천 교수라는 분도 같은 말을 합니다. 앞으로 인류는 잘해야 6~70년 가면 아마 지구에서 생명체는 멸종할 거라고 말합니다. 그렇게 암울한 미래에 대한 전망을 얘기하면서 학자들로서 아무런 대안을 제시하지 못합니다. 그저 인류 멸종의 그 날만을 기다리고 있자는 겁니다. 아직 전 세계 어느 곳에서도 인류의 이런 처절한 문제에 대한 명확한 해법을 제시한 학자들이 없습니다. 인류가 멸종하면 경제발전 무슨 의미가 있으며 민주주의가 무슨 의미가 있습니까. 일단 사람이 살고 봐야 하지 않겠습니까? 그래서 내가 생각해 보니 우리가 이제까지 자원을 지구에서 착취했기 때문에 발생한 문제이니 이제 자원을 착취하듯이 사용하지 말고 문명을, 가장 회복이 빠른 나무와 식물성 자원으로 대체해서 사용하자고 주장한 겁니다. 물론 어떤 중간적 절차를 밟아서 해야겠고 과도적 기간이 있어야 한다고 봅니다. 나무와 식물성 원료로 이제까지 인류가 사용한 모든 물품을 새롭게 창조하면 목기 문명 시대로 가야 하는 겁니다. 그럼 나무와 식물성 원료는 모든 썩어서 다시 자연 상태로 돌아가기 때문에 순환의 문명이 가능해진다고 봅니다. 또한, 나무와 식물성 자원이 지구를 다시 소생할 가능성이 있다고 봅니다. 지구의 죽어가는 생명력을 다시 살릴 수 있다고 봅니다. 그래서 오늘날 과학의 발전이 이런 부분에 눈을 뜨고 어떤 소명의식을 가지고 나무와 식물성 자원으로 어떻게 현대문명을 대체할 자원을 만들어 낼 것인가에 관한 깊은 연구와 발견으로 우린 희망찬 새로운 시대로 갈 수 있다고 봅니다. 그저 넋 놓고 지구가 멸망할 날만 기다리는 것보다는 나의 제안이 얼마나 현실적으로 타당한 해법인가를 여러분들이 판단하기 바랍니다. 이보다 좋은 해법을 제시한다면 나도 그 사람에 의견에 찬동할 것이지만 이렇게 아무도 지구는 점점 위기 상황으로 돌변해 가는데 가만히 앉아서 죽을 수는 없지 않습니까. 지금 지구는 심각한 위기 상태입니다. 남북극이 전부 녹고 있어서 앞으로 일어날 재앙의 사건은 한둘이 아닙니다. 여러분, 우리는 우리 자신만을 생각해서는 안 됩니다. 자라나는 미래의 세대에게 밝은 희망과 꿈의 세상을 물려줄 수 있는 그런 기성세대의 책임이 있습니다. 나는 나만의 주장인 인류 목기 문명 시대는 언제든지 철회한 마음이 있습니다. 누가 확실한 지구위기에 대한 해법을 제시해준다면 나도 마음 편히 살겠습니다. 그러나 현재 모두 입을 다물고 있습니다. 여러분과 과학자들의 분발을 촉구하면서 희망찬 인류의 미래를 위해 전 세계인이 한마음으로 노력합시다. 일단 인류 목기 문명 시대를 향하여 비상합시다. 이상입니다!

새로운 문명관(文明觀)

내가 판단할 때 이제 인류는 새로운 문명의 모험을 통해 새로운 문명을 창조하지 않으면 전 지구적 위기 속에서 지구 호는 침몰하고 만다. 그러면 인류도 같이 모두 공멸할 수밖에 없는 운명에 처하게 된다. 우리 인류에게 시급한 문제는 누가 인류의 새로운 문명관을 제시하는가에 있다. 아직 이렇다 할 그 누구도 인류에게 새로운 문명의 탄생을 예고하는 새 문명관을 제시한 사람이 없다.

그래서 내가 이곳에 인류의 방향이 무엇이 어떤 새로운 문명관을 가지고 인류가 미래로 나아가야 하는지를 밝혔고 글로 썼다. 그럼 그 새로운 문명관은 무엇인가? 지구를 파괴하는 현대문명을 대체할 만한 과연 새로운 문명의 비전이 무엇인지를 나는 이미 여러 글에서 글로 썼지만, 과연 그것이 얼마나 이 시대를 이끄는 각계각층에 호응을 얻고 있는지 나는 알 수가 없다.

그러나 내가 제시한 목기 문명에 의한 순환의 문명으로 인류가 문명의 방향을 빨리 바꾸지 않으면 인류는 전부 절멸하고 마는 비극적 사태에 이를 수밖에 없는 것이다.

물론 나의 견해보다 더 좋은 인류의 방향에 대한 문명관을 제시하는 사람이 있다면 나는 겸허하게 그의 의견을 존중하고 따를 것이다. 그러나 내가 과문한 탓인지 아직 이렇다 할 인류의 대위기에 대한 반전을 줄 만한 새로운 문명의 방향과 방법론을 제시하는 그 누구의 견해에 대한 소식을 듣지 못했다. 인류 앞에 놓인 절대적 위기에 대한 대응할 만한 시간이 이제 얼마 남지 않았다. 내 견해가 비록 부족한 부분이 있다 해도 현재 상황에서 나온 최선의 인류를 위한 방향 제시이기에 인류는 내 의견에 경청하고 내 주장대로 따라가야만 인류 앞에 놓인 긴박한 위기를 극복할 수가 있다고 나는 자신 있게 말할 수가 있다.

누군가 소신 있게 인류의 미래는 이것이다 라고 우리 인류 앞에 방향 제시를 하던가 아니면 부족한 나의 견해에 따라 시급히 인류 목기 문명 시대로의 방향 전환을 통해서 순환의 문명 세계로 현 문명을 바꿔나가야만 인류에게 희망이 있음을 나는 강변하고 싶다. 나 자신이 잘났다고 이런 말을 하는 것이 아니다. 지금 인류는 풍전등화의 절박한 위기상황임을 나는 말하고 싶고 아쉬운 대로 나의 견해가 미래를 위한 하나의 희망의 메시지임을 말하고 싶다. 인류는 목기 문명 시대를 통한 순환의 문명을 통해서 분명히 환경오염과 환경파괴가 없는 아름다운 자연환경 속에서 인간을 위한 새로운 문명을 누리며 살 수가 있다고 나는 확신합니다.

나는 삼류시인이지만 나의 예리한 예술적 감성의 통찰에서 나온 나의 새로운 문명에 대한 비전에 인류가 공감하고 동참해주시기를 바라며 또한, 우리 미래세대들의 꿈과 희망의 세상을 위한 안전과 미래를 위해 함께 해주시기를 진심으로 바랍니다.

지구와 인류

나는 생각한다. 그러므로 나는 존재한다. 이 말은 철학자 데카르트의 유명한 명제이다. 그러나 이런 말을 하기에 앞서 우리는 지금 지구파괴와 인류의 공멸이란 끔찍한 위기 앞에 놓여있다. 내가 이런 말을 하면 웃을 사람들이 많다. 하늘을 푸르고 새들은 날아다니고 꽃과 나무들은 잘 자라고 있는데 그게 무슨 말 같지 않은 말이냐 하면서 코웃음을 치며 나를 어리석다고 할 사람들의 모습이 뚜렷이 그려진다. 그런 사람들은 밥 세 끼 잘 먹고, 밤이면 룸살롱에서 비싼 양주와 아가씨를 옆에 차고 아가씨의 탱탱한 가슴을 주물럭거리면서 태평성대의 요순시절이 따로 없네 하고 콧노래를 흥얼거린다. 과연 지구위기는 올 것인가? 역사 이래로 이런 상황이 발생한 적도 없고 지구와 인류의 멸절이란 사태가 있어 본 적이 없기에 더더욱 사람들은 냉소를 치며 쓸데없는 걱정을 하는 나를 한심스럽게 생각한다.

그러나 과연 그럴까? 내가 하늘이 무너질까 걱정하는 기우에 빠진 사람일까를 나 자신도 고민한다. 요즘 기후위기에 대해서는 꽤 많은 사람이 관심을 두고 걱정을 한다. 그러나 우리에게 당면한 문제가 어디 기후변화의 위기뿐일까 하는 역시 노파심이라 할 수 있는 걱정을 안 할 수가 없다. 기후위기는 단지 이산화탄소만의 문제일까도 역시 상상해보지 않을 수가 없다. 우리는 본질적인 문제를 바라봐야 한다. 우리에게 다가오는 암흑과도 같은 사태들의 진정한 실체는 무엇일까를 알아야 거기에 대한 해법을 생각할 수가 있는 것이다.

사실문제의 요인은 너무도 많다. 환경과 생태계의 파괴에서 오는 필연적 결과물이 오늘날의 참혹한 상황으로 우리를 몰고 가고 있다. 내가 살아 있을 때만 문제가 없으면 그 뒤에 일이냐 어떻게 되든 무슨 상관이라 하고 작금의 지구의 위기 사태를 먼 나라 불구경하듯이 하고 있을 많은 사람은 지금 자기 머리 위로 불덩이가 떨어져 있음을 까맣게 모르고 있을 뿐이다. 나는 시간이 많이 남아 있지 않다고 본다. 불원 아마 대재앙이 닥칠 것이다. 그때야 사람들은 아마 눈에서 피눈물을 흘리게 될 것이고 자신들의 가족의 시체 앞에서 종말적인 한숨을 쉬며 뒤늦은 후회를 하리라 본다. 과연 이 사태를 지구상에서 책임질 사람은 누구인가. 아마 아무도 책임지지 않을 것이다. 선견지명의 해법을 제시했으나 너무도 외면받는 나의 대책과 해법은 외로운 떠돌이 유령처럼 이 공간을 떠돌아다닐 뿐이다. 사람들은 그러면서 나를 건방지다고 할 것이다. 네가 뭔데 해법을 제시하냐 하면서. 그들의 눈에서 아마도 오래지 않아 눈에서 피와 고름의 눈물이 흐를 날이 올 것을 나는 감히 단언할 수 있다. 그들은 자신의 머리칼을 쥐어뜯으며 재앙의 불길 앞에서 말을 못 하고 절망의 절규만을 외칠 것이다. 길은 하나다. 내가 제시한 해법의 대책으로 인류가 나아갈 것인지 인류의 절멸 길로 나아갈지는 여러분의 선택에 달려 있다. 명심하라. 인류생존 시계는 지금 멈추어 서 있다는 사실을!!!

우리 사는 세상

모두가 입을 모아 현대사회가 인간이 가장 살기 좋은 세상인 듯이 말한다. 맞는 말이다. 물질적 풍요로움이 인류 발생 이래 최고로 넘쳐나는 시대다. 우리는 불과 50년 전망해도 보릿고개를 넘는 가난과 빈곤 속에서 살았다. 기적이라면 기적이라 할 수 있는 눈부신 발전이 아닐 수 없다. 솔직히 살 만한 세상이 된 것이다. 이런 세상이 인류의 진행과 함께 꾸준히 유지된다면 정말로 어떤 다른 유토피아가 필요 없을 정도의 세상이 된 것이다. 그러나 냉철히 현재 우리 사는 이 현대문명 사회를 예리하게 파악한다면 찬란한 문명의 건설 뒤에 있는 어두운 그림자를 볼 수 있다. 물론 모든 사회는 빛과 그림자가 엉켜있다. 이 빛과 그림자도 사회의 조화 속에서 발생하는 것이다. 좀 더 거시적 시야를 가지고 바라보면 우리 사는 세상의 문제들은 이제 슬금슬금 인류를 위협하고 있다. 기후위기를 비롯한 갖가지 재해와 재난의 재앙이 인류 앞에 닥치고 있다. 그럼 우린 이런 문제들을 어떻게 대처하고 바라보아야 할까? 일상에 자신의 생업에 빠져 살아가는 평범한 인간들이 이런 문제에 대한 거시적 안목을 갖기는 어렵다. 이런 범지구적 문제에 대해 통찰을 하는 누군가의 시각이 필요하다. 지금 발생하는 기후위기와 지구적 재앙들은 어느 일부에 문제가 아니다. 결국, 인류 전체가 겪어야 할 대재앙의 조짐들이 일어나고 있다. 과연 인류의 리더와 지도자들이 이런 문제에 대하여 얼마나 준비하고 있는지는 미지수이다. 요즘 매체들을 통해 여러 해법이 보이나 임시방편의 해법 가지곤 답이 보이지 않는다. 좀 더 문제의 본질을 바라보고 문제의 핵심을 파악하여 근본적 대책을 세워야 한다. 나는 이곳에 내 나름의 대책이라 할 해법들을 제시했다. 그것이 현 심각한 지구문제에 대하여 얼마나 유용한 해법들인지는 확신하기는 어렵다 해도 조금씩 그런 해법들이 널리 응용 사용되고 있는 것을 확인하게 된다. 만시지탄의 아쉬움이 있으나 그나마 다행이라 생각한다. 휘황찬란한 이 현대문명은 사실 자신의 살을 깎아 먹으며 성장하는 경제발전이다. 과연 이것은 경제발전이라 할 수 있을는지 의문이 아닐 수 없다. 자기 죽음을 담보로 성장하는 경제구조는 누가 생각해도 어리석다. 다양한 변화의 시도들이 일어나고 있기에 약간의 기대하고 바라보지만 낙관할 만한 정도의 변화는 아니라고 본다. 지구에서의 인류가 지속적 문명 활동을 하기 위해서는 문제의 뿌리를 바라보고 그 뿌리를 새롭게 만들어야 한다고 생각한다.

내가 그동안 제시한 지구문제에 대한 해법들을 좀 더 곰곰이 생각하고 연구하기를 마음속 깊이 바란다. 인류 문명의 대전환이 일어나야 한다. 그래야 현 지구적 위기상황들을 극복할 수가 있다. 우리 세상의 밝고 희망찬 미래를 만들기 위해 각 세계의 지도자들은 선구적 노력을 해주기를 진심으로 바랍니다.

현대문명의 본질적 문제 1

지금 지구 자체가 겪고 있는 심각한 기후위기와 재해와 재난들은 인간이 스스로 불러온 것이나 다름없다. 근본적으로 지하자원을 비롯한 지구의 자원을 기반으로 하여 성장한 현대산업 문명은 필연적으로 지구 종말을 일으킬 수 밖에 없다. 어떤 사람은 말한다. 과연 지하자원을 얼마나 썼다고 그런 소리를 하느냐고 반문한다. 아직도 많은 자원이 매장되어 있다고 큰소리친다. 여기에 대한 나의 답변은 간단하다. 지구자원을 단순 사용하는 것이 문제가 아니라 지구 자체의 모든 생태계를 파괴하고 있다는 사실을 직시해야 한다. 지구는 여러 생명체의 꼼꼼한 먹이사슬과 생태작용을 통해 지구 자체의 생명력을 유지하는 것이다. 이런 먹이사슬과 생태계를 연결하는 생명의 그물망을 인간들이 파괴하고 있다. 기후위기와 재난과 환경오염은 이러한 산업발달의 결과물이다. 과도한 경제발전의 욕망이 단, 기간 안에 지구를 엄청나게 파괴했다. 이런 속도로 계속 나가다간 인류는 지구와 함께 파괴되고 멸절될 수밖에 없는 상황이 된다. 이런 문제를 통찰하고 해법을 찾아야 한다. 그러나 현대산업 문명이 전부 지하자원을 비롯한 광물들을 가지고 산업활동을 하고 있으니 이를 갑자기 중단시킬 수도 없는 문제이다. 전속력으로 달리는 폭주 기관차를 급정지시키면 이 역시 너무도 위험한 사태에 빠질 수밖에 없다.

해법은 단 하나다. 대체자원을 개발해야 한다. 어떻게 대체자원을 개발할 것인가? 내가 이미 답을 다 제시했다. 나무와 식물성 자원으로 대체자원을 만들어야 한다. 인류의 생존 열쇠는 바로 이 대체자원을 어떻게 개발해 낼 것인가에 달려 있다. 내가 여기서 오랫동안 여러 번 강조했기에 잘 알고 있는 사실일 것이다. 그리고 현재 연구 중이라고 본다. 오로지 나무와 식물성 자원을 가지고 대체자원을 개발하여 사용한다면 지구는 전혀 생태계 파괴 없는 새로운 문명 세상으로 갈 수가 있다. 자연 생태계와 환경은 원래 상태대로 복구될 것이다. 인류의 유일한 희망이다. 인류가 갈 길은 목기 문명을 통한 순환의 문명사회로 갈 때만이 지구에서 인류가 새로운 번영과 희망을 품고 살아갈 수 있으며 미래의 세대들에게 희망찬 세상을 물려줄 수가 있다는 사실을 명심해야 한다.

답은 인류 목기 문명 시대에 달려 있다는 점은 다시 한번 강조한다.

인류의 방향은 무엇인가?

오늘날 인류는 수많은 역사의 시간을 보내며 흘러왔다. 과연 올바른 역사의 미래는 무엇인가를 고민해 보지 않을 수 없다. 숱한 비극적 전쟁과 문명의 발전을 위해 노력이 있었다. 현재의 거대한 문명 세계를 창조하기 위한 갖은 노력과 비극들이 역사 속에서 진행되어 온 것이다. 많은 천재가 역사 속에 등장했고 사라졌다. 그들이 축적한 노력의 산물이 오늘날의 문명 세계를 만든 것이다. 그런 천재들의 찬란한 성과물들이 앞으로 미래에도 계속 유지 되기 위해서 현재를 살아가는 인류는 어떤 노력을 해야 할까? 제일 중요한 것은 지구생태계를 잘 보전하는 것이다. 어떻게 해야 인류는 지구환경과 생태계를 잘 보존하면서 문명 생활을 유지할 것인가에 대한 깊은 심사숙고가 있어야 한다. 이런 목적을 위한 방법론은 내가 많이 이곳에 글을 썼기에 여기선 생략하겠다. 인류는 위난에 찬 고비의 시기들을 현명하게 대처하여 왔다. 오늘날 인류 앞에 닥친 문제들 또한 나는 인류가 현명하게 대처하여 별 탈 없이 슬기롭게 극복할 것을 믿는다. 그러나 인류의 지나친 욕망을 조절해야만 한다. 지구란 한정된 자원을 가진 행성에서 인간의 무한한 욕망을 성취하려다간 절망적 상황을 겪게 될 것이다. 현재 지구의 인류는 하나의 공동체라는 사실을 명심해야 한다. 같이 살던가 같이 죽을 수도 있다. 인류는 희망의 미래를 건설해야 한다. 그 희망은 어디에 있는가? 우리 인류의 삶의 터전인 지구를 아름답고 깨끗하게 지켜나갈 때만이 인류는 모두 함께 잘 살아갈 수가 있다. 어떻게 해서라도 더는 우리 자연환경과 생태계를 파괴하는 어떠한 일도 해서는 안 된다. 그것은 곧 인류의 죽음을 의미한다. 이제 모두 전 인류가 함께 살아가기 위한 대단합과 인류애를 가슴에 품어야 한다. 물론 말처럼 쉬운 일이 아니란 사실을 잘 알고 있다. 이런 인류 평화와 공생의 길을 가기 위해선 각계각층의 노력이 있어야 한다. 우리는 지구상의 모든 생명체에 대한 권리와 생명에 대한 외경심을 가지고 우리 문명과 문화를 유지해 나가야 한다. 과연 그 길을 인류가 잘해나갈 수 있을까 하는 의문이 없는 것도 아니지만 우리 인류가 그 길로 나아가지 않는다면 인류의 미래도 없는 것이다. 우리는 발달한 디지털 문명 속에서 서로가 다 연결된 하나라는 사실을 확인할 수가 있다. 서로를 이해하고 존중한다면 인류에겐 평화와 새로운 번영의 길이 열릴 것이다. 지나친 탐욕, 독선, 오만과 방종, 시기와 질투 이런 저급한 감정들이 인류의 평화를 해치고 있다. 상호존중과 이해와 타협과 관용의 감정들이 인류에게 보편적 윤리와 신념으로 자리 잡을 때 인류는 사랑과 평화의 문명을 열어 나갈 것이다. 하나밖에 없는 지구에서 우리 모두의 생존과 상생의 문명을 만들어나가기 위해 전 인류가 협조하고 노력한다면 인류 역사상 가장 아름다운 문명을 만들어 갈 수가 있다. 늙은 말이 될지도 모르지만 그걸 이루기 위한 인류의 실천적 한 단어는 바로 사랑이다. 말처럼 쉽지 않지만, 인류의 궁극적 목적이며 방향인 것이다. 너무 이상론이라고 무시하지 말고 이 길과 방향으로 인류는 나아가야만 한다. 우리 모두 합심하여 사랑과 평화의 문명을 만들어나가자. 그것이 인류의 진정한 방향이며 희망이다!

목기 문명사회란?

여러 번 설명했지만 부연해서 다시 글을 쓰겠다! 목기 문명이란 나무와 식물성 자원을 가지고 인류의 문명 세계를 만들어가는 것이다. 물론 여기에 필요한 다른 여러 종류의 자원이 필요하다. 철과 비철류와 비금속 자원들이 필요하다. 이를 해결하는 방법은 모든 쓰레기와 산업폐기물의 재활용이다. 또 하나는 이게 중요하다. 순환의 문명을 만들기 위해 반드시 필요하다. 그것은 새로운 자원을 개발하는 것이다. 어떻게 새로운 자원을 개발할 것인가. 여기에 목기 문명사회의 묘미가 있다. 새로운 자원은 나무와 식물성 자원을 원료로 하여 우리가 쓰던 철과 비철, 금속과 비금속을 만들어내는 것이다. 어떻게 나무로 철을 만듭니까 하고 물을 수 있다. 물론 나무로 철을 만들 수는 없다. 단지 그 철의 맞불을 할 수만 있으면 되는 것이다. 그러니 나무와 식물성 자원을 원료로 하여 우리가 사용했던 모든 자원을 개발해 내야만 우리 인류는 무리 없이 새로운 빛과 희망의 문명 생활을 할 수가 있다. 이 새로운 자원으로 인류가 그동안 여러 자원을 가지고 누렸던 문명 생활을 할 수 있어야만 하는 것이다. 일상에서 쓰는 모든 생활용품, 선박, 자동차, 컴퓨터, 핸드폰, 건물 등 모두 만들어야 한다. 누가 당신이 해보라 말할 수 있지만, 이 자원의 개발은 일개인이 할 수 있는 게 아니다. 대기업이나 국가에서 전략적 산업으로 할 수가 있지 수많은 사람을 고용하여 이 자원을 개발하고자 할 때 드는 비용은 나 같은 일개인이 할 수가 없다. 만일, 이 자원이 개발되어 새로운 자원으로 활용만 할 수 있다면 이 세계의 경제적 패권을 이 자원을 개발한 나라로 돌아갈 것이다. 그러나 이런 경제적 패권을 누가 쥐냐의 문제가 중요한 것이 아니라 지금 발등에 불이 떨어진 상황에서 누가 어느 나라가 인류에게 희망의 비전과 빛을 줄 수 있는가 하는 중차대한 문제인 것이다. 많은 사람이 나의 이런 생각을 비웃을 수 있겠지만 불과 몇백 년 전만 해도 인류가 우주선을 타고 화성에 갈 수 있다고 생각한 사람은 없고 그런 얘기를 했다면 미친놈 취급을 받았을 것이다. 인류에게 불가능이란 없다. 모험과 도전을 통해 이를 성취해 내지 않으면 인류에게 희망이 없을지도 모른다. 누가 어느 나라가 도전하던 눈앞에 닥친 지구환경의 대위기 앞에서 무엇이든지 시도를 해야만 한다. 목기 문명 시대로의 전환이 인류에게 희망의 등불이 될 것을 나는 확신한다.

전 세계 인류가 단합해야 한다!

나는 무명의 예술가이다. 물론 노파심이지만 지금 여러 징후로 볼 때 기후위기가 매우 심각하다고 생각한다. 그저 낙관만 할 때는 아니라고 본다. 전 세계에는 나보다 더 심각하게 고민하는 각 나라의 지도자들이 있겠지만 지금 상황이 전 세계가 결집한 기후위기 극복의 의지를 갖추고 한마음 한뜻으로 뭉쳐야 한다고 본다. 시간이 많이 남고 적게 남고의 문제를 떠나 기정사실인 것은 기후재앙이 우리 앞에 닥칠 수밖에 없는 그런 상황이기에 여기에 전 인류가 단합하여 공동의 대처를 해야 한다고 본다. 일단 여기에 중심국가들이 있어야 하고 앞으로 일어날 위기에 대한 예측과 대응방법론을 연구해야 한다. 내가 생각할 때 일단 식량문제가 가장 시급한 문제가 아닌가 한다. 식량과 식수를 예비적으로 비축해야 하며 이기적으로 자국만의 안전을 위하지 말고 인류 공동의 위기이기에 함께 이 고난극복의 자세와 태도를 보이고 위기상황에 대처해야 한다고 본다. 전 세계가 하나로 뭉쳐서 지혜를 짜내고 세계인 하나하나가 작금의 위기상황에 대해 준비를 한다면 우리는 이 기후위기에서 충분히 벗어날 수가 있다. 이 글은 누군가 책임 있는 나라의 지도자들이 읽고 핵심적 중요국가들이 모여 이 위기를 과연 어떻게 벗어날 것이며 어떻게 대처할 것인가에 대한 진지한 의논과 숙의를 통해 나라마다 만반의 대비태세를 갖춘다면 우리는 효율적으로 이 위기에 대처할 수가 있다고 본다. 핵심은 이런 상황을 진두지휘할 대표국가들이 있어야 한다. 이 기후위기 사태를 심각히 여기는 나라의 지도자들은 이 문제에 지도자가 될 국가를 선정해서 그 국가의 지휘 아래 일사불란하게 위기에 대처해야만 한다. 물론 나의 이런 제안이 그저 무시당한다면 할 수 없지만 내 나름대로 시인의 직관으로 수수방관할 수 없는 재앙이 도래할 것 같은 예감이 들어 이 글을 쓰고 있으며 전 세계 모든 인류는 신중히 우리 앞에 닥친 상황을 예의주시하며 비상사태에 대비할 수 있는 준비들은 지금부터 해야 한다. 가장 중요한 것은 식량과 식수이니 꼭 이에 대한 대책들은 지금부터 마련하기 요망한다. 전 세계가 단결하고 힘과 지혜를 모아야 할 시점이다!!!

문제의 해법을 제시하는 사람이 없다

내가 여러 매체를 통해서 지금 우리의 기후환경에 대한 위험을 많이 통감하게 된다. 그러나 아무도 해법을 제시하는 사람이 없다. 단지 이렇게 하면 좋겠다는 정도의 방법론 가지고 우리 인류와 지구가 당면한 문제에 대해 명확한 위기극복론을 제시하는 사람도 집단도 없다. 거기엔 여러 가지 이유와 원인이 있겠으나 역시 우리 현대문명 산업사회와 국가 간에 착잡한 이해관계가 복잡하게 얽혀 있기에 단순하게 해법을 제시할 수가 없다는 점이다. 나는 내 나름의 짧은 식견을 가지고 해법을 제시했으나 그 누구도 주목받지 못하는 페북의 잡문 정도 수준으로 밖엔 대접을 받지 못하고 있다. 참으로 섭섭하고 안타까운 마음 금할 수 없다. 그래서 나도 밤마다 더 좋은 인류와 지구 위기 상황에 대한 명쾌한 해법은 없을까를 고민해 보지만 나의 지식수준의 정도 가지고 범지구적 문제를 풀 방법이 나오지 않는다. 일단 해법을 제시하기 위한 전제 조건이 성립해야 한다. 지구의 모든 국가가 일치단결하여 현 지구위기 사태의 심각성을 고민하고 같이 해법을 찾으면서 연대하여 이 위기 상황을 풀어가지 않으면 안 된다는 것이다. 지금 현 사태 앞에서 어느 한 나라만 해서 될 일이 아니다. 과연 이 복잡한 문제를 어떻게 풀 수가 있겠는가? 마법의 램프 속의 지니가 나타나야 하는 게 아닌가 하는 답답한 마음이다. 가속화되는 현 인류의 현대문명 열차는 조종사 없이 폭주하며 달리고 있는데 방법은 각 나라의 각 분야의 지도자들의 인류와 지구의 위기를 현찰과 협조를 통해서만이 이 문제를 풀 수가 있고 또한 각 나라의 시민과 청년들이 지금 닥친 이 위기에 대한 절실함을 가지고 연대를 통해 이 문제를 풀어야만 한다. 나는 명쾌하게 길을 제시했다. 우리는 현 위기 인류와 지구문제의 본질과 그 뿌리를 보아야 한다. 현대문명으론 인류는 이제 살아갈 수 없다. 만일 우리가 현대산업 문명으로만 치달리다가는 지구는 인류와 모든 생명체의 거대한 공동묘지가 될 것이다. 나는 인류 목기 문명 시대로의 이행만이 인류가 지구에서 지속해서 살아갈 수 있는 해법임을 여러 번 제시했기에 더 이상의 해법은 인류에 존재하지 않는다는 사실을 전 지구의 인류들이 깨달아 주었으면 한다. 인류와 지구에 신의 가호가 있기만을 빈다.

우리의 갈 길은 목기 문명 시대다

오늘 우연히 유튜브를 보다가 우리나라 환경 분야의 권위자인 최재천 교수의 이야기를 들었습니다. 이분 말씀이 세계 과학자 300명이 모여서 여러 사태를 종합한 과학적 결과로 '인류에게 남은 시간은 충격적으로 30개월뿐이다.'라고 프로그램에서 말했습니다. 그러면서 그 결과로는 인류가 절멸될 수 있고 비참한 상황이 온다고 했습니다. 그럼 인류에게 기사회생의 방법론은 없는가에 대해서는 그냥 이런저런 수단과 방법을 다 동원하는 수밖엔 없다고 했습니다. 사실 나는 이 프로를 보면서 분노했습니다. 무슨 근거로 30개월을 시한부 선언을 했는가 하는 점과 인류의 절대적 가치로 여겨져 왔던 과학의 결과물이 결국 인류 종말인가 하는 점에 대해 분노할 수밖에 없었습니다.

그러면서 한편 나 자신 냉정하게 현 상황을 종합적으로 검토해 보았습니다. 과연 30개월밖에 인류에게 주어진 시간이 없는지 하고 나 자신의 판단으로 생각해 본 결과는 인류 종말의 시간이 30개월은 아니라는 결론에 이르렀습니다. 어떤 재앙적 사태가 앞으로 더욱 자주 올 수는 있으나 결코 인류의 종말이 30개월의 시한부적 시간밖에 없는 것은 아니라는 점입니다. 늦었을 때가 가장 빠른 시간이란 격언이 있습니다. 인류에겐 아직 희망이 충분히 있습니다. 내가 주창한 인류 목기 문명 시대는 분명히 우리 인류에게 구원의 빛이 될 수 있습니다. 물론 전 세계의 착잡한 이해관계가 복잡하게 얽혀 있어서 쉬운 일은 아니지만 전 인류가 단결해야 합니다. 작은 이익에 사로잡힐 때가 아니라고 판단됩니다. 아직 충분한 시간이 있습니다. 어떻게 인류가 목기 문명 시대로 이행할 것인가에 대한 전 세계 각 분야의 지도자들이 모여서 토의하고 합리적 결론을 도출한다면 인류는 이 위기상황을 슬기롭게 극복할 수 있다고 나는 판단합니다. 나는 감히 주장하지만, 우리가 이 위기만 잘 극복하면 인류에겐 유례없는 평화와 행복이 인류에게 선물로 주어진다는 점을 저는 확신합니다. 너무 위기감에 절망하기보다는 활로가 이미 우리 앞에 있습니다. 최재천 교수의 이야기는 상황에 대한 걱정과 노파심에서 나온 말이라 생각합니다. 아직 인류에겐 충분한 기회와 시간이 주어져 있습니다. 예수도 두드리면 열릴 것이요 뜻이 있는 곳에 길이 있다고 설파했습니다. 부족한 나의 생각인 인류 목기 문명 시대에 우리의 인류가 갈 길이 분명히 있기에 여기에 작은 희망의 위로가 되고자 이 글을 씁니다. 인류에겐 앞으로 더욱 희망찬 광명의 미래가 펼쳐진다고 저는 감히 말하고 싶습니다. 용기와 미래에 대한 극복 의지로 새 세상을 만들어 갑시다!!!

왜 대체자원이 필요한가?

우리 인류는 자본주의 산업의 태동과 함께 엄청난 물량의 산업생산품을 만들어왔다. 그로 인한 인류의 풍요로움은 놀랄 정도로 향상되었으며 과학적 기술이 발달하면서 눈부신 문명의 이기들을 생산하게 되었다. 불과 2세기 동안 그 발전의 놀라움은 인류의 과학적 진보와 향상이 그 끝을 모르고 성장해 온 것이다. 그러나 과연 그런 놀라운 과학적 기술 생산품들은 다 어디서 온 것인가? 우리는 정확하게 이 사실을 직시해야만 하는 것이다. 그 모든 생산품은 전부 지구를 약탈적으로 착취하며 얻은 지하자원들을 변형하여 공장에서 만든 생산품이라는 것이다. 지구도 하나의 생명체라고 할 수 있다. 자원의 약탈적 수탈은 지구를 파괴하고 죽이는 일이다. 지구가 생명력을 잃으면 인류와 모든 동식물도 함께 죽어갈 수밖에 없다. 또한, 이로 인해 발생하는 부작용은 지금 모두가 인지하다시피 심각한 환경생태계의 파괴로 인해 기후위기를 비롯한 갖가지 환경오염 등으로 인한 동식물들의 생명을 죽이고 있다. 단순 동식물의 사멸 그 자체의 문제로 끝나는 것이 아니라 거기에 따른 자연생태계의 교란과 파괴로 인해 연쇄적 생명체의 종말을 가져와서 이 상태대로 계속 자연생태계를 파괴해 나간다면 지구는 인류를 비롯한 모든 동식물이 생존해 나갈 수 없는 모든 생명체의 대멸종이 일어날 수밖에 없는 심각한 위험상태에 도달해 있다. 이런 비극적 종말이 일어나기 전에 우리는 이에 대한 대책을 신속히 만들고 실천해 나가야만 한다. 이제까지 나는 이전에 쓴 글에서 이에 대한 대책들을 글로 썼으나 얼마만큼의 호응이 있는 사실 나는 잘 인지하지 못하고 있는 상태다. 그래서 더 이상의 지구에 대한 모든 지하자원에 대한 약탈적 파괴의 수탈은 이제 더 지구에서 인류가 자행해서는 안 되는 길만이 영구적 인류의 지구 존속에 희망을 품을 수가 있는 것이다. 그 대책으로 나는 지금의 지하자원들을 더 사용하지 말고 새로운 대체자원을 개발해 내자고 주장한 이유이다. 인류는 순환의 문명으로 가야만 지구에서 생존할 수 있다. 순환의 문명이 가능하여지자면 인류는 목기 문명 시대로 이전해 가야만 한다. 나무와 식물성 자원만을 가지고 인류가 문명 생활을 유지해 나갈 때만이 인류와 지구의 모든 동식물이 지구에서 생존할 수가 있다. 그렇다면 현재의 문명이 지구의 지하자원을 가지고 유지해 왔는데 과연 나무와 식물성 자원만을 가지고 현재의 문명상태를 유지할 수 있겠느냐는 문제가 남는다. 그렇다. 그것이 문제다. 인류가 예전의 문명 이전 시대로 돌아갈 수는 없는 것이다. 현재의 문명시스템을 전면 거부하고 살 수가 없는 인류의 생활방식의 관성이 있기에 현재의 문명을 유지하면서 살아가는 새로운 문명의 형태를 만들어야만 한다. 그래서 나는 나무와 식물성 자원을 가지고 현재 우리 문명이 사용하는 모든 문명의 이기를 생산해 낼 수 있는 새로운 자원을 개발하자고 주장한 것이다. 과연 그것이 가능한가? 나는 예술가이고 예술가는 직관과 직감으로 살아가는 사람들이다. 나의 예술가로서의 통찰력과 직관력으로 판단할 때 모든 지하자원을 대체할 수 있는 자원을 나무와 식물성 자원으로 만들어 낼 수 있는 대체자원의 개발이 가능하다고 판단한다. 불가능하지 않다고 본다. 여러 가지 첨단의 기술력과 방법론을 가지고 나무와 식물성 자원만을 가지고 새로운 대체자원을 충분히 만들어 낼 수가 있다. 지금 심각한 지구의 기후위기와 여러 재앙적 사태는 전부 지구의 환경생태계를 파괴함으로써 일어나는 현상들이다. 만일 인류가 내가 주장한 나무와 식물성 자원을 가지고 새로운 대체자원을 만들어낸다면 자연환경생태계는 스스로 그러함의 자연치유력을 가지고 원래의 지구생명력을 복원해 낼 수가 있다. 그렇다면 인류는 새로운 대체자원을 가지고 얼마든지 현 문명을 유지하는 동시에 새로운 문명 시대로의 이전이 가능해지고 혁명적 산업변혁이 일어날 수가 있다. 물론 한시가 급한 지금 빨리했으면 좋겠지만 현재 돌아가는 모든 산업생태계를 당장에 해체할 수는 없다. 스텝 바이 스텝으로 변화를 모색해 나가야 한다. 이미 이전에 쓴 글에 나는 이런 방법론들을 이미 다 글로 주장했다. 아무튼, 인류는 인제 새로운 대체자원의 개발을 서둘러야만 한다. 그래야 인류와 모든 동식물이 아름다운 자연환경 속에서 평화로운 생활방식을 유지하며 살아갈 수가 있다. 내가 왜 대체자원의 개발이 중요한지를 이제는 충분히 이해하리라 본다. 인류는 이제 하나의 지구공동체 속에 살아가는 모두의 이웃들이다. 새로운 대체자원의 개발을 통해 안전하고 평화로운 전쟁 없는 시대에서 인류는 협력과 상생의 방식으로 새로운 문명을 창조해 나가야만 할 때이다. 전 세계의 모든 종교계 정치계 경제계 학문계 법조계 문화예술계 방송언론계 스포츠계의 지도자들은 내가 주장한 이 대체자원개발에 관심을 가지고 폭넓은 대화와 토론 그리고 협조를 통해 희망에 찬 미래를 만들어나가야 한다. 우리에게는 미래를 꿈꾸며 자라나는 미래의 어린 세대들이 있다. 이들에게 꿈과 희망의 세상을 만들어 주고 물려주어야만 하는 것이 우리 모든 기성세대의 의무이며 책임이다. 우리가 조상들에게 이 지구를 물려받아 왔듯이 우리도 우리의 미래 세대들에게 아름답고 깨끗한 자연생태계와 지구환경을 물려주는 노력을 우리 모든 기성세대가 함께 최선을 다해 노력해 나가야 한다. 또한, 우리 사람뿐만이 아니라 지구의 모든 동식물이 함께 공생하면서 살아가는 지구환경과 새로운 문명의 방식을 창조해 나갈 때 인류는 지구라는 행성에 희망과 꿈을 모든 지구의 생명체에게 줄 수가 있다. 지구와 인류 그리고 모든 동식물의 안녕과 평화를 위해 전 세계가 함께 노력해 나가자!!!

지구의 '호메오스타시스'를 유지해야 한다

현재 세계의 가장 큰 문제는 인류를 비롯한 생명체 전체를 절멸할 수 있는 가공할 환경파괴에 그 원인이 있다고 할 수 있다. 현재의 산업 문명으로는 인류와 모든 생명체는 지구에서 생존해 나갈 수가 없다. 불과 얼마 남지 않은 시간 안에 인류와 지구의 모든 생명체는 파괴될 수밖에 없는 환경으로 지구는 병들어가고 있다. 과연 여기에 해법은 없는가. 해법은 있다. 그것은 바로 지구의 '호메오스타시'를 유지하는 방법이다. '호메오스타시스'는 항상성이다. 즉 지구가 지구의 생명체가 살아갈 수 있는 환경생태계를 계속 스스로 유지해 나갈 수 있는 자체의 생명력을 지구 자체가 유지해 나갈 때 만이 인류와 모든 생명체는 현재의 지구 상태 속에서 문명을 유지해 나갈 수가 있는 것이다. 그러나 불행하게나 현재의 자본주의 산업 문명은 초고속으로 지구의 '호메오스타시(항상성)'을 파괴하며 인류와 모든 생명체의 종말을 향해 달리고 있다. 여기에 대한 대안을 나는 이미 여러 차례 글로 썼다. 인류는 순환의 문명으로 가야만 한다. 순환의 문명은 지금처럼 모든 지하자원을 고갈시키며 현재의 산업을 유지하는 것이 아니라 순환의 자원으로 우리의 산업 문명이 유지될 때만이 가능하다. 즉 지금처럼 자원을 고갈시키는 방향이 아니라 자원 자체가 자원의 재생산 방향으로 가야 한다. 그래서 내가 주장한 것이 목기 문명 시대이다. 나무와 식물성 자원을 가지고 현대문명 산업을 유지하면 전혀 자원의 고갈이 없고 환경생태계의 파괴가 없이 인류는 현재의 생활방식을 유지할 수가 있다. 그래야만 지구는 '호메오스타시스'적 항상성을 유지하며 자체의 지구생명력을 유지할 수가 있는 것이다. 그 방법은 나무와 식물성 자원으로 현재의 모든 지하자원 - 철과 비철 류 등 - 을 만들어내는 것이다. 그 방법은 어떤 나무와 어떤 식물성 자원을 조합했을 때 우리가 사용하는 모든 자원을 만들어 낼 수 있는지를 발견해 내는 것이다. 나는 시인의 예리한 직감력으로 이 방법이 충분히 가능하다고 파악했다. 이 길과 이 방법 외에는 지구는 기사회생의 방법이 없다. 내가 주창한 이 목기 문명 시대로의 전환만이 유일한 인류의 기사회생 방법론이다. 충분히 나무와 식물성 자원으로 우리는 우리가 사용하는 모든 생활용품과 제품을 만들어 낼 수가 있다. 또 하나 에너지는 여러 번 주장했지만, 똥 에너지가 인류에게 최적의 에너지 자원이다. 사람과 소, 돼지, 말, 개, 고양이, 양, 염소 등 모든 동물의 똥이 에너지로 인류의 최적의 에너지 자원이다. 길게 쓰지 않겠다. 인류는 지구의 '호메오스타시스'를 유지해 나가야 한다. 그러기 위해선 순환의 문명과 목기 문명 시대를 향해서 빨리 모든 현대의 산업체계가 변해야 한다. 농업의 시대가 와야 한다. 왜냐하면, 농업자원 - 농업, 임업, 축산업, 낙농업, 어업, 수산업, 약초 업, 화훼업 등 이런 자원은 이제 단지 식량 자원으로 그치고 마는 것이 아니라 이젠 모든 산업 분야의 귀중한 지하자원을 대체할 수 있는 대체자원이다. 아무튼, 인류는 문명의 대전환을 이뤄야 한다. 그래야 지구에 사는 인간을 비롯한 모든 동식물이 지구에서 안전하게 살아갈 수가 있다. 서두르자 자라나는 우리의 미래 세대에게 아름다운 자연환경 속에서 살아가게 하려고 그리고 꿈과 희망의 세상을 물려주기 위해서 전 세계 인류의 지도자들은 함께 노력하고 지구를 살려내야 한다. 이상이다!!!

새로운 문명의 모험

1. 서론

이미 쓴 내용이지만 조금 더 부연해서 새로운 내용도 첨가하여 이 글을 씁니다. 참고 바랍니다.

인류 앞에 당면한 위기를 어떻게 극복할 것인가. 지구환경의 파괴로 말미암아 지금 전 지구적 심각한 인류 절멸의 위험 앞에 있다. 우리는 자라나는 미래의 세대들에게 아름답고 깨끗한 자연환경을 물려주는 것이 자라나는 미래세대를 위해서 또한 현재의 우리 기성세대 자체를 위해서도 환경파괴 없는 지구를 만들어야만 한다. 하지만 불과 100여 년 만에 인류는 가공할 지구자원의 착취와 수탈로 인해 지구는 지금 우리 생태계와 자연환경이 만신창이로 변해가고 있다. 이에 대한 단적인 현상이 바로 기후변화의 위기-지진, 가뭄, 홍수, 폭설, 남북극 해빙, 기온상승 등 - 를 겪고 있으며 계속되는 지구 수탈의 착취는 돌이킬 수 없는 전 지구적 생태계의 파멸을 예고하고 있다. 과연 어떻게 이 위기 상황을 극복할 수 있는가. 여기에 엉터리 예술가로서 답변하겠다.

2. 순환의 문명과 생명의 그물망

현재 인류가 겪고 있는 가장 큰 문제는 모든 산업활동이 지구자원의 수탈에서 이 인류 문명을 유지하고 있다는 점이다. 그러니 우리가 쓰고 있는 모든 문명의 형태가 지구를 파괴하면서 성장하는 것은 바로 자기 몸뚱이를 파먹으면서 생명을 이어가고 있는 것과 마찬가지이다. 우리가 우리 문명을 유지하기 위해서 사용하는 모든 것들이 바로 지하자원이고 에너지이다. 대부분 지하자원에 의지하고 있다. 또한, 이것들은 한번 쓰면 재생이 어렵고 또한 이로 만든 제품들은 대부분 쓰레기로 변해서 자연생태계를 심각하게 오염과 환경생태계를 파괴한다는 데에 문제의 근본 요인이 있다. 자본주의 산업체제의 가속화로 인해 이 환경파괴의 속도는 가속화되어가고 생태계를 비롯한 지구의 생명력은 죽어가고 있다. 이로 인한 문제는 지금 여러 가지 지구환경과 기후문제로 나타나고 있다. 과연 이에 대한 대책은 없는 것인가? 모든 사람이 찾고 싶은 해법이고 답이다. 그래서 내가 여기에 부족한 대로 해법을 제시했다. 그것이 바로 순환의 문명으로 우리가 가야만 한다고 주장한 것이다. 순환의 문명이란 우리가 쓰는 문명의 원료들이 전부 반복되는 재순환의 과정에서 문명을 유지해 나가는 것이다. 그러기 위해서는 지금처럼 지구를 파괴하는 자원을 가지고 문명을 유지해서는 안 된다는 것이다. 조금 어려운 말이 되겠지만 우리 인류의 환경은 바로 생명의 그물망으로 모두 밀접하게 연결된 것이다. 그러기에 어느 하나라도 작은 동식물 하나라도 멸종되면 인류에게 크나큰 타격이 올뿐만이 아니라 이와 연관된 자연생태계 자체로 차례로 파괴되어 결국 인류도 살아남을 수 없는 환경으로 바뀔 수밖에 없다. 생명의 그물은 바로 연결의 고리와도 같이 다 엮어져 있는 것이다. 이게 지구이며 환경생태계이다. 우리가 쓰는 모든 자원 그리고 동식물들은 이 생명의 그물망 속에 각기의 역할을 하고 있기에 어느 하나라도 고갈과 멸종되어서는 지구 자체가 유지되기 어려운 상황에 부닥쳐지게 된다. 따라서 현재의 문명은 인간만의 중심으로 만들어진 문명이기에 결국 자체의 위기와 붕괴를 만들 수밖에 없다. 이를 극복하기 위해선 인류는 순환의 문명으로 가야만 한다. 순환의 문명으로 가기 위해선 목기 문명으로 가야만 한다.

3. 목기 문명 시대
* 농업의 중요성

목기 문명 시대는 나무와 식물성 자원을 가지고 우리 인류의 문명을 만들어가는 시대를 말한다. 왜냐하면, 나무와 식물성 자원으로 문명을 만들어야 순환의 문명이 가능하기 때문이다. 지하자원의 수탈과 착취는 지구를 파괴한다. '호메오스타시스'를 유지해야 한다. 즉 지구의 생명의 항상성을 꾸준히 유지해 주는 문명으로 가야만 한다. 그러기 위해서 '호메오스타시스'적 문명을 인류는 해야만 하고 그러기 위해선 나무와 식물성 자원을 가지고 인류가 영위하는 모든 문명과 문화 활동을 해야만 하는 것이다.

그래서 농업의 중요성을 강조하는 것이다. 여기서 농업이란 일반농업과 임업, 수산업, 축산업, 과수업, 화훼업, 약초업, 낙농업을 포괄하는 개념이다. 바로 이들 농업생산품을 가지고 우리의 문명을 앞으로 만들어나가야만 현재 지구의 상태를 무리 없이 그리고 환경파괴 없는 자연생태계를 유지하면서 문명 생활을 계속해 나갈 수가 있다.

* 대체자원과 에너지

인류는 현재의 모든 광물성 자원과 화석자원에서 탈피해야 한다. 그러기 위해선 당분간은 유지하되 신속히 대체자원과 에너지를 계발하여 새로운 인류문명을 만들어야 한다. 나는 예술가적 직감으로 모든 나무와 식물성 자원을 가지고 현재 인류가 사용하는 모든 자원과 생활 제품을 만들어 낼 수가 있다고 예감한다. 그래서 나는 농업의 중요성을 강조한 것이다. 많은 과학도와 생물학 임학 식물학자들의 공동 노력이 있다면 분명 가능한 일이라 여겨진다. 젊은 청년들의 미래운명이 달린 일이니 여기에서 새로운 문명의 미래를 창조하라고 당부하고 싶다. 농업을 가지고 새로운 대체자원을 개발하면 신산업 군들이 엄청나게 생겨나며 사람들의 많은 일자리가 반드시 생겨난다. 대체자원의 개발 여부에 인류의 운명이 달려 있다 해도 과언이 아니다. 나는 단언컨대, 나무와 식물성 자원을 가지고 인류 문명은 분명히 오염과 환경파괴 없는 자연환경의 희망찬 인류의 미래가 펼쳐질 것이다.

지금 현재 많은 대체에너지 자원의 연구가 활성화되어가고 있다. 나는 정확히는 모르겠으나 또한 문제점도 있다고 보인다. 내가 주장하고픈 앞으로의 대체에너지 자원은 화석자원을 벗어나 바로 사람을 포함한 모든 동물의 똥이 새로운 대체에너지로 활성화되기를 바란다. 이 또한 순환의 문명으로 가기 위한 방법론이기도 하고 아무런 환경파괴 없이 인류에게 영원한 에너지 자원을 제공하는 것이 바로 똥 에너지임을 강조하고 싶다. 특히 사람, 돼지, 소, 말, 개, 고양이, 양, 닭, 염소, 토끼 등등이 중요하다. 양이 많을수록 좋다.

4. 심미적 생명 자본주의

나는 왜 심미주의를 강조하는가? 현재 세계의 모든 국가가 자본주의에 가속화됨에 따라 사회의 가치가 모두 파괴되어 가고 있다. 오로지 돈 하나의 가치를 위해 사회공동체가 꼭 지키고 있어야 할 인간의 종교적 가치, 인간의 윤리적 가치, 문화 미학적 가치들이 인간들에게서 거의 사라지다시피 하고 있다. 이는 공동체를 파괴하는 것이다. 사회가 해체되고 분열되어가고 있다. 인류에게 필요한 가치는 그 사회공동체를 잘 유지하는 것이다. 여기엔 반드시 사람으로서 지켜야 할 어떤 윤리의식과 심미적 의식이 있어야만 사람 사는 사회로서의 품격과 가치가 생기는 것이다. 이런 심미적 가치는 어떻게 생기는가. 아름다운 문화 활동으로 생긴다. 즉 철학, 종교, 문학, 연극, 영화, 미술, 음악 등등의 아름다운 문화가 그 사회에 어떤 미적 감성을 만들어낸다. 반드시 모든 사회공동체를 구성하는 필수요소로서 사회구성원 모두의 가치로 존중되고 사랑받아야 하는 것이 문화이다. 이런 문화적 깊이에서 사람 마음에 심미적 감성이 생성되고 자라나는 것이다.

모든 생명이 존중되어야 한다. 설사 하찮은 동식물이라도 그 나름의 존재가치가 분명히 있기에 절대 멸종되어서는 안 된다. 인간만의 문명을 만들어서는 안 되며 모든 생명체의 가치를 인정하고 존중해야만 한다. 그래야 인류도 이 지구에서 살아갈 수 있는 자격이 생긴다. 이를 모두 충족시키는 사회로 가야 하며 이런 사회로 나아갈 때 사람 마음에 종교적 윤리적 미학적 감성이 생기면 어려울 때 서로 돕고 상생하면서 살아가는 지혜와 미풍양속이 생기는 것이다. 억지로 복지사회를 만드는 것보다는 자연스러운 인간사회 속에 그런 미적 감성들이 그 사회에 흘러야만 사람이 살기 좋은 인간공동체를 형성하는 것이다.

5. 교육- 신명 주의와 신바람 주의

사람마다 개성이 있고 타고난 특성이 있다. 획일적 교육에서 벗어나야 한다. 개인의 특성에 맞는 스스로 가장 맞는 교육을 해야 한다. 무차별적 주입식 교육은 많은 학생을 사회의 낙오자로 만든다. 한 개인의 특성을 파악하고 자신이 잘할 수 있는 공부를 하고 그 공부를 통해 사회에서 직업을 갖게 되면 돈에 많고 적음을 떠나가야 행복한 삶을 살 수가 있다. 이런 일에 대한 행복감이 신명과 신바람 나는 사회를 만들 수가 있다. 역동적이고 활력에 넘치는 사회가 좋은 것이지 실업자와 범죄자 알코올 중독자 약물 중독자가 넘치고 패인들이 넘쳐나는 사회를 만들어서는 안 된다. 교육이 앞으로 인류를 만들어나가는 가장 중요한 요소이기에 특히 이 시대의 지도자들은 좀 더 현명한 생각을 가지고 미래의 세대들에게 어떤 교육철학과 방법론을 가지고 미래 세대에게 교육할 것인가에 대해 깊은 생각을 해야 한다.

6. 계급

인류의 역사에서 계급이 사라진 시대는 없었다. 고대에서 오늘날의 현대사회에 이르기까지 이 계급은 늘 사회 안에 어떤 형태로든 존재하고 있다. 인위적으로 계급을 타파한다고 해서 계급이 사라지는 것이 아니다. 솔제니친은 자신의 자서전에서도 계급 없는 공산사회 속에서 어떻게 계급이 존재하는가를 글로 썼다. 민주주의도 평등을 중요한 개념으로 여기지만 민주사회 안에도 무수한 계급의 서열이 있다. 여기엔 필연적 이유가 있다. 한 사회와 국가를 운영하기 위해서는 그 사회를 구성하는 위계질서가 필요하다. 이는 형식적 계급이 아니더라도 계급적 서열을 존재하게 하는 필수적 요소이다. 이런 위계질서가 사라지면 그 사회는 자체의 붕괴를 하고 말 수밖에 없다. 모든 사회에는 그 사회를 유지하기 위해 자체에 계급적 서열이 있게 마련이다. 억지로 모든 것이 평등하다고 주장하는 것은 관념적 허구이지 인간사회의 실상은 아니다. 그러나 우리가 옛날처럼 어떤 철저한 계급사회는 아니다. 신분의 변동이 가능한 사회이기에 고정불변의 가치는 아니라는 것이다. 조건 없는 계급의식도 문제이지만 그렇다고 무조건 평등을 주장하는 것도 문제이다. 사회는 여러 계층과 계급의 조화 때문에 유지되어야 한다. 자신의 본분에 맞는 예와 분수를 지키면서 모든 사회조직이 아름다운 조화를 이루기 위해 노력할 때 그 사회는 도덕과 위계질서의 조화로운 가치가 생겨난다.

7. 평화- 전쟁팔씨름론

인류의 역사는 전쟁의 역사였다. 끝없는 전쟁이 인류의 역사에서 일어났고 현재도 전쟁은 세계 곳곳에서 진행 중이다. 그러나 문제는 이제 현대의 전쟁은 가공할 핵무기의 개발에 따라 인류는 전쟁으로 멸종될 수밖에 없는 심각한 상황 앞에 놓여있다. 핵전쟁에서 승자는 없다. 모두가 절멸하는 사태만이 있으며 이는 인류와 지구상의 모든 생명체를 위협하고 있다. 전쟁 없는 시대로 가야 한다. 인류는 역사상 유례없는 문명의 진보와 발달이 이뤄졌다. 우주선이 화성으로 가는 시대가 되었다. 이런 기술과 과학의 진보가 있으나 인류는 왜 전쟁을 해야 하는가? 좀 더 현명하게 인류가 전쟁 없는 세상을 만들기 위해 노력한다면 전쟁은 사라질 수 있다. 그런 의지와 상상력이 부재하기 때문에 관성의 전쟁 문명이 사라지지 않고 있다. 나는 이제 어떤 무력에 의한 전쟁이 아닌 인류의 진정한 평화를 위해 모든 전쟁을 타협과 협상 그리고 팔씨름으로 대체할 것을 전 세계에 호소한다. 팔씨름으로 전쟁을 대체하면 전쟁의 살육과 파괴는 사라진다. 대신 인류에 아름다운 긴장이 생기면서 인류의 전쟁이 축제로 변신하는 기적을 체험하게 될 것이다. 여기엔 많은 아이디어가 있을 수가 있으니 인류의 영구적 평화를 위해 전 세계가 한번 진지하게 검토하기를 바란다. 전쟁의 비극에서 팔씨름을 통해 세계평화를 이룩하자!

8. 문명의 모험 - 로맨티시즘과 꿈

내가 중요시하는 것은 영국의 위대한 철학자 화이트 헤드가 가장 중요하게 강조한 것이다. 바로 모험이다. 모험이 없는 문명은 낙후되고 활력 없는 죽음의 문명으로 가게 된다. 우리는 모두 이 시점에서 우리 인류 앞에 닥친 여러 위기 상황을 현명하게 대처해야만 한다. 현재의 인류 문명은 낡고 병들었다. 여기서 우리의 세계의 지도자들과 젊은이들은 과감하게 모험을 해야 한다. 여기에는 새로운 미래를 창조하겠다는 젊음의 꿈과 로맨티시즘을 가지고 과감하게 도전해야 한다. 설령 그것이 돈키호테의 꿈이라 해도 그 모험과 도전정신이 새로운 창조적 문명을 만드는 데 크게 이바지할 것이다. 젊은 영혼들에 도전과 모험의 여행을 떠날 것을 강력하게 주창한다.

9. 결론

이미 쓴 내용을 반복한 것이지만 다시 한번 강조하지 않을 수가 없어서 이렇게 글을 썼습니다. 늘 부족한 글재주를 내 의견을 전달하자고 하니 한계에 부딪힘을 뼈저리게 느끼게 됩니다. 이 점을 양해 해주기를 바랍니다. 지금 인류 앞에 닥친 여러 문제가 있습니다. 전 세계의 모든 뜻있는 지도자와 지식인들과 세계시민들이 고민과 해법을 찾고 있음을 잘 알고 있습니다. 무식한 예술가로서 뭘 안다고 이렇게 주제넘은 글을 썼는가 하는 의문이 있을 수 있으나 저 자신도 세계시민의 한 사람으로서 그냥 묵과하기에는 당면한 위기 상황들이 매우 급하기에 또다시 글을 썼습니다. 희망과 꿈의 미래세상을 자라나는 세대에게 물려줍시다. 아름다운 자연환경을 미래 세대에게 물려줍시다. 전쟁 없는 평화의 세상을 만듭시다. 그게 우리 기성세대의 책임과 의무라 여겨집니다. 부끄러운 글이지만 참고하시기를 바라면서 이 글을 읽어준 모든 분께 감사의 말을 전하면서 이 글을 모두 마칩니다.

저(底)출산을 위한 아이디어

지금 초저출산으로 나라가 위기상황으로 가고 있다. 전쟁 시(時)에도 있을 수 없는 0.6% 대의 초저출산율이다. 이 대로는 대한민국은 미래가 없다. 그래서 웃기는 아이디어 하나 내어본다.
결혼한 부부가 아이를 둘 이상 낳으면 정부나 기업에서 아이 둘 이상인 가족을 삼 개월 동안 세계 관광여행을 시켜준다. 애 둘 이상인 부부가 언제든지 자기들이 가고 싶을 때 갈 수 있게 해준다면 이를 마다한 부부는 없다고 본다. 그럼 모든 결혼한 부부들이 애 둘 이상은 낳지 않을까요? 어때요?? 내 아이디어가???

* 단 40살 미만의 부부만 가능한 아이디어임.
  예외- 늦둥이는 인정, 나이에 무관함.
* 세계여행코스는 나라에서 짜줄 수도 있고 본인들이 세계여행코스를 짤 수도 있음.
* 국가나 기업에서 교통, 숙박, 음식(특별식은 본인 부담)을 제공하고 개인 용돈 하루에 20달러 지급해줌, 삼 개월이면 20*90일 =1800달러 공짜로 지급함. 별도의 용돈은 본인 부담.
* 국내 여행만을 원한다면 삼 개월 국내 여행도 가능. 우리나라의 모든 비경

을 여행할 수 있음.
* 아이들과 동행할 수도 있고 부부끼리만 갈 수도 있음, 아이들은 정부나 기업에서 맡아서 돌봐줌.
* 평생 한 번 있을까 말까 한 아름다운 꿈과 추억의 여행을 국가나 기업이 한 가정에 제공한다면 우리나라도 개인과 가정에 살만한 나라가 되지 않을까 한다. 더구나 출생률이 높아진다면…….
* 이 아이디어를 기본토대로 하여 다양한 첨삭과 변주를 할 수 있음. 현실성을 고려하여 응용과 변형을 할 수가 있음.

이 시대와의 불화 1

밤이 깊다. 불면의 밤이 또 찾아왔다. 쓸쓸히 소주를 마시며 나는 나에 대해 생각한다. 딱히 내가 시대를 잘 못 타고 난 것인지 내가 이 시대에 어울리는 사람이 아닌지 잘 분간이 안 간다. 이미 쓴 얘기지만 내가 참으로 고통스러운 인생을 살게 된 것은 지금부터 24년 전부터이다. 때는 DJ 정권하에서였다. 나는 모 프로덕션 다큐멘터리 PD를 하고 있었다. 그러다 영화를 하고 싶어 내가 좋아하던 영화감독 이명세 감독 밑으로 가게 되었다. 한창 시나리오를 들고 영화를 준비하고 있었다. 그러나 안타깝게 금융이 잘 안 되었다. 영화계의 사정을 잘 모르는 탓도 있고 우연히 영화잡지를 보다가 독립영화를 하는 중학교 동창 OOO을 잡지 인터뷰 내용으로 보게 되었다. 그래서 같은 영화판에 있으니 한 번 연락을 해야겠다고 생각하고 연락처를 알아두고서 얼마 후에 전화 통화를 하게 되었다. 중학 동창인 OOO을 만나서 독립 영화에 대해서 듣게 되었다. 그는 고려대 경영학과를 졸업하고 동국대 영화학 석사 중퇴자였다. 그와 대화를 해보니 거의 독서를 해본 적이 없는 예술적 감성이 제로인 인물이었다. 그를 통해 처음 독립영화에 대해서 들었고 사실 나는 독립영화란 게 있는 줄도 모르던 시절이었다. 아무튼, OOO과 어울리며 이런저런 얘기를 하다가 OOO이 나보고 이명세 감독 밑에 있지 말고 자기와 독립영화를 해보지 않겠냐는 말을 듣게 된다. 그래서 독립영화를 해보고자 OOO과 의기투합하여 어울려 다니게 된다. 영화판 사정을 잘 모르던 나의 실책이었다고 지금에 와서 후회하게 되는 일이었다. 아무튼, OOO과 어울려 매일 술을 마시고 그의 친구들과도 어울리게 되었다. OOO과 술을 마시며 이런저런 이야기를 하게 되니 어찌 영화판 현실에 대해선 어두웠으나 내가 보통 해박한 인물이 아닌 것을 OOO을 알고 놀라게 된다. 그래서 자신이 가입해 있던 21세 프론티어에 가입을 하라고 요청받게 되었다. 사회생활 하는데 인맥의 필요성을 느끼던 나는 선뜻 가입하게 되었다. 사실 뭐 하는 사회모임인지도 잘 몰랐었다. 그저 친목을 도모하는 사회모임이 아닌가 하는 정도의 인식하고 가입하게 되었다. OOO도 뚜렷이 무엇 하는 모임인지 나에게 설명을 해주지 않았다. 가입했더니 상당수가 서울대 출신이 많았고 연세대와 고려대 출신의 인물들이 있었으나 각양각색의 대학의 인물들이 모여있었다. 듣기엔 그중에 고졸 출신도 있다고 들었다. 거기에 가입해서 알게 된 인물이 고려대 회계학과 출신의 OOO와 서울대 음대 출신의 OOO이었다. 일명 '쓰리 김 브라더스'라 해야겠는데 이 들의 당시 경제적 상황이 말이 아닌 정도가 아니었다. OOO이 용돈도 없어서 내가 뒤를 대줘야 할 상황이었고 OOO는 가우자리 사업으로 한때 돈을 벌었으나 몇 년 버티지도 못하고 쫄딱 망해서 감옥에도 가고 한마디로 꼴이 말이 아니었다. 그래도 자신은 세상에서 돈 버는 게 제일 쉽다고 말해 나를 웃긴 친구다. 서울대 음대의 OOO은 그냥 한량 과였는데 그 또한 경제적 사정은 비렁뱅이 저리 가라 할 정도로 경제 사정이 좋지 않았다. 우리는 자주 술자리를 가졌다. 술값을 내가 독점적으로 지불하는 상황이었다. 이들은 자신들의 학벌이 높다는 것을 노골적으로 표현하여 사실 상당히 나를 불편하게 만들었고 나는 이 모임을 탈퇴해야 하는 게 아닌가? 하는 갈등을 여러 번 느끼게 했다. 이 프론티어 모임의 특징 중의 하나가 운동권 출신이 많았다는 점이었다. 물론 운동권과 상관없는 인물들도 상당수였다. 뒤에 알게 된 사실이지만 이 모임을 확장하여 정치적 정당으로 만들어서 대권에 뜻을 두는 모임이었다고 듣게 되었다. 대권의 주인공은 전 경제부총리였던 강제식 총리란 설이 유력하게 들려왔지만 나는 그 당시 그 모임의 성격을 전혀 파악하지 못했다. 그저 청춘남

녀가 모여있기에 남녀회원이 번개란 성격의 형식으로 자주 만나서 어울리게 된 것이었다. 여회원들은 대체로 오히려 남자 회원들보다 꽤 괜찮은 여성들이 많았다. 어찌 보면 인품 적으로도 여성회원들이 남자보다도 나았다고 할 수 있다. 그러나 살면서 이런 형식의 사회모임에 익숙하지도 않았고 더구나 학벌이 지방대란 면에서 즐거웠지만 부담스러운 모임이었다. 나는 그 당시 그렇게 나 역시도 경제 사정이 그렇게 좋은 편이 아니었다. 나는 우리 형제와 이복형과의 재산싸움으로 집안 사정이 엉망진창이었고 집안 분위기 역시 극도로 좋지 않아서 나 또한 굉장한 심리적 방황을 하고 있을 당시였지만 이런 내 개인적 사정을 알아줄 수 있는 사람은 아무도 없었다. 그 당시 적을 두던 다큐멘터리 프로덕션 사장에게만 내 개인 정황을 말했지만, 그는 나의 이런 상황을 교묘하게 이용하려고만 한 도박 중독자에 지나지 않았다. 그도 서울대 사대 국문과를 나와서 방송국 피디로 하고 했는데 어째서 매일 도박에 빠져 지내는지 이해가 되지 않았다. 나를 특히 힘들게 한 것은 누나의 남편 되는 작자 OOO이었다. 솔직히 그를 이해하자면 끝도 없이 이해해야 하지만 나는 그의 서울대 법대 출신이라는 점을 빼면 도저히 인간적으로 이해해 줄 수 없는 인물이 바로 OOO이었다. 우리 집안을 아예 도륙을 내버린 인물이라고 할 수 있고 내 인생에 결정적 타격을 입힌 인물이 바로 OOO이었다. 그는 너무도 콤플렉스에 쩔은 서울대 법대 출신의 인물이었고 지방 출신으로서의 그의 콤플렉스는 정말 가관이 따로 없는 인물이었다. 이 OOO을 둘러싸고 모인 인물이 내 친구들인 OOO과 OOO이었다. 솔직히 인간 같지도 않은 쓰레기들이라고 해도 과언이 아닌 인물들이다. OOO, OOO, OOO이 짝짝꿍이 맞아서 내가 군대에 있을 때 매일 우리 집 내 방에서 만나 별의별 짓거리를 다 하며 지내게 되었고 여기서 OOO은 OOO의 눈 밖에 나게 되어 그와 내 사이를 이간질하기에 전몰하는 한마디로 간계와 흉계에 있어서 보기 드물게 타고난 인물이었다. 지금 정운찬 전 국무총리의 밑에서 일하고 있는데 그의 간계와 흉계와 모함의 더러운 실력이 필요한 자라면 그를 크고 무거운 자리에 중요해야만 하는 그런 인간이다. 이 OOO이가 연세대 원주를 다니다가 어떻게 복수전공을 하여 본교 응용통계학과로 다니게 되었는데 그 꼴값을 이루 헤아릴 수 없는 짓을 하고 다녔다. 그 친구의 전공이 자기 학벌을 숨기고 원주 시절부터 본교생 티를 내고 다니며 온갖 거짓말을 다 하고 다닌 인물이다. 지금 와이프에게도 아직도 자기 본래의 학벌을 숨기고 있는 인물이니 말 다 했다. 그러면서 자신의 학벌 콤플렉스에 대한 그의 열등감은 대단하여 오직 발달하게 거짓과 흉계와 모함기술이 전부라 할 수 있다. 그는 내 친구들 외에는 단 한 명의 자신의 진짜 친구가 없는 것으로 나는 알고 있다. 말이 샜지만, OOO 이 친구도 문제의 인간이라 내가 한마디 안 할 수가 없다. 이 친구는 대학 졸업 후에 시작이 피라미드였는데 감옥에 간 이력도 있는 친구였다. 사실 별의별 일은 다 하면서 한때 돈도 번 적이 있는 인물이지만 아주 잠깐이었고 나는 진정성 있는 충고를 그에게 했다. 지금 번 돈을 잘 지키고 살라고!! 그러나, 금세 알거지 신세가 되었고 신용불량자이며 지금도 뭐 하고 사는지 밝히지 않는 OOO의 표현을 빌리면 아현동 지하 단칸방에 산다고만 들었다. 이 OOO 이 친구 지금 이재명이 대통령 돼야 한다고 나에게 설교를 하더니만요. 뭐 검사독재를 종식 시켜야 한다고 하면서 민주주의를 외치고 있는데 정말 들어주기 역겨워 죽겠더라고 학창시절 데모 한번 안 해본 놈이 민주화 타령 지금에 와서 하고 앉아 있더라 이 말입니다. 제발 자기 앞가림이라도 좀 잘하지 남 선거 홍보하고 다니는 이건 또 뭔 짓인가 합니다. 이 중에 간교한 OOO을 어찌해서 마누라 잘 얻어 그렁저렁 잘 먹고 살지만 지금 은행 플랫폼 사업에 십억 투자하고 조 단위의 돈을 벌겠다고 설치고 있는 인물이다. 결과는 두고 봐야겠지만 그의 한계는 지금 정도였는데 욕심을 부리면 알거지가 될 상이라고 나는 본다. 힘들어서 그만 쓸까 합니다. 앞으로 이부 삼부 사부로 이어서 계속 쓸 테고 내가 생각하는 소위 말해 문민정부가 들어선 우리 사회에 모습이 군사정권 때보다 더 살기 좋아지고 아름다워진 민주정신 속에서 민주화가 이룩된 사회인지에 대한 내 감회를 솔직히 적어가겠습니다. 우리 사회에 진짜 실력은 딱 한 가지 사기성과 뻔뻔함의 철면피 또한 얼마나 거짓말을 잘하냐에 그 인간에 진짜 실력이 있는 겁니다. 내가 한마디 더 하자면 지금 감옥에 있는 강간범 강도 사기꾼이 가 있어야 할 자리는 감옥이 아니라 신성한 교단이요 교단! 학생들에게 정직한 우리 사회의 실태를 가르칠 수 있는 진정한 교수가 바로 강간범 강도 사기꾼이라고 쓰고 싶지만 이건 그저 내 속마음입니다. 이런 눈치 저런 눈치

보며 강연하는 위대한 석학 교수들이 우리 사회에 어디 한두 명이어야지!!!
오, 위대한 민주화 시대여 마치 지옥 불처럼 타오르는 문민 민주주의 위대한 시대에 찬양을 보내노라!!
어떤가? 나의 셰익스피어적 필력이!!!

이 나라에 생각하는 사람이 없다!

나는 DJ 정권 당시부터 이런 현대산업 문명으로는 인류의 장래성이 없다고 생각했고 문명의 형태를 바꿔야 한다고 주장했습니다. 그랬더니 DJ 정권에게 혹독한 탄압과 끔찍한 고문을 당해야 했습니다. 진보의 뿌리를 DJ 정권이라 할 때 얼마나 안목과 미래에 대한 전망이 부재한 진보정권인지를 알 수가 있습니다. 나는 DJ 진보정권 이래로 모든 진보정권이 그저 19세기 마르크스 이론을 가지고 엉터리 진보이론으로 진보정책을 펴온 것을 잘 알고 있으나 드러난 결과는 그들이 나라를 발전시키기는커녕 나라를 지역적 분열과 갈등의 장을 만들었으며 빈자와 부자로 우리 사회를 단순 이분화하여 증오의 갈등을 국민에게 심어주어 정권 잡기에 혈안이 되었지 과연 우리 사회를 긍정적으로 변화시킨 것이 단 한 가지라도 있는지를 묻고 싶습니다. 이 진보정권들이 한 짓이라고 해봐야 DJ 정권 때부터 코스닥 폭등을 주도하면서 온갖 부정부패를 자행했으며 모든 그 이후의 진보세력들이 주식 가지고 부정부패로는 저지르는 만행을 자행해 온 것 이외에는 아무것도 제대로 한 정책이 단 한 가지도 없습니다. 나라를 사분오열시켜 민족적 단합을 해야 할 시점임에도 불구하고 진보세력은 주지육림의 파티를 즐기며 이 사회를 쓰레기보다 더 더러운 사회로 만드는 데 전념했습니다. 진보세력이 외치는 모든 정책의 실체를 들여다보면 단 한 가지도 현실성이 없는 그저 진보 장사를 하기 위한 거짓말만을 일삼아 왔습니다. 도대체 뭘 진보하자는 겁니까? 지금 진보를 해서 이 나라 이 사회의 꼴이 이 모양이냐고 묻고 싶습니다. 그저 진보는 지역성을 기반으로 해서 나라를 분열시키고 정권 잡기에만 혈안이 되어

온 겁니다. 진보정권들은 이 나라와 국민 앞에 이 나라가 나아가야 할 방향과 정책 그리고 미래의 청사진이 전혀 없는 양두구육씩 정치집단입니다. 나라의 앞날에 대한 비전이 전혀 없는 정권 잡아 그 정권을 국민을 위해 쓰는 것이 아니라 자신들의 배를 가득 채워 한몫 챙기겠다는 검은 속셈 외에는 전혀 없습니다.

지금 우리 앞에 닥친 위기는 바로 다른 게 아니라 지구환경입니다. 그러나 그 누구도 이런 당장 발등에 떨어진 불덩이를 두고도 한 마디 해법을 말하는 진보 인사가 단 한 명도 없는 실정입니다. 그저 부자 빈자 편 가르기에 몰두하여 계층 간에 증오와 갈등을 이용해 정권 잡기에만 전념하고 있습니다.

문재인 정권 당시부터 실행해온 신재생에너지 사업은 내가 한마디로 말해서 이 나라와 지구환경 파괴사업임을 주장하지 않을 수가 없습니다. 그 태양열에너지 사업 그 자체가 환경파괴산업이 아닐 수 없습니다. 어떤 덜 떨어진 서울대 환경학과 교수가 TV에 나와서 태양 열에너지 사업해야 한다면서 우리나라에 서울 면적의 6배에 달하는 태양열판을 깔아야 한다고 주장해서 내가 속으로 미쳐도 단단히 미친놈이라고 욕을 했습니다. 솔직히 딱 까놓고 말해서 그 태양열판 깔려면 얼마나 많은 자원으로 지구환경을 파괴할 것이며 또한 교체도 자주 해야 한다고 합니다. 열효율도 떨어지고 그 많은 노후화된 태양열판을 어디에 쓸 것이냐 이 말입니다. 조국 강산의 미관을 끔찍해 칠 겁니다. 또한, 그거 쌓아두면 지독한 환경과 오염이 극도로 이 좁은 나라에서 벌어질 텐데 당최 생각이 없는 진보지식인들의 만행 앞에 할 말이 없습니다. 도대체 말이 안 되는 이 엄청난 환경파괴 사업을 주도한 진보적 정권들의 만행은 우리 민족 천대에 걸쳐 욕을 처먹어야만 하는 환경파괴 산업이 바로 신재생에너지 사업을 비롯한 온갖 환경사업이라 떠드는 것들입니다. 오직 하나 돈 받아 처먹으려는 커미션 받기 위해 벌리는 사업 그 이상이 아닌 이 나라와 지구 자체를 파괴하는 사업이 바로 신재생에너지 사업입니다.

나는 이미 이곳에 내 나름에 지금 우리 앞에 당면한 환경과 기후위기에 대한 해법을 다 제시했지만, 이 나라의 식자층을 아무 말도 하지 않고 있습니다. 그들은 알고 있습니다. 지구를 보호하고 지켜나갈 유일한 해법을 내가 제시했다는 사실을 말입니다. 그런데 왜 꿩 구워 먹은 소식인가 왜 꿀 먹은 벙어리처럼 조용한 줄 아세요? 학벌 나치즘의 지독한 게슈타포 같은 이 나라 지식인 사회에서 지방대 나온 나 같은 사람이 그런 인류를 구원할 해법을 제기하자 충격과 함께 나를 죽이려고 들기 때문입니다. 이 나라의 위대한 서울대도 못 한 일을 지방대 나온 인물이 했다는 사실이 한마디로 창피해서 자신들의 체면이 서지 않으니깐 그저 무시하고 있다는 것을 아셔야 합니다. 그러나 인류가 지구에서 살아날 유일한 해법은 내가 제시한 그 방법 외에는 없다는 사실을 알아야 합니다.

나는 순환의 문명론을 주장했습니다. 쓰레기 없는 사회를 주장했습니다. 모든 쓰레기의 자원화와 폐기물을 다시 재사용해야 한다고 주장했고 그러나 이것은 임시방편이기에 근원적 해결책은 목기 문명사회로 가야 한다고 강변했습니다. 즉, 나무와 식물성 자원을 가지고 우리 문명의 모든 생활 도구를 만들어 써야만 환경파괴와 환경오염 없는 지구를 만들 수가 있고 기후위기에 대한 근본적 해결책이 될 수가 있다고 주장한 겁니다. 또 한 가지가 똥에너지론입니다. 모든 에너지 자원을 똥 에너지 자원으로 대체해야 한다고 주장했습니다. 이 역시 유일한 해결책이 될 수밖에 없습니다.

오늘 내가 한 가지 방법을 다시 제안하겠습니다. 사람들이 어떻게 나무와 식물성 원료로서 모든 우리의 자원을 대체할 수가 있겠는지 의문일 겁니다. 방법이 있습니다. 성능 좋은 고용량 AI에게 나무와 식물성 정보를 주고 어떤 조합을 통해 우리가 필요로 하는 자원들을 나무와 식물성 자원으로 만들 수 있는지 물어보면 아마도 답이 나올지도 모릅니다. 한번 시도해 보세요. 이 방법 외에 인류가 지구에서 살아남을 수 있는 유일한 방법이 현 문명상태를 유지하면서 지하자원들을 전혀 사용하지 않고 오로지 나무와 식물성 자원만을 가지고 현 문명상태를 유지할 수 있는 유일한 방법입니다. 대체자원의 개발만이 인류가 희망을 품고 살아갈 수가 있습니다. 왜 그 좋은 AI를 이런 데에 쓰지 않습니까. 과연 진보지식인들에게서 이런 지혜와 혜안이 나올 수가 있을까요. 사회를 분열시켜 진보 장사나 하려는 인간들에게 이런 인류구원의 해법이 나올까요. 이만 쓰겠습니다. 이번 총선에서 어떤 결과가 나오는지 지켜보고 싶습니다. 내가 제안한 지구환경 위기에 대한 해법이 인류가 지구에서 살아남을 수 있는 유일한 해법입니다. 인류 목기 문명 시대와 순환의 문명론 만이 인류의 미래가 있다는 점을 강조하면서 이 글을 마칠까 합니다.

자연치유력을 기르자!!!

YOGA를 하세요!!!
1. 준비 동작
2. 본 동작
3. 마무리 동작
4. 이완(사바아사나)

중요한 요가 자세 십여 가지 꾸준히 하면 거의 모든 병을 고친다고 합니다.

심리치료
1. 믿을 수 있는 친구, 심리상담사, 스님, 목사, 신부들에게 자신의 모든 고민을 솔직히 털어놓고 상담을 하세요, 마음이 가벼워지면 병 치료에 도움이 됩니다.
2. 명상, 기도, 묵상 등을 하세요. 심리에 안정을 줍니다.
3. 재미있는 책을 읽으세요
4. 좋아하는 음악을 들으세요

식이요법
1. 짧은 단식을 프로그램으로 짜서 하세요. 몸의 정화에 큰 도움이 됩니다.
2. 신선한 채소와 과일을 드세요.
3. 설탕 대신 꿀을 드세요(몸에 속 열이 있는 분을 꿀 대신 설탕)
4. 음식을 꼭꼭 오래 씹어서 먹는다.
5. 편식하지 않는다
6. 밝은 햇볕을 쬔다(일광욕).
7. 가벼운 산책을 하고 샤워를 하세요

생리
매일 아침에 변을 보세요
숙변은 건강에 해롭습니다
규칙적으로 매일 변을 보는 습관을 들이세요.

수면
깊은 잠을 자면 몸이 완전히 이완되어 몸이 정상으로 돌아옵니다.
가벼운 음악을 들으며 깊은 잠을 유도하세요.
이상 몸에 나쁜 병이 있는 분들에게 도움이 될만한 정보입니다.

밤에 생각한다 2

밤이면 무수한 사념이 피어오른다. 내가 당한 그 많은 일이 의문으로 무럭무럭 피어오른다. DJ 정권이래로 진보정권들은 나를 무수히 괴롭혔다. 사실 이명박 박근혜 정권에서는 이렇다 할 나에 대한 큰 괴롭힘을 없었던 게 사실이다. 그런데 이상하게도 방송사와 언론계 즉 신문사들이 나를 쫓아다니며 내가 한 말 한마디 한마디를 다 이용하였다. 드라마 대사로도 쓰고 영화 대사로도 사용했다. 내 한마디 말들이 그렇게 유용하게 방송과 영화로 쓰였다니 나 자신이 대견하기도 하지만 그렇다고 내게 돈 한 푼 어떤 방송사도 영화사도 없었다. 내가 톡 까놓고 말하지만 내가 없으면 박찬욱 감독도 봉준호 감독도 탄생하기가 쉽지가 않다. 더불어 한마디 더 한다면 김기덕 감독의 피에타는 나의 단편영화 라마 사막 다리에서 영감을 얻어 작품화한 것이 틀림이 없는 영화라 할 수 있다. 이렇게 국내의 위대한 감독들에게 엄청난 영향을 끼쳤지만, 누구 하나 내게 찾아와 감사의 말도 없는 쓸쓸한 심정이 아닐 수 없다. 내가 디제이 정권에게 지독한 감시와 잔인한 고문을 당할 때부터 이 나라 문화예술계와 정치 경제계에 나는 막대한 영향을 주는 인물이었다. 내 머리에서 쏟아져 나오는 아이디어를 이용하기 위하여 도청과 몰래카메라 등 모든 방법을 다해서 나를 이용하기 위해서 이 나라는 나를 소뼈를 넣고 우려먹듯이 삼십 년째 이러고 있다. 그들은 내가 스트레스로 빨리 죽어야 어떤 증거가 인멸되기에 내가 죽기만을 학수고대하고 있으나 나는 죽지 않고 이렇게 글을 쓰고 있다. 솔직히 한류가 왜 왔겠어? 너무도 뻔한 이치 아닌가? 무식한 진보정권에서 무슨 문화의 씨앗이 생기겠냐고. 지금 나는 인류에게 앞으로 닥친 지구의 대재앙에 대한 해법을 제시했고 그게 맞든 틀리듯 아무튼 세계에서 유일하게 위기에 찬 지구 종말의 대재앙에 대한 해법을 제시한 유일한 인물로 기억되기를 바랄 뿐이다. 이런 인물을 죽이려고 지금 대한민국의 각계각층은 별의별 수법을 다 쓰고 있다. 만일 내 해법이 딱 이 위기에 대한 해법으로 들어맞으면 어찌할 거야? 그저 가슴만 쓰리고 쓰릴 뿐이다. 이 나라가 예로부터 소인배들의 집산지이기에 윗사람일수록 속이 좁은 소인배 중의 소인배이기에 일본의 혹은 중국의 속국으로 식민지로 전락하며 살았다. 참으로 문제가 아닐 수가 없다. 이 나라의 앞날이 어떻게 될지. 살길을 제시해도 죽음의 길로 가는 이 나라를 어찌할 것인가? 그냥 답답할 뿐이다!!!

고문 후유증

내가 밤마다 술을 마시는 이유는 술을 유난히 좋아해서가 아니다. 디제이 정권을 비롯한 진보정권이 세상에서 가장 잔인한 방법으로 나를 지독히도 고문했기에 밤마다 그 고문 후유증으로 나는 고통 받는 것이다. 더러운 진보정권들에 솔직히 할 말이 없다. 입으로 민주 외치고 인권 외친 것들이 가장 잔인한 민주 파괴와 인권파괴 범죄자들이란 것을 나는 전 세계에 알리고 싶다. 분명히 알게 되겠지만 내가 침묵하고 조용할 때 그 요란 떨 던 한류는 눈 녹듯이 사라진다는 점을 분명히 밝히고 싶다. 인류의 모든 문제에 정확한 해법을 제시했고 지구에서 살아갈 수 있는 유일한 해법을 제시한 내가 이런 고통 속에서 살아야 한다는 게 위대한 대한민국의 민주주의 아니면 어찌 있을 수 있는 일일까 싶다. 타는 가슴 목마름으로 불러본다. 민주주의 만세!!!

영화를 보지 않는다!

영화극장에 간 지가 꽤 오래되었다. 솔직히 말해서 특별히 보고 싶은 영화가 없다. 우디 앨런 감독의 신작이 궁금하지만, 아직 우리나라에는 개봉이 되지 않았다. 어린 시절에는 모든 영화가 재미있었다. 신기한 꿈나라였다. 젊은 시절에도 닥치는 대로 영화를 보았다. 좋은 영화를 보고 싶었다. 이리저리 수소문해서 명화들은 찾아보았다. 그런데 왜 지금은 영화에 별로 흥미를 느끼지 못하는 걸까. 너무 많은 영화를 보아서 내 감성이 무디어진 것일까? 아마 그럴지도 모른다. 그 영화가 그 영화 같고 뭐 새롭고 특별난 영화가 없다. 국내 감독 중에는 아직 큰 기대를 할 만한 감독이 없다. 봉준호 감독의 영화도 별로다. 예전에는 극장에 앉으면 어떤 기대와 흥미 감에서 그냥 영화 속의 내용에 빠져들어 갔다. 나는 지금 어떤 영화를 좋아할까. 얼마 전에 고레다 히로카즈 감독들의 영화를 즐겨보았다. 사실 그의 사실주의적 내용의 영화가 끌린다. 왜 이창동 감독은 신작을 내지 않을까. 그나마 기대를 할 만한 감독인데. 이명세 감독은 그냥 이대로 영화계에서 은퇴한 걸까. 새 시대에 부응하는 뭔가 새로운 감독들이 지금 우리 영화계에 나타난 걸까. 나는 위대한 명감독들의 영화를 많이 봤다. 사실 눈이 너무 높아져 있는 건 아닐까. 나는 코미디영화가 좋다. 삶이 너무 스산하고 재미없어서 좀 웃고 싶은 마음이다. 얼마 전 우리 롱이를 데리고 산책을 하다가 편의점에 담배를 사려고 들어가는데 웬 학생들이 앞에 있었다. 남학생이 우리 롱이를 보고 자기를 닮았다고 말했다. 그 말을 들은 여학생이 너 지금 그 개를 욕한 거냐고 말해서 나는 웃었다. 오랜만에 웃은 것이다. 정말 살아가면서 웃을 일이 너무 없다. 과연 한국영화계는 발전하는 것일까? 아직 뛰어난 감독이 아니 천재적인 감독이 나오지 않는 듯하다. 봉준호 감독을 천재라고 말하지만 나는 그냥 평범한 수재형 감독이라 느낀다. 솔직한 심정이다. 왜 우리 영화계에는 천재적 귀재

감독이 부재할까? 내 안목이 나빠서일까? 아니면 한국영화의 시스템에 문제가 있는 걸까. 어떤 상업적 틀에 너무 감독의 상상력을 죽이고 있는 것은 아닐까 하는 생각도 든다. 나는 내가 만들었지만 내 영화가 제일 재밌다. 내 영화를 알아주는 유일한 사람이 나 자신이라는 데에 희극과 비극이 교차한다. 하지만 나는 왜 그 좋아하던 영화를 보지 않게 되었을까? 알 수가 없다.

지구는 위기다!!!

나는 나의 주의 주장만을 고집하는 사람이 아니다. 나는 순환의 문명론과 인류 목기 문명 시대와 대체자원론으로의 전환을 통해서만이 앞으로 인류가 지구가 생존해 나갈 수 있는 활로가 생긴다는 점을 주장했다. 그러나 내 견해와 주장이 달랐다면 얼마든지 내 생각의 부족했음을 사과할 수가 있다. 그러나 아직 들려오는 어떤 소식도 눈앞에 닥친 지구의 위기에 대하여 그 어떤 해법도 나온 바가 없고 그렇다고 내 주위 주장이 바르다고 동조하는 사람도 없는 바이다. 과연 내 생각이, 틀린 것일까를 다시 한번 고민하고 생각해 보았다. 나의 견문과 학식이 부족해서 고작 나온 이론이 순환의 문명론과 목기 문명 시대와 대체자원론이지만 이 이상의 어떠한 해법도 존재할 수가 없다는 신념에는 변함이 없다. 그렇다면 나는 옳은 주장을 했지만 왜 이리 사람들은 잠잠한 것일까? 여러 가지 추론이 가능하지만 역시 내가 주장한 견해가 아무리 옳은 탁견이라 할지라도 착잡하게 얽히고설킨 이해관계가 너무도 복잡하기 때문이라고 할 수가 있다. 지금도 지구는 계속 파괴를 향해 가속도로 이 문명의 기차는 달리고 있다. 어느 순간에 철로를 이탈해 파괴당할지 그 누구도 장담할 수가 없는 어마어마한 속도를 가하면서 달리고 있다. 그러나 내 주장에 설혹 동조하는 사람들이 있다 해도 우리가 사용하는 모든 문명의 생활 전반이 지구를 수탈하며 탈취한 지하자원을 사용하면서 이 문명 생활을 영위하기에 그 누구도 이 복잡한 구조의 현 문명에서 벗어날 생각조차 할 수가 없는 것이다. 각 나라 그리고 각 기업 전부 돌아가는 산업 전반이 바로 지구를 파괴하는 광물성 자원들을 가지고 현대산업이 돌아가기에 여기에 복잡하게 얽혀 있는 이해관계의 구조는 어떤 누구도 손을 쓸 수가 없을 정도로 복잡하다는 사실을 나도 잘 알고 있다. 이런 지구 멸망의 위기에 과연 어떤 해법이 가능할까? 그렇다면 인류는 과연 화성에 가서 살 수가 있을까. 과학이 더욱 발달하여 설령 살 수가 있다 해도 과연 몇 명이나 화성에 가서 살 수가 있겠는가. 그리고 지구가 파괴되면 물자는 어떻게 화성까지 조달할 것인지에 대한 의문점도 남는다. 과연 화성에서 농사를 지을 수가 있을까. 솔직히 현 문명 아래에서는 인류는 이래도 죽음이요 저래도 죽음이다. 딱 까놓고 방법이 없는 것이다. 그래서 내가 인류 문명의 모험을 주장한 것이다. 전 세계의 각 분야의 지도자들 종교계, 정치계, 경제계, 학계, 문화예술계, 언론방송계, 법조계, 군계, 체육계 등등의 이 세계를 이끄는 지도자적 위치에 있는 인물들이 이 엄청난 인류의 종말을 초래할지도 모를 대위기에 대하여 서로 모여서 머리를 맞대고 뭔가 해결책을 모색하고 해법을 찾아야만 하는 것이다. 결코, 나의 주장인 순환의 문명론이나 인류 목기 문명만을 나는 고집하고 싶지도 않고 더 좋은 뛰어난 해법이 있다면 인류 앞에 그 길을 제시하고 전 세계 모든 사람이 현 위기를 극복하기 위하여 서로 협력하고 협동하여 지금의 위기상황을 벗어나야만 하는 것이다. 물론 이세가 동안 우린 현 산업문명의 틀 속에서 엄청난 번영을 누리고 살았지만 이제 그 한계에 도달했음을 명백히 깨달아야만 한다. 현재 세계의 지도적 위치에 있는 각 나라의 지도자들이 이 사실을 깊이 숙고하여 일단 눈앞에 풍전등화와 같은 인류 종말의 위기의 해법을 찾기 위해 협심해서 전 세계 앞에 길을 제시해야만 한다. 내가 이렇게 강조하고 강변하는 것은 인류 전체의 생명이 달린 문제이며 우리의 미래세대의 생명이 달린 문제이며 지구 위에 모든 생명체가 멸종될 수 있는 위기이기에 나는 다시 한번 전 세계의 지도자들에게 촉구하는 바이다. 시시각각으로 다가오는 여러 재앙적 징후가 지구 곳곳에서 일어나고 있다. 더 늦어지면 그땐 어떤 방법과 수단을 동원해도 때는 이미 늦었음을 전 세계인들은 깨닫고 우리 모두 이 위기를 함께 헤쳐나갈 수 있기를 간절히 기도하는 마음으로 전 세계의 각 방면의 지도자들에게 호소하는 바입니다!!

인류 존속세(存續稅)가 있어야 한다

나는 지금 마음이 착잡하기 그지없습니다. 시시각각으로 다가오는 지구적 환경재앙이 풍전등화의 위협으로 우리 전 세계인의 목전에 다가오는 실정입니다. 물론 나는 여기에 내 나름의 명쾌한 해법을 제시했습니다. 바로 순환의 문명론과 목기 문명 시대와 대체자원론 똥오줌 에너지론 등등의 나무와 식물성 자원으로 우리 문명을 새롭게 만들어나가자는 해법으로 인류의 위기를 극복할 수 있는 열쇠를 제시했으나 문제는 남아 있습니다. 사람들이 좋다. 그럼 목기 문명 시대로 가자! 그런데 이제까지 특별한 기술력이 없어서 철 팔아 먹고살던 나라, 구리 팔아 먹고살던 나라, 석유 석탄 팔아 먹고 살던 나라는 도대체 뭘 해서 먹고 살 수가 있단 말인가? 하고 불만과 반대의 의사를 하고 있을 수밖에 없는 난제를 가지고 있는 것입니다. 물론 맞는 말입니다. 당장에 자원을 팔아서 경제를 운영하던 나라들은 나의 견해가 아무리 옳고 좋은 지구환경 위기에 대한 해법이라 해도 받아들이기 어려운 현실적 문제를 안고 있습니다.

그래서 나는 여기서 인류 운명 공동체온을 또다시 제안합니다. 이제 인류는 나라가 다르다 해도 다 서로가 긴밀히 연결되어 있기에 결코 남이라 할 수 없는 이웃들입니다. 어느 한 나라만 잘해서 될 일이 아니기에 전 세계의 모든 나라가 이해할 수 있는 이 풀기 어려운 문제를 해결하지 않고는 결코 내가 주장한 순환의 문명론과 목기 문명 시대와 대체자원론이 성립하기가 어렵습니다. 자원만을 가진 나라에서 자원을 버리라고 한다면 이는 굶어 죽어라 하고 주장하는 것과도 같은 이치이기에 여기에 대한 해법 또한 제시해야만 합니다. 지금 전 세계 지도자들이 모여서 고민과 토론하고 있다고 생각합니다만 아직 뚜렷한 해법을 찾지 못한 상황임에 틀림이 없습니다. 나라 간의 이해관계가 워낙 복잡하게 얽혀 있는 실타래와도 같기에 결코 쉬운 해결책이 나올 수가 없습니다. 그러나 한 가지 명심해야 할 일은 눈앞에 닥친 지구적 환경재앙의 거센 쓰나미적 사태가 이제 멀지 않은 시기 앞에 인류 앞에 닥칠 수밖에 없다는 그래서 인류가 지구에서 모든 생명체와 함께 멸종될 수밖에 없는 상황에 몰려 있다는 이 심각한 위기상황을 인류의 각국의 종교계 정치계 경제계 학계 문화예술계 법조계 군계 언론방송계 스포츠계의 모든 지도자는 심각한 상황으로 받아들여야 하며 이에 대한 중대한 결단의 기로 앞에 섰음을 인식해야만 하는 것입니다.

이제 인류는 운명공동체입니다. 누구는 살고 누구는 죽는 그런 상황이 아닌 인류 절멸의 상황적 인식에 공동으로 합의를 해야만 합니다.

그래서 나는 일단 새로운 아이디어로서 전 세계를 보호할 수 있는 세계 중앙정부를 세워야 한다고 주장하고 싶습니다. 8개 정도의 현재 인류의 리더적 국가들이 주축으로 자격과 요건을 갖춘 나라들이 상임이사국이 되고 여기서 선거로 한 국가를 선정하여 5년에 한 번씩 상임이사국 중에 한 나라가 전 세계 국가의 대표들이 투표하여 5년 동안 세계중앙정부를 대표해서 앞서 나가면서 전 세계 국가들의 문제와 고민을 조절하고 중재하면서 해법도 제시해야 합니다. 특히 시급한 환경과 기후위기에 대한 해법을 전 세계에 제시하고 대처해 나가야 한다고 봅니다. 또한, 세계중앙정부는 전 세계 국가에서 세금을 걷어야 합니다. 그래서 그 기금을 가지고 자원이 없이 살 수 없는 나라가 살아갈 수 있는 경제적 지원을 해야 합니다. 그리고 순환의 문명과 목기 문명 시대와 대체자원론의 해법이 이미 나온 상태가 아닐까 하는 추측이 듭니다. 단기간에 급작스러운 나무와 식물성 자원만을 가지고 문명을 완전히 바꾸기는 어려운 문제가 많으니 스텝 바이 스텝을 가지고 하나하나 바꾸어 나가야만 한다고 봅니다. 아무튼, 인류는 이제 새로운 문명의 모험을 하지 않으면 지구에서 인류가 끝나는 그것은 시간문제라고 봅니다. 내가 하도 이 문제가 머리가 아파서 대충 쓰지만, 결코 가볍게 여겨서는 안 될 중대한 인류 문제 해법의 아이디어가 담긴 글이니 전 세계 각 방면의 지도자들은 진지하게 제 아이디어를 검토해 보기 바랍니다. 이 이외에도 고민하고 생각할 문제가 하나둘이 아니지만, 다음에 또 쓰겠습니다. 세계중앙정부의 창설과 인류 존속세를 가지고 새로운 희망에 찬 미래를 여는 문명 세계를 만들어나갑시다!!! 아이고 머리 아파!!!

답답해서 그냥 쓴다

내가 DJ 정권에게 잔인한 고문을 당했다고 글로는 썼지만 어떻게 고문을 받았는가에 대해서는 글로 쓰지 않았다. 그러나 이에 대한 해답을 쓰기에 앞서 과연 DJ 정권을 그들이 그렇게 외쳤던 구호인 민주와 인권을 위한 정권인지에 대한 심각한 의문과 분노의 감정이 들지 않을 수가 없다. 나는 나의 낭패의 이유에 대해서 여러 번 페북에 글을 썼다. 그러나 밤마다 찾아오는 지독한 DJ 정권과 진보정권들에 당한 엄청난 잔인한 고문으로 인해 찾아오는 고통스러운 밤은 그들 진보정권을 냉정하게 응시하게 되고 현실적 이 사회의 모습을 보게 한다.

딱 까놓고 좆도 민주화된 게 하나도 없는 사회가 우리 사회다. 치열한 동서냉전과 전라도와 경상도의 이 나라 정권을 두고 벌이는 사생결단의 정권쟁탈전은 온 국민을 고통스럽게 만들고 있고 군사독재정권을 몰아냈다고 떠들어 대는 문민 정권들은 솔직히 서울대 학벌 독재사회를 만들어서 이 사회를 잔인한 학벌 나치즘의 독가스로 아우슈비츠의 수용소를 만들고 있다. 우리 사회는 지옥 그 자체다. 많은 사람이 자살로 생을 마감하고 있고 결혼도 안 하고 아이는 더욱 낳지 않는 사람들이 살아가기에 너무도 잔인한 현실의 사회가 바로 대한민국이란 나라다. 잔인하고 살벌하고 냉혹하고 질투와 시기가 넘쳐흐르며 거의 모든 인간이 사기꾼 화 되어가는 사회가 바로 우리 사회라 나는 단정적으로 말할 수가 있다. 서로가 서로에 대한 적개심에 불타올라 짓 밟고 등에 비수를 꽂고 물어뜯는다.

글쎄 경제가 그렇게 발전해서 우리가 선진국이 되었다고 하지만 과연 얼마나 많은 사람이 그런 소리에 행복해하는지 글쎄올시다라고 밖. 경제지수가 올라갈수록 불행지수도 올라가는 이 사회, 집단이기주의의 밥그릇 싸움이나 하지 어디 사회의 기본적 윤리 감각도 사라진 집단이 우리의 삶의 모습이다. 우리 사회의 지식인들인 엘리트들은 자기만 잘 먹고 잘살면 된다는 철저하고 냉혹한 이기주의를 가지고 학벌의 사시미 칼날이나 휘두를 줄 알았지 어떤 엘리트로서의 지성과 도덕적 책임감의 역할은 전혀 없는 사회가 우리 지식인 사회라 할 수 있다. 오로지 자신의 부귀영화만을 위해 개처럼 짖고 하이에나처럼 부정부패의 썩은 고기만을 찾아 헤매는 무리가 바로 우리 지식 엘리트사회라 할 수 있다. 더욱 심각한 문제는 입시 주의 암기시험으로 일류대에 진학한 이 속칭 엘리트 집단은 자기 생각이라고는 눈곱만큼도 할 줄 모르는 인간들이라는 데에 그 문제의 심각성이 있다. 그래서 타인 창의성을 제멋대로 가져다 자기 것인 양 떠들어 대는 인간들. 이 지금 한류라는 게 왜 나온 줄 알아. 누가 그러더구먼. DJ 정권의 정책에서 비롯되었다고. 개좆같은 소리 하지 말아요. 쌍!!! DJ 정권이 내 아이디어 몽땅 가져다가 시작한 게 한류의 시작인지는 모르지만, 이날 이때까지 내 머리에서 나온 상상력으로 이 한류가 온 것임은 틀림없는 기정사실이다. 개좆만도 못한 새끼들!!! 더욱 한심한 것은 지금 우리 사회는 부모도 없고 형제는 더욱 없고 친구는 더더욱 없는 인간미라곤 먼지 털만큼도 없는 황폐한 인간들이 이 사회의 성공자로 군림하는 사화라는 점이다. 메마르고 삭막하기 짝이 없는 사막보다도 못한 이 사회를 어찌할 것인가. 좆같아서 그만 쓰겠다!!!

독백(獨白)

인생이란 인생의 바다를 떠돌고 헤매는 오디세우스가 고독하고 험난한 항해일는지 모른다. 우리의 고향 이타카는 어디에 있는가!!!

상상(想像)하다

왜 우리 사회는 나치 정권에 못지않은 악독한 독단의 도그마가 지배하는 사회인가에 대한 의문점으로 이 글은 시작한다.
내가 초등학교 시절 리틀야구부원으로서 활약을 했었다. 그때 감독이었던 젊은 코치는 정확히 1977년 가을인가에 해병대로 입대를 했다. 그 감독이 휴가를 나와서 우리와 만나 회포도 풀고 자신의 군 생활이 야기도 해주었다. 그는 솔직히 부마사태와 10.26 박정희 대통령 서거와 광주 5.18등을 군대에서 경험하게 된다. 그는 추억담처럼 우리에게 그 당시에 대한 생생한 증언을 해주었다. 내가 중학교 시절이었다. 나는 듣기에 광주 5.18에서 많은 시민이 진압군에게 죽었다는 이야기를 그 휴가온 감독에게 말했더니 그는 정색하면서 우리에게 이야기를 해주었다. 자신이 직접 부마사태 진압에 참여한 군인이었다는 얘기를 하면서 조용히 말해주었다. 광주 5.18보다 부마사태 때에 더 많은 시민이 죽었다고 우리에게 말해서 놀라게 했었다.

여기서 이야기를 돌려서 왜 민주당은 5.18법을 만들었을까. 그리고 사람들이 부마사태에 관한 이야기를 쉬쉬하면서 오로지 광주 5.18에 대한 희생자 이야기만을 대서특필하듯이 우리 사회는 떠들어 대는가. 여기엔 내가 잘은 몰라도 어떤 정치적 역사적 흑막이 필연적으로 있다는 상상이 들었다. 내 상상을 다 표현하려면 너무도 많은 상상의 나래를 펼쳐야만 한다. 그러나 역사적 사건이란 어느 시각 어느 관점에서 보느냐에 따라 역사적 해석이 다 다르게 나올 수가 있는 것이다. 역사의 진실을 아는 사람은 없다. 어떤 일면만을 보기 때문이다. 같은 민주화를 위한 항거인 부마사태의 진실은 덮여있고 광주 5.18의 역사적 진실은 휘황찬란한 민주화의 성역으로 너무도 확대되고 끊임없이 반복되어 전 국민을 세뇌하려 한다. 5.18의 추모가 그리도 매해 빠지지 않고 지속하는데 왜 부마의 추모 행사는 그리도 초라한지 나는 그 이유를 모르겠다. 과연 그 이유는 무엇일까? 나는 상상한다. 한 인물이 떠오른다. 머리 벗겨진 사나이. 한때 살아 있는 살인마요, 악마로 불리던 인물. 누구라 하지 않아도 다 알만한 사람은 다 아는 그 이름. 그는 왜 그다지도 이 나라 이 사회에서 집중적인 살인마 악마로 조명을 받고 있는가. 그 살인마이자 악마는 끝내 입을 다물고 조용히 침거와 은둔의 삶을 살다가 쓸쓸히 죽음의 길로 간 것일까. 왜일까? 이 왜를 파헤치는 어떤 용기 있는 사학도의 진실이 이 사회에 있어야 우리는 왜 우리 사회는 이다지도 비민주적 독단과 도그마로 얼룩져 있는지를 알 수가 있다는 사실과 진정한 우리 사회 민주화의 길이 열린다는 진실만을 나의 상상의 작은 실마리를 제시하면서 나는 소주를 한잔하러 갈까 한다.

쌍욕이 나온다

내가 유튜버를 보니 어떤 기후 학자가 나와서 우리나라가 빨리 재생에너지를 쓰지 않아서 문제라고 걱정을 하고 앉아 있는 꼴을 보았다. 그는 근시안적 안목밖에 없는 한심한 학자라고 나는 단정한다. 그는 태양열로 서울 면적 두 배면 된다고 하면서 우리나라 에너지를 충족시킨다고 하는데 무슨 근거로 그런 얘기를 하는지 도대체 모르겠다. 어떤 학자는 서울 면적의 6배를 깔아야 한다고 분명히 TV에 나와서 말했는데 어느 장단에 춤을 춰야 할지 모르겠다. 그러나 너무도 모르는 현실과 사실을 보지 못하는 그에게 알던 쌍욕을 한마디 하면서 이 글의 핵심으로 들어가겠다. 내가 다른 나라까지 상관하고 싶지는 않지만, 재생에너지 사업은 우리나라에서는 단정적으로 말해서 안 된다고 본다. 나는 자꾸 지구자원을 퍼 쓰면 안 된다고 강조했다. 그 이유는 너무도 분명하고 명백하다. 자원이란 게 그냥 퍼 쓰면 그냥 사라지고 만다고 판다고 하는데 그것이 명백한 착각이다. 지구는 일종의 유기체로서 모든 것들이 긴밀히 생명체처럼 연결이 되어있다. 내가 누누이 강조한 것이 호메오스타시스를 유지해야만 지구에서 인류가 안전하게 살아갈 수 있다고 열변을 토했다. 자꾸 지구자원을 수탈 적으로 사용하면 이 '호메오스타시스'가 파괴되고 만다는 명백한 사실을 알아야만 한다. '호메오스타시스'란 지구가 생명체가 살아갈 수 있는 환경을 스스로 꾸준히 유지해 주는 항상성을 의미한다. 그래서 지구자원을 자꾸 쓰면 이 호메오스타시스가 파괴되어서 지구의 환경이 파괴되어 어떤 생명체도 살 수 없는 죽음의 환경으로 바뀔 수밖에 없는 것이다. 재생에너지 사업이란 것도 전부 지구자원을 이용해서 만드는 것이기에 역시 이것도 지구파괴이며 호메오스타시스의 자기조절 작용을 파괴하는 짓거리라고 할 수가 있다. 나는 재생에너지 사업보다는 인간과 동물에서 나오는 똥을 이용해서 에너지를 생산하는 방식으로 인류의 모든 에너지 정책이 바뀌지 않으면 인류는 불원 지구의 모든 생명체와 함께 종말을 고하게 되어있다. 내가 이렇게 강조를 하고 역설을 했지만, 도대체 이 깊은 뜻을 헤아리는 사람들이 우리나라에 전혀 없다는 이 비극적 사태 앞에 통한 깊은 아픔만을 느낄 뿐이다. 똥이야말로 전혀 지구자원을 파괴하지 않는 천연의 자원이며 영원히 고갈되지 않는 자원인데도 이를 왜 무시하는지 도대체 대한민국 학자들의 수준 이하의 발언에 대해서 나는 그들의 무지와 무식함 앞에 경악을 금치 못할 뿐이다. 나는 통탄한다. 한국학자들의 무지와 무식 앞에 장차 이 나라는 어떻게 될지 깊은 걱정에 우리의 미래가 암울할 뿐이다. 배웠다는 자들이 이 모양이니 쯧쯧……

학자적 양심

솔직하게 말해서 대한민국이란 나라에는 학자가 없습니다. 그러니 학자적 양심이 있을 수가 없습니다. 그저 진보의 프로파간다적인 교활한 학벌 나치 학자들이 설치는 사회가 현 대한민국의 현실입니다.

내가 잘났다고 말하는 게 아닙니다. 인류는 내가 말한 순환의 문명과 인류 목기 문명 시대 그리고 대체자원론으로 바뀌어 나가지 않으면 곧 인류는 중대한 사태에 직면하게 됩니다. 그건 극단적인 표현일지도 모르지만, 인류 종말의 낭떠러지 밑에 현재 우리 인류는 놓여있다는 사실을 깨달아야 합니다. 내가 유일한 해법이라고 주장하는 것은 이 이상의 어떤 해법도 제시하는 학자들이 없기에 내가 나의 주장을 강변하는 겁니다. 내가 주장한 순환의 문명론과 목기 문명 시대와 대체자원론 보다 더욱 강력하고 올바른 해법이 있다면 그 학자들의 해법을 공개하고 인류에게 희망을 주기 바랍니다. 기후위기도 큰 위기이기는 하지만 인류가 계속해서 지하자원인 광물성 자원들을 지구에서 약탈적으로 착취해서 사용하는 것은 인류가 스스로 무덤을 파는 것과 같은 이치입니다. 더 긴 글을 쓰지 않겠습니다. 대한민국에는 지성이 없고 진정한 인류의 위기 앞에 미래를 걱정하는 학자적 양심이 마비된 사회라고 나는 판단할 뿐입니다. 인류는 지금 절벽 밑으로 떨어져 곧 추락사할 예정이라고 나는 생각합니다.

진보와 관성의 법칙

사회를 진보시키겠다는 것이 진보주의자들의 주의, 주장이다. 구소련이 붕괴하기 전까지 우리 사회에는 공산주의 동조세력들이 많았고 공산주의의 사상으로 무장하여 우리 사회를 변혁시키겠다는 진보주의자들이 많았다. 그러나 소련의 붕괴와 서구 공산주의가 모두 무너지자 여기에 된서리를 맞은 게 우리나라 진보세력들이었다. 공산주의 사회를 만들어서 부자와 빈자가 없는 세상의 없는 유토피아를 만들겠다는 건 단지 진보주의자들이 내세운 형식적 구호였다. 그들은 공산주의 이상주의를 내세워 대중을 선동하여 얻고자 한 것은 진정한 의미의 공산이념이 아닌 부자들이 누리고 있는 부와 쾌락을 얻고자 그저 대중들은 선동하여 폭력적 정권쟁취를 얻고자 한 것이다. 박근혜 정권을 별의별 온갖 흑색선전으로 무너뜨렸지만, 과연 문재인 정권의 행태는 어떠했는가. 그들의 부정부패 역시 박근혜 정권 저리 가라 할 정도로 지독한 부패의 정권이었음은 드러난 진리적 사실이다.

물론 나는 우리나라 보수세력의 지지자가 아니다. 그리고 진보주의자들 중에도 선량한 의도를 가진 진보주의자들이 없는 것이 아니다. 그러나 진보를 외치는 자 중에 상당수는 그들의 이념인 사회진보와 빈자의 편에 서기 위한 것이 아니라 자신들의 이권과 쾌락을 위해 그냥 진보의 색깔만을 쓴 인간들도 상당수이다.

이건 보수 쪽도 마찬가지라고 할 수 있다. 보수라 하여 부패한 인물들만 있는 것은 아니다. 진정 사회에서 보수의 가치를 실현하기 위한 인사들도 역시 보수 쪽에도 있다. 문제는 무엇인가. 우리 정치사의 관성의 법칙이 문제라 할 수가 있다. 멀리 가지 않고 우리 현대 정치사를 들여다보면 보수 진보할 것 없이 어떤 체질화된 부패의 검은 그림자가 단단히 관성의 법칙으로 자리 잡고 있어서 어떠한 유토피아적 이념을 외치고 나타난 세력이라 해도 결국 그 변하지 않는 부패의 관성 법칙을 절대로 바꾸지 못할 뿐만이 아니라 그 부패의 늪에 빠져서 허우적대며 그 부패의 쾌락만을 즐기기에 바쁜 게 바로 정치세력이라 할 수가 있다.

더구나 우리나라는 보수 진보의 문제만이 있는 것이 아니라 우리나라 지역

색에 의해서 그 정치적 파쟁이 심각하다는 문제를 안고 있다. 이 지역적 파쟁은 우리나라의 고질적 병폐이자 심각한 국가적 문제성을 가지고 있다. 절대로 변할 수 없는 지역성으로 인해 우리 사회는 절대 어떤 정파들이 나타난다고 하더라도 더러운 부패의 탈을 벗지 못하고 태연히 더러운 부패의 늪 속에서 정치적 행태를 자행하고 있다. 그리고 진보든 보수든 모든 정파가 자기들이 하는 어떠한 악도 자신들의 정파의 이기적 논리에 의해 합리화를 하므로 우리 정치는 군사정권 때나 민주화되었다는 현 문민 정권에서도 전혀 썩은 부정부패의 관행은 전혀 변하는 게 없는 더러운 눈 가리고 아웅 하는 정치행태를 태연하고 뻔뻔하게 자행하고 있다. 사실 이 모든 사실을 국민 또한 너무도 잘 알고 있지만, 우리 정치사의 반 모럴과 반지성주의적 작태에 익숙하고 그냥 포기하며 살기 때문에 절대로 변할 수가 없는 사회악이 바로 우리 정치판이다. 나는 진보를 미워한 적이 없지만, 진보가 우리 역사에서 한 번도 진보의 정의감과 이념을 우리 사회에서 구현한 적이 없기에 엎치락뒤치락하며 우리 현대정치는 이권 주고받기를 탁구공 넘기듯이 하며 현재 정치 모양을 하고 이어져 오고 있다.

진보주의자들의 시대적 과제를 전혀 보지 못하고 가장 대중들에게 어필하는 이슈를 항상 부자와 빈자의 양극화란 논리를 이용해 대중선동에 상습적으로 사용하는 것도 진정한 의미의 사회정의 감이라기보다는 대중들을 자극하여 정권쟁취 수단에 한 술수에 지나지 않는 것은 이제까지 진보정당들의 행태를 보면 너무도 잘 알 수가 있는 사실이다.

안타깝게도 우리 대한민국의 정치 모럴은 군사정권 때나 문민정부 때나 전혀 변한 게 없는 정치판의 부패 관성 법칙 아래 이어져 왔기에 이번 선거판에 정치인들이 어떤 날카로운 비판의 칼날을 또 보수에 들이댄다고 하더라도 진보의 도덕성은 이미 회복될 수 없는 역사적 상처를 국민에게 인식시켰다. 진보가 목소리는 크지만, 매번 더러운 부패 관행으로 정권의 막을 내리는 행보를 해왔기에 이 대한민국의 민주주의는 일보도 발전 없는 군사정권 때의 독재와 부패의 연속선 상에서 시대적 문제의식에 대한 한치도 선견지명이 없는 부자와 빈자의 양극화 논리만을 대중 선동주의 이념으로 또 정권 잡기를 노리는 음흉한 늑대들이라 할 수가 있다. 모든 이권은 이 교활한 진보의 탈을 쓴 자기 이권주의 세력들의 입안으로 들어가고 마는 것이다. 우리 진보는 썩어도 너무 썩은 집단이기에 솔직히 사회정의 감은 그냥 구호에만 머물고 돈과 쾌락을 위한 가속 행진을 위한 노력이 또 우리 사회를 어지럽힐 것이 분명하다. 이게 우리나라 진보의 정체라고 할 수가 있다.

답답한 마음

나는 지금 홀로 사랑하는 개 한 마리 데리고 살고 있습니다. TV도 보지 않고 신문도 물론 읽지 않고 있습니다. 그래서 세상 돌아가는 것에 큰 관심이 없습니다. 나이도 내 년이면 환갑에 이르는 이제 노년을 향해 살아가고 있는 인물입니다. 사실 건강도 썩 좋은 편은 아닙니다. 나는 이제까지 고문을 많이 받고 살아온 인물입니다. 글쎄 그걸 누굴 탓해야 할지는 모르지만, 아무튼 내 주변의 인물들이 전부 나를 이용 또는 악용이라 해야 할까, 아무튼 엄청난 음모와 흉계를 가지고 나를 대하는 것을 알고 있습니다. 내가 이제까지 살아오면서 느낀 점은 인간이란 거 자신들의 이익을 위해서는 못하는 짓이 없다는 것을 알게 되었습니다. 로맹 롤랑의 시중에 인생 찬가라는 시가 있습니다. 그 시에서 인생이라는 전쟁터라는 표현을 썼더군요. 지금 내 마음에 절감하는 대목이 아닐 수가 없습니다. 형제가 되었든 친구가 되었든 내 주변 인물들은 나를 가지고 별의별 사기와 모함을 다 하고 있다는 것은 명백히 느낍니다. 지금이 또한 선거철이기도 해서 아마 진보와 보수의 대립이 팽팽하다 못해 살벌하다고까지 느낍니다. 나는 이제껏 진보 편에 선적도 없고 그렇다고 보수 편에 선적도 없습니다. 투표도 언제나 사실 진보 쪽에 더 많은 표를 던지고 살아왔습니다. 문재인 때는 문재인 후보에게 표를 주어 내 표가 문재인 후보를 당선시키는 귀중한 한 표가 되기도 했습니다. 그러나 내가 왜 진보에 실망하게 되면 그들이 언제나 내세우는 정의나 민주주의 같은 말에 짙은 회의를 느끼게 하는 뻔뻔한 행동들을 서슴없이 하기 때문입니다. 정의를 그렇게 찾던 문재인 대통령은 국민에게 주식을 권하기까지 하는 파렴

치한 행동을 스스럼없이 자행했습니다. 우리나라에서 주식은 솔직히 투자가 아니라 도박 그 이상이 아닙니다. 왜인 줄 아십니까. 김대중 정권은 민주와 인권을 외치면서 지역타파 또한 외친 정권입니다. 과연 이들이 진정 민주와 인권을 위한 정치를 했을까요. 나는 DJ 정권 당시 홍대 앞에서 사무실을 열고 주식을 했습니다. 그 당시 아마도 단군조선 아래로 우리나라 주식시장 최고의 흥행을 달린 시기가 아닌가 합니다. 코스닥이란 게 등장하면서 이게 말도 안 되는 주가 초대박 행진을 했습니다. 당시 코스닥 주식회사 일억도 안 되는 회사가 몇조씩이나 올라가는 어마어마한 일이 벌어져서 온 국민을 주식에 미치게 했습니다. 나 역시도 그때 뭘 모르고 시작한 주식에 깊이 빠지게 되었습니다. 과연 일억도 되지 않는 회사를 몇조의 회사로 둔갑시키는 이 미친 마술을 누가 만들었을까요. 바로 DJ 정권에서 꾸며낸 짓거리입니다. 그때 그런 주식 부정부패로 엄청난 뒷돈을 챙긴 게 바로 진보정권의 뿌리인 DJ 정권입니다. 아마 그 당시 수십조 원의 부정부패를 했을 거라 예상됩니다. 이 DJ 정권이래로 모든 진보정권이 이 주식시장을 조작하여 엄청난 부정부패를 자행하게 됩니다. 문재인 정권 당시 일어난 금융 부정부패를 한번 생각해 보시기 바랍니다. 그러면서 문재인 대통령은 국민에게 주식을 하라고 독려를 하는 만행을 저질렀습니다. 과연 누구를 위한 주식독려일까요? 상습적 주식 부정부패를 꾸미기 위한 진보세력들의 더러운 부패 수작이 아니고 뭐겠습니까? 그러나 이런 부정부패는 진보고 보수가 가리지 않고 일어나는 정치권의 부패한 관행이기에 이를 진보의 탓이라고만 하지는 않겠습니다. 진보의 진짜 문제는 이 나라를 이끌고 나갈 미래에 대한 비전과 청사진이 전혀 없는 그래서 결국 5년 정권을 하다가 부정부패로 그 막을 내리는 불행한 우리 대한민국 정치사를 만들어왔기에 그것이 문제인 것입니다. 진정한 진보의 가치가 뭡니까. 주식으로 부정부패하는 게 진보의 가치입니까? 북한과의 평화적 제스쳐 약간 하다가 지금 현재 북한과의 관계가 어땠습니까? 최악입니다. 이게 과연 보수의 문제만일까요. 또한, 현재 선거가 다가오고 있는데 진보층의 대국민 홍보가 가히 가관입니다. 이런 거의 일 세기 전의 공산주의자들의 수법을 가지고 정치를 하겠다고 나선 겁니다. 부자와 빈자를 단순이분화하여 부자들이 이 나라를 망하게 했다는 식의 선거전을 벌이고 있는 진보세력들의 공산당식 인민재판 선거홍보전에 나는 기가 막혀 벌린 입을 다물지 못할 지경입니다. 자신들의 그 주식 가지고 벌이는 부정부패 대행진에 대해서는 왜 한마디의 반성도 없이 부자만 가지고 욕을 하는 것은 어불성설입니다. 나는 부자를 옹호하지 않습니다. 부자에게도 선인이 있고 악인이 있듯이 빈자에도 악인과 선인이 뒤섞여 있기에 그런 가진 자와 못 가진 자의 단순 이분화를 가지고 우리 사회의 가치평가를 하는 공산당식 선거홍보전을 펼치는 것에 어이가 없을 뿐입니다. 왜 우리나라 선거판에는 우리나라에 대한 비전과 정책들은 없고 공산당 인민재판식 선거홍보에만 열을 올리는 우리 진보정치인들에게 한마디로 후안무치하기가 그 끝이 없다고 밖에는 단정할 수가 없습니다. 단 하나의 우리 사회와 나라에 대한 온당하고 바른 비전을 상실한 대중선동씩 공산주의 수법이 아직도 이 나라에는 활개를 치고 있는 이 현실에 대해서 깊은 유감과 비감한 슬픔을 느끼지 않을 수가 없습니다. 우리나라의 최대 비극은 무엇입니까? 6·25전쟁이 왜 일어났습니까? 수백만 명이 피를 흘린 민족의 이 대참사의 원인이 바로 부자와 빈자 가르기식의 이념대결로 인해 일어나 엄청난 비극임에도 불구하고 아직 진보들의 망상의 선거전 앞에 역사의 교훈을 되새길 줄 모르는 그 작태가 끝을 모르고 이 대한민국에서 일어난다는 깊은 아픔과 슬픔이 나를 이 글을 쓰면서 절망케 하는 겁니다. 진보는 좀 이 나라의 미래를 위해 정책과 비전을 제시하기 바랍니다. 그렇게 머리가 텅 비어서 무슨 나라를 위한 정치를 한다고 설칩니까. 내가 보수 옹호하는 사람 아니라고 했습니다. 보수도 문제가 많습니다. 그러나 오늘날 우리 정치사의 민주주의가 일보도 앞으로 나아가지 못하는 그 원인은 바로 진보세력의 이기주의적 정권 쟁탈 욕에 있기에 나는 분개하면서 이 글을 쓰는 겁니다. 그리고 또한 그만 지역주의 장사하기 바랍니다. 나라를 찢고 발기고 하는 지역감정 그만 이용하기를 바랍니다. 진보는 우리 앞에 놓인 진짜 이 나라와 세계의 문제가 무엇인지에 대한 해법과 청사진을 밝히고 또한, 이 나라를 위해 무엇을 할 것인지 정책과 비전을 제시하기를 바라면서 한 번도 이 나라를 위해 아무 일도 하지 않은 진보세력들은 인제 그만 주식으로 장난치지 말고 나라와 국민을 위한 떳떳한 정치세력이 되기를 간곡히 부탁드리는 바입니다!!!

90일간의 세계 일주

현 정부에 건의합니다. 40세 이하 부부들이 결혼해서 아이를 2명 이상 낳으면 90일간의 전 세계여행을 시켜주는 아이 낳기 프로젝트를 시행했으면 좋겠습니다. 이전 글에서 이미 썼지만 지금 유아 출산율이 심각한 상태입니다. 이대로 가다간 나라가 파산합니다. 국가와 기업들이 젊은 부부들에게 꿈과 추억 그리고 낭만의 90일간의 세계 일주를 시켜주어 출산율을 높여야 한다고 생각합니다. 그래야 우리나라의 미래가 있음을 통찰하셔서 아이 낳기 프로젝트 90일간의 세계여행을 시행하시기를 바랍니다. 이 프로젝트는 분명히 대박 히트작이 될 것입니다. 현(現)국면이 전환될 것입니다.

1. 단 40세 미만의 부부만 가능
   * 예외 - 늦둥이는 인정, 나이에 무관함

2. 세계 일주 계획은 나라에서 짜줄 수도 있고 본인들이 세계 일주 여행코스를 짤 수가 있음

3. 국가나 기업에서 교통, 숙박, 음식(특별식을 본인 부담)을 제공하고 개인 용돈 하루에 20달러 지급해줌, 삼 개월이면 20*90 = 1800달러 공짜로 지급함, 별도의 용돈은 본인 부담.

4. 국내 여행만을 원한다면 90일 국내 여행도 가능, 우리나라의 모든 아름다운 비경을 여행할 수 있음

5. 아이들과 동행할 수도 있고 부부끼리만 갈 수도 있음, 아이들은 정부나 기업에서 맡아서 돌봐줌.

6. 평생에 한 번 있을까 말까 한 꿈의 여행을 시켜주고 출생률을 높인다. 이만하면 살만한 나라라고 모두가 느낄 수가 있다. 애국심이 함양된다.

7.이 아이디어를 기본토대로 하여 다양한 첨삭과 변주를 할 수 있음.

내 생각에 대한 견해(見解)

나는 시인이고 예술가이다. 과학에 대해선 아는 게 전혀 없는 문외한이라 할 수 있다. 그런 내가 인류 앞에 닥친 커다란 재앙적 위기사태에 대하여 내가 할 수 있는 최선의 답변과 방향을 제시했다. 내 글에 시비를 걸 사람도 있다고 생각한다. 네가 뭔데 그런 글을 썼냐고 항변을 할 수도 있다. 나는 예술가로서 예민한 감수성을 가진 사람이다. 지금 인류 앞에 당면한 대위기를 직감적으로 크게 느끼고 있다. 물론 하루하루를 평범한 자기 일에 종사하는 사람들이 느낄 수 없는 지구적 재앙적 사태에 대한 예민한 반응을 나는 느끼는 것이다. 그러나 내가 여러 번 반복해서 글을 올리고 있지만, 도대체 내 글이 먹혀들어 가고 있는 것인지 국내외에 어떤 누구도 속 시원한 반응과 견해를 보이지 않아서 답답하기가 그지없다. 내 문제해결책이 틀렸다면 솔직한 견해로서 반박해 주었으면 하지만 단 한 사람도 이렇다 할 자신들의 견해를 내 소견에 대하여 제시하지 않으니 나는 마음이 답답할 수밖에 없는 것이다. 어떤 낌새로는 내 인류 문제에 대한 해법이 어느 정도 긍정적인 반응일 수도 있다는 분위기를 느끼지만 그렇다고 내 해결책에 대해서 찬성과 긍정의 솔직한 견해를 말하지 않아서 나는 지금 잘 되어가고 있는 건지 아니면 그냥 내 지구문제에 대한 해결책을 무시하는 것인지 도대체 알 수가 없다. 그러나 나는 어떠한 글 속에서도 내 글 이상의 어떤 인류 앞에 환경문제에 대한 답안을 제시하는 글들을 볼 수가 없었다. 물론 방송에서도 역시 마찬가지로 어떤 문제해결책을 내놓은 사람도 매체도 없었다. 내 견해에 대한 수긍과 긍정적 반응이 없다 해도 나는 나 자신의 문제해결책이 어느 정도는 인류의 대위기에 대한 해법의 근사치에는 접근했다고 확신한다. 우리나라에는 다양한 지식인이 있지만, 나만큼의 해결책을 제시하는 학자도 어떤 지식인도 볼 수가 없다. 그냥 나를 외면하는구나! 하고 느낄 수도 있지만 지금 지구적 위기

사태가 그냥 외면만을 하고 있을 때가 아님을 나는 경고하고 싶다. 내 해결책이 틀렸다면 당당히 반박하고 내 주장이 틀렸음을 글로 써주기를 바라면서 왜 우리 사회는 눈앞에 닥친 이 중대하고 위험한 인류 공멸의 사태 앞에 침묵만을 하고 있는지 그저 가슴이 답답하고 풀리지 않는 매듭처럼 내 속을 태우고 있는 심정임을 밝힌다. 과연 인류의 지성들은 지구환경과 기후의 대위기 앞에서 어떤 대응책을 가졌는지 궁금하며 우리 사회의 지식인들은 나의 인류 문제에 대한 졸속한 해결책에 대한 솔직한 견해를 기다린다. 이런 나의 심정은 나는 무명의 예술가이지만 나의 진실한 인류의 위기에 대한 해법을 제시했고 내 글과 답안이 달랐다면 이를 솔직히 반박하여 나에게 다시금 제 생각의 기회를 주고 또한 그 반박의 글에 대한 또한 나의 글을 다시 써서 인류의 대위기에 대한 어떤 변증법적 해결책을 찾아가고자 하는 나의 소박한 견해인 것이다. 지식이 없는 예술가의 한계를 나도 인정하니 많은 강호의 지식인들에 솔직담백한 질정을 기다린다.

지구를 바라보는 시각

우리 인류 앞에 닥친 전(全) 지구적 기후위기와 환경파괴로 인한 재앙적 사태는 그 원인부터 잘 알고 넘어가야 하는 사항이다.
지금부터 불과 3~4세기 전만 해도 별문제가 없이 이 지구는 자체의 정화작용과 복원력을 가지고 지구의 생명력이 별문제 없이 인류에게 큰 위험 없이 지나오게 되었다. 그런데 불과 2세기 전부터 인류는 과학과 자본주의가 결합하면서 부터 지구에 대한 무한 수탈과 착취가 이뤄져 오게 된다. 과학에 의한 자본주의 산업 문명은 무한한 지구자원 갈취를 통해 엄청나고 비약적인 발전을 이루게 된다. 눈부신 과학 문명의 성과는 인류 역사상 가장 번영하는 인류 문명 사회를 만들게 되었다. 상상조차 하기 힘든 과학의 성과물들이 전 지구사회를 뒤덮게 되고 그 산업 문명에 도취한 인류는 오로지 과학의 발전과 산업 문명의 진보만이 인류를 행복하게 할 수 있다고 오만한 망상에 빠지게 된다.

과연 지금에 와서 그 결과는 어떻게 되었는가. 인류의 눈앞에 닥친 심각한 기후위기와 환경생태계의 파괴는 온 인류를 절멸시킬 위험한 지구적 재앙의 사태로 발전하고 있다. 왜 그러면 인류는 지금, 이 지경에 까지 왔는가? 그 이유는 단순하다면 단순하다. 지구라는 혹성의 자원들을 무한히 인간의 자의적 판단으로 자제력 없이 지구자원을 수탈하고 변용하여 현 인류의 문명을 만들어왔기에 지구는 지금 자체의 생명력을 호메오스타시스적 항상성이 파괴되고 지구환경이 생명체가 살 수 없는 심각한 생태계의 교란과 오염으로 지구적 재앙 앞에 놓인 상태라 할 수 있다.

지구는 무한히 인간에 의해 착취되어서는 안 되는 하나의 생명체라 할 수 있다. 지구는 무한한 자원을 가진 무한한 혹성이 아니기에 인류가 이를 깨닫고 지구를 보호하면서 인류 문명을 발전시켜 나가야만 인류도 지구에서 안전하게 대를 이런 살아갈 수 있다는 점을 명심해야만 한다.

지구를 무한히 수탈할 수 있다고 보는 현 산업 문명의 가공한 파괴력 앞에 우리는 어떻게 해야만 하는가. 인류 앞에 지금 지구의 환경파괴로 인한 걷잡을 수 없는 기후위기를 비롯한 재앙적 사태가 계속 발생하고 있다. 지금 그 누구도 이에 대한 해법을 찾지 못하고 우왕좌왕하면서 기후위기에 대한 탄소 중립화만을 마치 현 위기에 대한 해법인 듯이 떠들어 대지만 인류 앞에 놓인 지구적 재앙의 원인은 단지 탄소 중립화만으로서는 해결될 수 없는 근본적 처방을 하지 않고는 인류와 지구의 모든 생명체의 멸종은 지금 시간문제일 수밖에 없는 것이다.

그렇다면 현 인류 앞에 놓인 이 지구적 대재앙에 대한 해법이 무엇인가. 모든 사람이 알고 싶은 해법이라 생각한다. 솔직히 이에 대한 세계의 그 누구도 아직 이렇다 할 방향과 해법을 제시한 사람들이 없다는 데에 그 문제에 심각성이 있는 것이다.

나는 지금 내가 잘났다고 떠들어 대면서 이 글을 쓰는 것이 아니다. 지금 당면한 지구적 위기는 너무도 거대한 인류 최악의 대재앙이기에 누구를 기다리면서 있기에는 너무 시간이 촉박하다는 데에 그 문제가 있는 것이다.

전 세계에 많은 대 석학 학자와 지성들이 있으나 어떠한 과학자도 지금까지 이 위기에 대한 정확한 해법을 제시하지 못하기에 지구의 재앙 앞에 인류가 공포적 상황을 느끼고 있다.
사실 그 누구라도 설령 초등학교도 나오지 못한 까막눈의 무식쟁이라도 만일, 이 지구적 위기에 대한 해법을 생각해 낸다면 자신의 솔직한 견해와 해법을 인류 앞에 제시해야만 하는 그런 궁색한 아이디어 빈곤의 막다른 상황 앞에 전 지구는 놓여있는 것이다.
나는 무식한 시인이자 예술가이다. 그런 내가 이런 생각은 어떻냐고 전 인류 앞에 내 나름의 고심에 찬 해법을 제시했다. 그 내용은 이제까지 내가 쓴 글들에 그대로 나와 있으니 참고하기를 바란다.

어영부영하면서 네까짓게 뭔데 그런 글을 썼냐고 하면은 나는 할 말이 없지만 지금 이 심각한 대위기 앞에 놓인 인류와 자라나는 미래의 세대들에게 현 기성세대로서 일말의 무거운 책임감은 느끼고 내 딴에는 그래도 해법을 제시한 것이다. 나는 인류 앞에 순환의 문명론, 인류 목기 문명 시대, 대체자원론, 똥오줌 에너지론 등등의 방법과 해법을 제시했다. 과연 전 세계가 어떻게 나의 이 해법들을 받아들이는 가는 세계인들의 자유적 판단과 의사에 따르겠지만 나는 솔직히 지금 시간이 이제 얼마 남지 않았음을 경고하지 않을 수 없다. 인류의 미래는 이제 전 세계 각 분야의 지도자들- 종교계 정치계 경제계 문화예술계 언론방송계 법조계 군계 체육계 등등 지도자들의 현찰에 따라 인류의 운명이 여기서 막을 내리느냐 아니면 또 다른 방향으로의 새로운 문명 세계로의 개막을 통해서 자라나는 미래의 세대들에게 꿈과 희망의 세상을 물려줄 것인지를 결과적으로 드러나게 될 것이다.

지구라는 혹성에 대한 이제까지의 관점을 코페르니쿠스적 전환을 통해서만 인류는 미래를 보장받을 수가 있는 것이다. 지구의 생명력을 지키지 못하면 인류의 생명도 그 생명 자체를 모두 잃게 된다는 점을 명심하면서 나는 이 글을 끝마칠까 합니다. 신의 가호가 있기를 바라면서…!!!

이번 선거결과를 보며

한 마디로 참착한 기분을 금할 수가 없다. 이번 선거의 특징은 역시나 지역성이다. 새삼스러울 게 없는 망국 지병이 이 나라를 지배한다는 심정이다. 또 한 가지는 민주당이 지금 좋아서 난리가 났겠지만, 과연 국민이 민주당이 좋아서 그런 표를 주었는가에 대해서는 나는 착각하지 말라고 말하고 싶다. 다만 얼마나 윤석렬 정권이 국민에게 미움을 받고 있는가에 관한 확인이고 찍을 정당이 없어서 또 민주당에 한 표 행사했구나 하는 소감이다. 지난 대선 때 국민의 분노는 다 어디 갔는가 하는 안타까운 마음뿐이다. 한 번씩 돌아가면서 나라를 통창으로 만드는 이 나라 정치세력들에 대한 절망감이 들 뿐이다. 거기에 기생해서 존재하는 지식인의 작태 앞에 그저 구역질과 역겨움만이 있을 뿐이다. 과연 이 나라는 미래가 있는 나라인가!!!

불면(不眠)의 밤

매일 놀고 매일 쉬고 하다 보면 늘 머릿속에는 이런 생각 저런 생각이 가실 틈이 없다. 불쑥 히틀러는 왜 그렇게 많은 사람을 죽였을까 하는 의문이 들다가 스탈린의 공포정치 또한 만만치가 않았다는 상념이 떠올랐다. 국민을 효과적으로 통치하는 데에는 역시 군기 잡기식의 공포정치가 제일이 아닌가 하는 판단이다. 역사상 위대한 정치가는 누구인가를 떠올려 보면 역시 우리나라에서는 세종대왕이 으뜸이고 그다음에는 박정희인가 하고 생각하다가 어떤 논객이 노무현이 최고의 대통령이었다고 해서 나를 어리둥절하게 만들었다. 대통령 중에 유일하게 자살로 생을 마감한 정치가라는 데에 어떤 동정표가 가 있는 게 아닌가 한다. 정치는 잘해도 욕을 먹고 못 하면 더 욕을 먹겠지만 과연 잘한 정치가 무엇인가에 관한 판단이 참으로 어렵다. 그저 한 인생 정치판에서 뒹굴다가 온갖 권모술수의 모략으로 살다가 저세상으로 가는 게 정치가 아닐까 하는 답이 나왔다. 나라는 어떻게 해도 돌아가게 마련이다. 폭군이 됐든 성군이 되었든지 아무튼 그 나라는 아무렇게라도 돌아가기 마련이다. 임진왜란 때도 백성은 살아남았고 남한산성의 치욕의 병자호란 때에는 국민은 살아남아서 지금 한류가 전 세계를 강타하는 그런 호시절이 온 것이란 상상이 들지 않을 수가 없다. 박정희 대통령의 유신 시대가 독재정치였다고는 하지만 지금에 와서는 한 겨울밤의 그 시대를 회고하면서 소주를 마실 수가 있는 시대로 흘렀다. 아무튼, 아무리 악독한 정치가의 독재가 있다 해도 시간을 흘러 흘러 강물처럼 흘러가고 뒷물결이 앞 물결을 밀어내고 또 다른 시대상을 연출하기에 그저 버티면서 한세상을 살다 보면 좋은 때도 있고 나쁠 때도 있는 세상 새옹지마 적 인생론이 성립하고 마는 것이다. 나폴레옹은 아직도 위대한 황제로 기억되고 있으나 그 밑에서 비명횡사한 무수한 병사들이 있다. 그러나 역사가는 나폴레옹은 기억하지만, 무참히 희생된 병사들은 이름은 역사의 기록으로의 가치도 남기지 않는 게 현실이다. 우리 남과 북의 현실을 상상해본다. 이미 통일에 대한 기대는 일찌감치 물 건너간 그저 남북조 시대로 후세에 기억으로 남는 게 아닌가 한다. 글쎄 꼭 통일되어야 좋다는 법도 없다. 너무 오랜 기간 다른 체제하에서 살아온 남과 북의 인민들이 통일된다고 단합하게 되리란 보장이 없고 큰 사회적 문제로 신문에 매일 오르내리게 되리란 사정이고 보면 남과 북의 통일은 안 되는 게 오히려 다행이란 생각에 머무른다. 골치 아프게 정치적 상념을 키울 것이 아니라 어린 시절부터 보아온 할리우드의 미녀 스타들과 꿀과 같은 에로티시즘에 대한 판타지를 키워보는 게 더욱 정신건강에는 이롭지 않을까 한다. 홍콩 여배우 장만옥에 대한 애정을 젊은 시절 키웠지만, 언제가 어떤 매체에 난 장만옥의 사진에서 그녀도 이제는 젊은 시절의 미모는 사라지고 말았다는 안타까운 모습을 보고 한숨이 절로 나왔다. 나도 이제 흰머리가 많이 난 나이가 되었지만 아름다운 미녀 스타들이 늙어가는 모습을 보면서 세월의 무상함만을 느끼게 된다. 나의 청춘 시절의 꽃보다도 아름다운 미모로 남성들의 마음을 설레게 했던 소피 마르소와 다이안 레인 등등의 모든 미녀 배우들이 세월의 물결 속에 이젠 추억 속에서 회상해보는 미녀 스타들이다. 나도 내 나이가 이렇게 먹게 되리라곤 상상도 하지 못했다. 그냥 젊은 시절 그 모습대로 남아 있으리라 생각하곤 공부도 하지 않고 술과 여자를 그리며 청춘의 낭만을 풍미했다는 아쉬움과 그리움의 회한이 가슴 깊이 솟아오른다. 사랑에 대해 동경은 가시지 않으나 사랑의 대상이 부재하다는 데서 사막에서 오아시스를 찾는 심정의 갈구가 있지만, 이상으로서의 사랑의 대상은 역시 연예계에서 밖에는 찾을 수가 없다. 블랙핑크나 뉴진스 등등의 신세대 여자 인기 연예인들이 예쁘지만, 그저 눈요기 이상이 아닐 수 없는 것은 백발은 아니더라도 이마에 주름과 턱수염이 눈처럼 하얗게 변한 나 자신의 모습을 거울에서 확인할 때 심정이 일그러지면서 탄식이 아니 나올 수 없기 때문이다. 기력의 쇠잔함도 예전 같지 않다는 깊은 고민이 나온다. 아, 무상한 세월이여, 마르쿠스 아우렐리우스 철인 황제의 명상록의 한 대목 인생은 나뭇잎이기에 누구나 예외 없이 지고 만다는 그 사실을 깊이 인식해야 한다. 이 밤에 누구를 그리워할까. 떠오르는 인물이 없다. 그저 안방에서 자는 내 사랑 롱이의 귀여운 모습만이 한 가닥 위로를 준다. 나의 날은 가고 말아 부평초처럼 떠도는 구름으로 살다가 이제 나이가 들어 잠 못 이뤄야 하는구나!!!

무욕(無慾)의 삶

노자(老子) 도덕경(道德經)에 보면 무욕을 하며 살라고 한다. 과연 이 말이 가능한가. 20대 무렵 노자를 읽으며 이 구절에서 나는 납득이 되지 않았다. 인간이 사는 이유가 어떤 욕망이 있으니까 살아가는 것인데 욕망을 버리고 살라는 말에 사실 할 말이 없었다. 욕망 없으면 좋지 그러나 가능한 말이 아니란 사실을 깨닫게 된다. 욕망에도 가지가지의 욕망 형태와 종류가 있다. 그렇다면 꿈을 버리라는 말인가? 그럼 왜 살아가는가? 사랑도 하지 말고 뭔 일을 하지도 말아야 하는 것 아닌가. 과연 노자라는 이 위대한 경서에서 뜻하는 무욕의 의미는 무엇인가? 이것도 일종의 역설일까? 결국, 억지로 해석하면 비워야 한다는 뜻과 통하는 것인데 이 말은 늘 일상에서 많은 사람이 하는 말이다. 비워야 이뤄진다는 말은 비어야 채울 수가 있기에 늘 비워야 한다는 깊이 있는 말이다. 사실 욕망으로 가득하면 인간은 그 욕망을 이루기보다는 오히려 해를 입는 경우가 더 많다. 그러나 이 비운다는 말은 상당한 수양과 노력을 하지 않고는 이룰 수가 없는 한 인간의 경지에 대한 말이다. 나는 오늘도 무욕하며 살겠다고 하지만 이미 마음 가득 어떤 욕망에 폭 젖어있는 내 마음의 관성을 보면서 불가능한 꿈이 무욕이라고 단정한다. 그냥 이뤄지지 않는 허망한 욕망일지언정 가슴 한구석에 채우고 있어야 그래도 사는 의미가 있고 다 비워버리면 그 허전함을 무엇으로 달랠 것인가? 그래서 노자는 읽기가 싫다. 짧은 구절들이지만 그 뜻도 다 모호하여 이해가 되지 않고 결국, 이런 진리적 언어들은 체득해서 몸에 배어야 하는데 이것 또한 보통 어려운 일이 아니다. 많은 노자 도덕경을 읽었다는 사람들을 보지만 대부분 노자의 말을 오독해서 행동하는 사람들을 보게 된다. 무욕의 경지가 얼마나 어려운 실천적 행동인가에 대한 까마득한 깊이와 불가능함을 다만 느낄 뿐이다. 나는 체질적으로 노자 도덕경과는 가까워질 수 없는 사람이란 판단만이 들 뿐이다. 수십 년간 읽어온 노자 도덕경에서 깨달음이란 그냥 분수에 맞게 살라는 암묵의 가르침이 다가올 뿐이다. 나이가 들어 무욕을 하며 살 수 있다면 마음이 참 가볍겠다는 생각은 들지만, 아직도 마음 한가득 욕심으로 꽉 차 있는 내 욕망을 보면서 나는 결국 아무것도 이루지 못하겠다는 깊은 절망의 탄식이 신음처럼 나온다. 이 세상에 길은 없다. 아니 첫 단추를 잘 끼워야 하는데 이미 첫 단추에서 부터 예고되는 실패한 인생의 길이란 자책감에서 나는 어쩔 수 없이 그냥 아무 의미 없는 삶을 살아가야 한다는 심정만이 들 뿐이다. 내가 경험적 체험에서 나온 충고 거리가 있다면 이제 인생의 초반에 있는 사람들이라면 첫출발에 신중을 근거로 해야 한다는 것이다. 시작이 반이라는 말처럼 출발점에서 잘 자신을 훈련하며 마음에 허황한 욕망을 버리고 가벼운 마음으로 목표를 향해 가게 되면 큰 무리 없이 성공한 인생이 되는 것이라 본다. 그럼 어디서부터가 시작점인가에 관한 판단에 어려움이 있다. 자기 뜻을 정하는 그곳에서부터다 시작점이다. 가벼운 마음이 욕심 없는 시작이다. 나는 지금 감당할 수 없는 욕망의 무게감으로 인해 일보의 전진도 없는 인생을 살아가고 있다는 자책감에 빠져있다. 욕심이 없음과 비우기 그리고 버리기 말은 쉽지만 거의 불가능한 심리적 경지이다. 버겨운 욕망의 바위를 안고 나는 오늘도 힘난한 오르막길을 오르고 있다. 나의 죄와 벌인 형극의 길을 가고 있다고 생각한다.

나의 연인 혹은 아내

나는 지금 홀로 살아가고 있다. 정확히는 일해주시는 도우미 아주머니와 나의 사랑하는 아들 롱이와 산책을 하며 생활하고 있다. 나는 그럼 평생 이렇게 나의 삶을 혼자서 살아갈 것이다. 그렇지는 않다. 나는 늘 여성에 대해 동경을 통해서 현재와 같은 고난의 삶을 견디며 살아가고 있다. 그렇다면 어떤 상대를 원하는가 하는 문제가 있다. 나는 지금은 쉬고 있지만, 영화감독을 하며 살아가기를 원한다. 그래서 상대도 연애인 중에서 만났으면 하는 바람이 있다. 그리고 몇 명 이상적 몇 명의 연예인을 꿈꾸고 있는 것도 사실이다. 물론 상대의 동의 없이 나의 헛된 이상적 동경일 수도 있지만, 아무튼 나는 배우든지 배우이며 가수이든지 재능이 있고 예술적 감성과 감각이 있는 상대를 원한다. 서로 예술적으로 대화할 수 있고 작품을 함께 하기도 하면서 연애도 하는 그런 관계가 이상적이다. 물론 꼭 연예인이어야만 하는가에 대한 단정은 아니다. 예외 없는 법칙이 없다고 했다. 물론 이상으론 같은 동종의 업종에서 함께 서로를 격려하면서 동행하는 것이 이상적이지만 예외도 있다. 일종의 미모의 매력 덩어리라던가. 나는 예술가로서 영화를 지향하면서 살고자 하는데 나에게 도움을 줄 수 있는 상대 또한 역시 마다하지 않겠다. 그러나 모든 남성의 공통 관심은 결국 한가지라고 할 수 있다. 나 또한 예외가 아님을 밝힌다. 매력적이고 아름다운 여성을 만나고 싶다. 그래서 늦게나마 삶의 활력과 동력을 얻고 싶고 삶의 기쁨을 누리고 싶은 게 솔직한 심정이다. 물론 이런 나의 욕망에 대해서 뻔뻔하다고 생각할 수 있겠으나 나의 이제까지 인생 여정을 조금이라도 안다면 그렇게 과한 욕심은 아니라고 판단한다. 나도 이제 나이가 적지 않다. 앞으로 남은 나의 인생이 행복해지기를 바란다. 내 맘에 드는 상대를 만나고 싶다. 내 판단으로 고르고 싶다. 물론 상대의 동의가 있어야 하겠지만. 나의 이상적 여성은 예쁘고 분위기 좋은 고급카페와 같은 여성이다. 아름답고 분위기 있는 디자인과 커피 향 가득한 그런 카페와 같은 여자가 좋다. 물론 꿈이지만. 그러나 고난으로 가득 찬 나의 인생에 한 줄기 광명이 될 수 있는 여성을 신의 은총으로 만나기만을 바랄 뿐이다. 내 마음에 들지 않는 여자와 사느니 평생 독신을 고수하고 싶다. 과분한 욕심일 수도 있으나 신은 나의 꿈을 이뤄주리라 믿는다!!!

딸기잼과 사과잼

어린 시절 그러니까 초등학교 일학년 들어갔을 무렵부터 우리 집에서는 매일 아침 식사를 빵으로 먹었다. 일종의 미국식이었는데 당시의 유행이 아닌가 한다. 그때 토스트 만드는 기계를 구입해서 어머니는 빵을 토스트 기계에 구워서 버터와 잼을 발라 우리에게 식사로 먹였다.
요즘은 그런 식의 식사를 하는 집이 별로 많지는 않을 것이다. 나는 그 토스트 기계에 구워서 먹는 아침 식사를 좋아했다. 버터와 잼을 듬뿍 발라 먹는 빵이 참으로 맛이 있었다.
잼을 좋아하다 보니 우리 집에선 철마다 딸기를 많이 사서 잼을 만들었다. 딸기는 고급품보다는 잼용이었기에 좀 상해도 양을 많이 주는 싸구려 딸기를 잔뜩 사서 설탕을 많이 넣고 끓여서 잼을 만들었다. 나는 옆에서 잼 만드는 모습을 지켜보곤 했다. 대충 잼이 완성되면 용기에 넣고 숙성을 시켰다. 며칠 지나면 맛있는 잼이 완성되었다. 그래서 늘 아침에는 딸기잼이 떨어질 날이 없었다. 식사에는 늘 우유가 함께 있었다. 배달하는 생우유가 아니라 분유를 먹었다. 우리나라 제품이 아니라 미국제품이나 일본제품을 구해서 우유를 타 먹었다. 나는 버터와 잼이 잔뜩 들어있는 빵을 우유에 푹 찍어서 먹곤 했다. 이젠 그런 식사를 하지 않지만, 그 시절의 아침 식사였던 미국식 토스트 빵이 그리울 때가 있다. 늘 흔하게 먹던 딸기잼은 가끔 다른 잼이 만들어지기도 했다. 딸기잼보다는 그다지 맛있다고 느끼지는 않지만, 별식으로 먹는 사과잼도 아주 맛이 있었다. 이 역시 사과가 많이 나는 철에는 싸구려 사과를 잔뜩 사서 푹 끓여서 설탕에 절여 사과잼을 만들었다. 딸기잼만큼 많이 먹지는 않지만, 가끔 먹는 사과잼도 역시 맛이 좋았다. 초등학교 때는 아침이면 늘 그런 토스트 기계에 구워서 먹는 빵을 먹고 학교에 다녔다. 그러다 중학생 때부터인가 집에서 아침에 먹던 토스트 빵 대신에 일반적으로 먹는 쌀밥을 먹게 되었다. 이른 아침부터 책가방을 싸고 또 도시락을 준비해야 했기에 어머니는 쌀밥을 아침 식사로 만들어 주신 것이다. 그때는 아침에 일어나는 것이 참 힘들어서 그런지 대충 아침 식사를 때우고 학교로 향했다. 먹성이 좋던 시절이라 점심으로 싸간 도시락은 이 교시 정도 끝나면 이미 다 먹고 점심시간에는 또 라면을 사 먹곤 했다. 지금에 와서 회고해 볼 때 나는 밀가루 음식을 좋아했다. 지금도 베이커리를 가끔 가서 빵을 사 먹는다. 역시 맛이 좋다. 그러나 아무리 베이커리 빵 맛이 좋아도 어린 시절에 먹던 토스트에 버터와 딸기잼을 발라 먹던 그 시절의 맛은 나지 않는다. 언제나 '빵' 하면 버터와 함께 발라 먹었던 딸기잼과 사과잼의 맛이 입맛의 추억으로 되새겨지곤 한다.

이승훈 에세이

나는 사실 시집보다 소설책을 더 많이 읽었다. 시집은 조금 나이가 들어서 읽게 되었고 늘 학교 가는 가방 안에는 소설책을 넣고 다녔다. 지겨운 수업시간에 소설책을 몰래 읽는 재미가 쏠쏠했다.
내가 첫 에세이를 읽게 된 것은 안병욱 교수의 철학 에세이였다. 그리고 이어령 선생의 에세이를 중학교 시절부터 읽게 되었다. 그 당시에는 에세이

중에 베스트셀러가 많았다. 특히 김형석 교수의 에세이가 인기가 있었고 김남조 시인의 에세이도 인기가 있었다. 가끔 오혜령 같은 암 투병 간증 에세이도 대단한 인기를 끌었다. 일어나 비추라고 하는 제목이었다. 나의 대학 학과 은사이기도 했던 시인 이승훈 교수의 에세이를 나는 좋아한다. 어느 날 수업시간에 들어오셔서 수업 도중 에세이를 한 권 썼는데 무슨 제목으로 하면 좋겠냐고 우리 학생들에게 물었다. 나는 무심코 그 당시 가요로 인기 있었던 양수경 '창밖의 빗물 같아요'가 생각이 나서 그와 비슷한 제목을 질문에 답했더니 학생들이 웃음을 터뜨렸다. 그날 말한 이승훈 교수의 에세이는 그 후 제목이 모든 섬은 따뜻하다는 제목으로 출간되었다. 나는 나오자마자 사서 읽게 되었는데 느낌이 매우 좋았다. 이승훈 교수는 시인이기에 그의 에세이는 퍽 감성적이고 시적이다. 매우 매력 있는 글을 쓴다. 그 이후에 나는 그의 시보다 에세이를 더 찾아서 읽었다. 그의 에세이는 시인이기에 가능한 시적 감성이 보석처럼 빛나고 있었다. 나도 그런 글을 쓰고 싶었지만, 나의 재능이 따라가기엔 역부족이었다. 그리고 한수산 작가의 에세이도 재미가 만만치가 않다. 한수산 작가의 필력이 매우 좋다고 느껴서 그의 에세이를 많이 사 읽었고 역시 감동적인 글이었다. 그의 감성도 만만치 않은 매력이 있다.

시인 황인숙의 에세이도 좋아한다. 황 시인만의 매력이 담겨 있다. 톡톡 튀는 감성과 재치와 감각이 빛나는 그러면서 유머가 있다. 아무튼, 이승훈 시인은 지금 작고하셨지만, 그의 시와 에세이는 많은 독자층이 있을 거라 예상된다. 나는 사실 장 그르니에의 에세이 섬을 사서 읽었지만 그리 재미를 느끼지 못했다. 번역이 문제인지 나의 독해 실력이 문제인지도 모르지만, 이해 잘 안 되는 문장들이었다. 카뮈가 읽고 반했다고 해서 나도 탐독해보려 했으나 문장이 난해했다. 이승훈 시인의 글도 어떤 측면에서는 난해하다. 그러나 가슴에 와닿는 감성적인 글이다. 이승훈 시인이 더 많은 에세이들을 남기지 못한 게 아쉽다. 그의 시적 감성이 느껴지는 에세이를 읽고 있을 때 삶의 작은 보람을 느낀다. 안개와 섬과 춘천 호반의 울림이 있는 에세이들. 나는 사랑한다!!!

뜨개질

눈 내리는 어느 겨울 어떤 집안 창문을 들여다보면 노부인이 의자에 앉아 수북한 털실과 바늘을 가지고 옷을 뜨개질하는 모습을 상상해 볼 수 있다.
내가 어린 시절만 해도 뜨개질은 집에서 흔히 보던 장면이다. 우리 할머니도 뜨개질하셨고 어머니도 뜨개질하셨다. 그래서 우리 형제들이 입는 스웨터와 장갑 등등의 여러 옷을 뜨개질로 짜서 만들었다. 추억 속에서 기억나는 장면들이지만 요즘은 아직 내 주변에서 뜨개질하는 사람들을 거의 보지 못했다. 특히 우리 어머니 친구분 중에 한 분이 뜨개질을 취미로 여겨 아주 열심히 하셨다. 그분은 뜨개질로 짠 옷을 우리 형제들에게 선물할 정도로 열심이셨다. 내가 어느 모 방송국에 다니던 무렵에 이 어머니 친구분이 뜨개질로 짠 스웨터를 짜서 선물하셨다. 주황색 빛깔의 빨간 스웨터였다. 재질이 좋아서였을까 아주 고급스러운 느낌의 스웨터였다. 나는 이 옷을 방송국에 입고 다녔다. 내가 그때 느낀 사실은 주변의 시선이었다. 설마 나를 보고 그렇게 뜨거운 눈길을 보내지는 않았을 것이다. 당시로써는 유명방송국이었기에 상당한 미모의 탤런트와 아나운서들이 있었었다. 나의 착각인지는 몰라도 그녀들의 시선이 내 몸에 집중하는 것을 느낄 수가 있었다. 그렇다. 그 빨간 스웨터는 내게 너무도 잘 어울린 옷이었다. 나를 한층 더 빛나게 만든 건 그 스웨터 덕이었다. 아무튼, 나는 따가운 시선을 의식하면서 기분이 매우 좋았다. 그러나 불행하게도 나는 아주 잠시 그 방송국에 있었기에 그 시선을 오래 받지는 못했다. 벌써 삼십여 년 전의 일이다. 나는 그래서인지 뜨개질로 짠 옷들이 좋다. 주변에 이제 뜨개질로 옷을 만드는 사람이 없기에 그런 옷을 구할 수는 없지만, 가끔 백화점에 옷을 사러 갈 때면 나는 뜨개질로 짠 듯한 스웨터를 찾아보곤 한다. 정확히 손으로 짠 뜨개질 제품은 없지만, 그와 유 비슷한 옷들은 가끔 있었다. 그래서 나는 그 뜨개질 비슷한 옷을 사곤 한다.
아직도 취미로라도 뜨개질을 하는 여성들이 있을 것이다. 아니, 남자라고 뜨개질을 하지 말란 법도 없다. 자신이나 가족이 입을 옷을 뜨개질하는 모습은 아름답다. 긴 겨울밤에 의자에 앉아 뜨개질하는 모습은 아름다운 장면이다. 기회가 없어 뜨개질로 짠 옷을 입지는 못하지만 늘 그리움의 대상이 바로 뜨개질로 짠 옷이다. 뜨개질로 짠 스웨터와 목도리 그리고 손 장갑을 하고 한겨울을 지내는 것은 행복한 일이다. 취미로 권하고 싶은 게 있다면 뜨개질이다.

이병주 선생을 생각한다

밤이 깊습니다. 내가 살아오면서 참 많은 죄를 짓고 살았다는 자책의 마음을 금할 수가 없습니다. 음탕하고 미색을 밝혔지만 단 한 번의 연애도 못 하고 살아왔습니다. 꿈과 동경의 로맨티시스트처럼 행동했지만 아무런 성과 없는 그저 단순 몽상가에 지나지 않을까 합니다. 이곳에 많은 글을 썼습니다. 글쎄 그런 글들이 무슨 소용이 있겠는가? 라는 반성이 듭니다. 나는 단순 무식한 시인이자 예술가입니다. 살아오면서 단 한 번의 어떤 성과를 낸 적이 없습니다. 이래저래 나이만 먹은 것 같습니다. 나의 글들이 인류적 문제의 답안인 것처럼 썼지만 나의 몽상의 글들에 지나지 않습니다. 단지 나의 직관적 판단으로 쓴 글들인데 허황한 글들이었다고 생각합니다.
이런 쓸쓸한 밤이면 떠오르는 인물은 작가 이병주 선생입니다. 어린 시절부터 그의 모든 작품을 읽으며 성장해 왔습니다. 저에게는 가장 많은 영향을 준 제 인생의 큰 스승이었습니다. 많은 오해를 받은 작가이며 당대에 최고의 문장가였으나 살아생전에 큰 주목을 받지 못했습니다. 제가 살아오는 동안 보아온 인물 중에 가장 멋진 인물이었습니다. 물론 그 인생은 고난에 벅찬 인생길이었으나 아름다운 문장으로 제 가슴을 울린 거장이었음을 느낍니다. 사진 속에 웃고 있는 이병주 선생의 따스한 얼굴이 지금 가장 그리운 얼굴입니다. 험난한 시대를 살았으나 가슴 깊이 인간애를 지니고 작품활동을 한 휴머니스트입니다. 좇아갈 수 없는 높은 경지의 문장력을 가진 그분의 글이 언제나 동경의 대상이었습니다. 내 꿈에도 종종 나타나시는데 꿈속에서나마 이병주 선생을 뵐 수 있음이 내 인생의 큰 복이라 생각합니다. 세상은 각박하고 험난합니다. 이병주 선생의 가르침을 가슴 깊이 새기며 살아가겠다고 다짐합니다. 늘 그립고 그리운 분은 이병주 선생입니다. 고독한 밤에는 더욱 그립게 내 눈앞에 그려지는 선생의 모습을 생각하며 나 자신도 선생의 아름다운 글의 힘으로 이 거친 세상을 견디는 동력이라 생각합니다. 나는 이름 없는 그냥 평범한 예술가로 살아가겠습니다. 그립습니다, 이병주 선생님!!!

어제 꿈에

어제 좀 이상한 꿈을 꾸었습니다. 저녁에 잠깐 눈을 붙였더니 꾼 꿈이었습니다. 내가 어떤 사찰을 둘러보고 있었습니다. 풍경이 아름다운 절이었습니다. 내가 본당 앞에 이르려 보니 난간에 한 스님이 서 있었습니다.
갑자기 나는 의문이 들었습니다. 난간에 서 있는 그 스님에게 질문을 던졌습니다. 우리나라에서 최고의 스님은 누구입니까? 하고 물었더니 그 스님이 말했습니다." 응, 육당 최남선이 최고의 스님이시지!!!"
나는 그 말을 듣고, 꿈속이지만 놀랐습니다. 육당 최남선은 역사가요 문학가인 대학자였기에 그가 우리나라 최고의 스님이란 말에 깜짝 놀라지 않을 수가 없었습니다.
그 후에 깨어서 나는 참 이상한 꿈이라고 생각했습니다. 물론 육당 최남선이 스님들처럼 머리를 짧게 하고 있었던 건 사실이지만 그가 그렇다고 불문에 입문한 선생은 아니었기에 나는 매우 특이한 선문답 같은 답변이라고 생각했습니다.
나는 최남선이 비록 친일의 행적이 있기는 하지만 우리 전 조선 역사를 통해 그만한 대학자요 문학가도 없다는 심정을 가지고 있습니다.
너무도 아쉬운 대인물임에는 틀림이 없습니다. 아직 그의 친일행각에 가려서 그의 학문적 문학적 업적들이 잘 연구되지 않고 묻혀 있다는 안타까운 마음입니다. 나는 고등학교 때에 그의 전집을 구입하여 소장하고 있었습니다. 그의 책에 너무도 많은 한자가 있었기에 그저 훑어만 보고 말았지만, 그에 대한 존경심을 가지고 있었습니다. 아무튼, 어제 짧은 꿈이었지만 그가 우리나라의 최고의 스님이란 말이 도대체 무슨 뜻일까? 하는 궁금증은 가시질 않습니다. 우리나라의 젊은 사학도들이 꼭 연구해야 할 사람이 있다면 나는 육당 최남선을 꼽겠습니다. 학문적 업적이 대단한 학자이기에 역사의 갈피 속에 사려져선 안 될 우리나라의 대인물이라 생각합니다. 우리나라 최고의 학자는 우리나라 최고의 스님과 통하는구나! 라고 느낍니다. 결국, 하나로 가게 되어있기에 모든 것은 바다에서 만나게 되어있습니다. 어제 꾼 꿈이었습니다.

불면(不眠)의 밤에 생각한다

이런저런 일들이 머리에 스쳐 간다. DJ 정권 아래로 나는 실험용 쥐처럼 감시와 온갖 실험의 대상으로 나를 지옥 같은 시간을 보내게 했다.
그래서 나온 것이 바로 한류라고 할 수 있다. 수백 편의 영화가 나로 인해 나왔고 역시 수백 편의 드라마가 나왔다. 또한, 가수들의 무수한 노래들이 나로 인해 창작되었다. 이뿐만이 아니라 우리나라 각 분야에 걸쳐 아이디어와 영감을 주었다. 그러나 나에게 온 것은 무엇인가? 더욱 지독한 감시와 미행과 고문의 행태였다. 나는 한 인간으로서 견딜 수 없는 끔찍한 시간을 수십 년간 당해 왔다. 그럼에도 불구하고 나는 인류 앞에 닥친 엄청난 인류 절멸의 위기를 직감적으로 느끼게 되었고 내게 있는 모든 생각을 결집 종합하여 절박한 위기를 극복할 대책을 인류 앞에 제시했다. 과연 그 생각들 - 문명의 모험론, 순환의 문명론, 목기 문명 시대, 대체자원론, 농업론, 똥 오줌 에너지론, 심미적 생명 자본주의, 교육혁명론, 전쟁 팔씨름 대체론 등등 당면한 지구적 대재앙에 대한 심도 있는 대안을 제시했으나 나도 솔직히 그게 어느 정도 들어맞는가에 대한 확신을 가질 수 없는 예술가의 직감과 영감의 생각들이었다. 그러나 확실한 것은 현 지구의 심각한 문제는 지구 자체의 자연 치유력을 회복시키는 방법으로 밖에는 대책이 있을 수가 없다는 점이다. 거기에는 대한 해법제시를 나는 이제까지 한 것이다. 시시각각 지구 대재앙의 위기는 다가오고 있는데 과연 세계는 어떤 선택을 하게 될지 나는 안타까운 마음을 금할 수 없다. 지금 이 위기는 어떤 지역에 한정되어 나타나는 재앙이 아닌 인류와 모든 생명체가 초토화되는 공멸의 대위기이다. 현재의 세계의 각 분야의 지도자들은 이제까지 많은 고민과 대책 마련에 고민했겠지만, 그 대책이 무엇인지를 우리 인류 앞에 제시하고 전 세계인이 함께 그 방법론을 가지고 이 대재앙의 위기를 극복해 나가는 협력이 절실하게 필요한 때가 아닌가 한다. 그리고 내가 제시한 인류 위기에 대한 해법이 잘못되었다면 떳떳하게 반박을 하고 본인 자신들의 해법은 무엇인지를 밝히는 게 올바른 것이 아닌가 생각된다. 나는 지금 솔직하게 인류 앞에 그렇게 많은 시간이 남아 있다고 생각되지 않는다. 물론 그 시기를 알 수 있는 사람은 아무도 없기에 더욱 마음이 초조하지 않을 수가 없다. 이 인류 앞에 닥친 위기는 지구 발생 이래의 초유의 대재앙이 될 수가 있다는 점만은 분명하다. 서두른다고 해결될 문제는 아니지만 전 인류의 단합과 결집한 노력으로만 이 대재앙의 사태 앞에서 인류는 생존의 방향을 잡을 수가 있다. 나는 이제 나이가 적지 않은 어떻게 보면 나만 생각한다면 이제 인류가 지구에서 끝장이 나도 큰 미련이 없을 수도 있다. 그러나 아직 이 세상에는 미래를 꿈꾸는 어린 세대들이 있기에 기성세대로서 일말의 책임감을 느끼지 않을 수가 없다. 어떤 방법을 통해서라도 반드시 해법은 있을 수가 있다. 내 주의 주장의 해법을 고집하고 싶지 않다. 또 다른 적시의 올바른 해법이 있다면 인류 앞에 그 해결책을 제시하고 그 방향으로 세계인이 함께 노력해 나갈 수 있는 절박한 답안을 일찍 서둘러 준비하고 전 세계인 앞에 공개하기 바랍니다. 그렇게 웃고 있을 때가 아니라고 나는 판단합니다. 발등에 불이 떨어지면 그때는 영구히 회복 불가능한 대재앙이 인류를 파멸시킬 수밖에 없음을 깨닫고 전 세계 각 분야의 지도자들 - 종교계, 정치계, 경제계, 학계, 문화예술계, 언론방송계, 법조계, 군계, 스포츠계들에 나는 절실하게 촉구합니다. 책임 있는 세계의 각 분야 지도자들이 기성세대를 대표해서 눈앞에 닥친 이 대위기에 대한 해법을 이 세계와 인류 앞에 제시하기를 바랍니다. 미래의 세대들에게 희망과 꿈의 미래를 보전해야 할 의무를 망각하지 말기를 바랍니다. 이 인류와 세계에 대한 신의 사랑이 우리 모두를 구원하기를 바랍니다!!!

인류의 문제는 무엇인가?

또 거창한 주제를 가지고 글을 쓰게 되어 매우 죄송하게 생각합니다. 지금 인류 앞에 당면한 가장 심각한 문제가 무엇인지를 고민해 보지 않을 수 없습니다. 지금 세계는 기후위기, 환경파괴, 전쟁, 기아, 질병, 경제적 불균형 등등의 갖가지 문제를 안고 사회 자체가 회오리치고 있습니다. 하나하나가 다 너무 우리 앞에 닥친 중대한 문제들입니다. 그러나 가장 근본적인 문제는 무엇인가를 논해야 한다면 역시 지구 자체가 겪고 있는 초유의 대위기를 논하지 않을 수가 없습니다. 지구만 무사하다면 나머지 문제는 어떻게 차근차근 풀어갈 수 있는 문제가 아닌가 합니다. 그러나 당면한 지구의 대위기는 과연 어떻게 풀어야 할까요. 지구 자체가 존망의 상황으로 가고 있다는 이 심각한 사태에 대하여 우린 심사숙고하고 세계의 모든 지도자와 지성들 그리고 세계시민 역시 이 문제에 대하여 진지하게 고민을 해야 합니다. 나는 국제적인 것보다는 우리나라에 대하여 한정해서 이 문제에 대하여 논할까 합니다. 지금 우리 사회는 여러 사회문제의 아노미적 상태에 있습니다. 누군가 올바른 길을 제시해야 할 시점이지만 아무도 뒷짐만 짓고 문제의 핵심을 보는 사람들이 없습니다. 제가 이제까지 써온 많은 글이 바로 현상적 사회의 문제만을 떠들고 있는 사람들이 보지 못한 지금 우리 앞에 가장 심각하게 고민해야 핵심을 글로 써왔습니다. 변변치 못한 글재주이기에 아무도 주목하지 못하는 글이지만 답답한 심정을 감출 수 없어 또다시 글을 쓰는 겁니다. 우리 앞에 닥친 문제는 물론 범 인류적 과제이자 풀어야 할 큰 (大) 난제가 우리 인류 앞에 놓여있습니다. 어느 한 국가만 잘해서 될 일은 아니지만 일단 대한민국을 가지고 논하겠습니다. 우리나라는 공업국이며 수출로 먹고사는 나라입니다. 불과 반세기 만에 놀라운 성과를 이룬 나라로 세계 각국에 칭송을 받고 있습니다. 그러나 되돌아보면 이런 경제적 성과를 그저 좋아할 때만은 아니라고 여겨집니다. 지금 기후재앙이 각 국가마다 심각합니다. 그래서 세계는 탄소 중립화를 목표로 하고 있습니다. 화석자원의 사용을 막자는 얘기입니다. 그러나 더 근본적이고 근원적인 문제는 단지 화석자원의 사용을 금지하는 정도로서 인류 앞에 닥친 문제는 전혀 해결책이 아닙니다. 북극이 녹고 남극이 녹고 대지진이 일어나고 화산이 폭발하고 홍수와 불볕더위와 가뭄과 폭우와 태풍 그리고 치명적 바이러스들의 창궐 등등의 대재앙이 전 세계를 강타하고 있습니다. 이런 대재앙은 갈수록 심각한 사태로 번지며 전 세계를 위협하고 있습니다. 그렇다면 이건 단순한 자연현상에 지나지 않을까요? 그렇지 않습니다. 물론 예전에도 있던 자연현상이기는 하지만 이제는 그 도가 너무도 심각하고 단지 자연적 현상이 아닌 바로 인간이 만들어낸 재해라는 데에 문제의 심각성이 있습니다. 왜 인간이 만들어낸 것일까요? 단순 화석자원을 많이 사용하여 그 탄소로 인한 이상 기후 때문일까요? 그렇게 생각할 수도 있습니다. 그러나 더 깊이 들어가야 합니다. 지금 내가 이런 얘기하면 나를 미친놈 취급할 수도 있겠다 하면서 글을 씁니다만 지금 인류의 문명 즉 산업 문명이 지구를 병들게 하고 죽어가게 하는 겁니다. 왜일까요? 현대산업 문명은 우리 지구의 지하자원을 그 원료로 하여 공장에서 변형하여 사람들의 용품을 제공하고 있습니다. 그러니 지구를 계속 무한 착취하고 있는 겁니다. 과연 지구의 상태가 멀쩡할 수가 있을까요. 자기 살을 파먹고 성장하는 산업 문명을 우리는 경제번영이라고 한다면 그 결과는 무엇일까요. 자기 살을 뜯어 먹으면서 성장하는 경제번영의 결말은 바로 죽음입니다. 제가 그래서 이제까지 5년 동안 여기에 대하여 결사적으로 글을 쓰면서 그 해법까지 제시했지만, 과연 그 성과가 얼마나 될지는 나도 모르겠습니다. 과연 인류가 앞으로 무엇을 해야 기사회생을 하게 될까요. 답은 단순합니다. 지구의 호메오스타시스를 유지하는 문명으로 가야 합니다. 호메오스타시스가 뭔가요 하고 묻는다면 바로 지구에서 인간이 살아갈 수 있는 지구의 자연 환경상태가 꾸준히 유지되는 문명으로 살아가야만 인류는 지구라는 행성에서 삶을 유지할 수가 있습니다. 그런데 지금 당면한 기후위기만 하더라도 화석자원만을 거론하고 있지만, 과연 화석자원만 안 쓰면 지구가 괜찮아질 것인가에 대한 강한 회의론이 등장해야 합니다. 자원을 쓰면 그냥 사라지는 것이 아니라 그 자원이 지하에 묻혀서 하던 기능마저 사라지는 겁니다. 그 기능이란 뭘까요. 바로 지구생명력의 유지입니다. 사람의 몸도 피부의 역할, 심장의 역할, 간의 역할, 폐의 역할, 세포의 역할, 호르몬의 역할 등등이 있듯이 지구의 각 자원도 지구의 생명력을 유지하기 위한 역할들을 하고 있습니다. 그래서 그 자원들이 땅에 묻혀서 그냥 있는 것이 아니라 현재의 지구 상태를 유지하는 어떤 역할을 하는 것이기에 이걸 마구 착취하듯이 빼서 사용하면 그 기능이 멈추면서 지구는 심각한 현 상태를 유지하는 지구환경의 어떤 항상성 즉 호메오스타시스적 역할을 상실하게 되는 겁니다. 내 말이 맞는다면 사람들은 물을 것입니다. 그럼 어떻게 해야 하는가? 지금 모든 산업이 지구의 자원을 사용하여 현재의 문명을 유지해 나가는데 만일 이 자원을 쓰지 못한다면 현재의 돌아가는 세계의 모든 산업체계가 붕괴하는 데 그러고도 인류는 살아갈 수 있는가에 대한 강한 의구심을 갖게 될 겁니다. 맞는 말입니다. 그래서 내가 이제까지 주창한 인류가 앞으로 나아가야 방향 제시를 했던 겁니다. 현재 산업 문명이 원료로 하는 자원들은 심각한 생태계의 파괴와 환경오염을 낳고 있습니다. 그래서 일단 문명의 모험론을 가지고 새로운 문명을 건설해야 합니다. 자연생태계의 파괴환경오염이 전혀 없는 문명, 그 문명은 순환의 문명입니다. 즉 지하자원이 아닌 자체의 자원들이 순환의 법칙으로 끊임없이 재사용되는 문명형태를 말합니다. 그것이 바로 목기 문명 시대입니다. 목기 문명은 나무와 식물성 자원을 가지고 유지하는 문명입니다. 과연 이게 가능한가 하고 또 의문을 가질 겁니다. 현재의 문명 생활을 포기하고 어떻게 인류가 나무와 식물성 자원만을 가지고 현대문명을 대체할 것인가에 대한 공포와 의구심이 들 겁니다. 그래서 내가 대체자원을 만들어야 한다고 주장한 겁니다. 지금 사용하는 모든 지하자원을 대체할 수 있는 대체자원을 시급히 만들어서 현대문명은 유지하자는 게 내 주장의 요지입니다. 그럼 어떻게 대체자원을 만들 것인가에 대한 의문이 또 나올 겁니다. 나는 나무와 식물성 자원을 잘 조합해서 만들면 지구의 모든 자원을 대체할 수 있는 대체자원 개발이 가능하다고 오로지 예술가적 직관과 직감력 하나 가지고 감히 주장한 겁니다. 그래서 정 그래도 이해가 안 되면 AI에게 물어서라도 이 대체자원을 개발하자고 주장했습니다. 나는 가능하다고 판단합니다. 물론 이건 너무도 엄청난 대 문명의 전환을 의미하는 것이기에 인류의 모든 협조가 잘 이뤄져야만 한다고 생각합니다. 지금 지구는 그 어느 때보다 대위기 상태입니다. 전 세계의 모든 인류가 지혜와 힘을 모아 이 지구 앞에 놓인 대재앙을 함께 막아내고 꿈과 희망의 새로운 문명 세계로 인류는 개척해나가야만 인류 앞에 놓인 대멸종의 위기를 뚫고 새로운 무지갯빛 희망의 세상으로 나아갈 수 있습니다. 너무 글이 길어져 짧게 쓰겠습니다. 제가 제안한 이 방법이 어쩌면 인류의 새로운 미래를 여는 유일한 해법이 될지도 모르겠습니다. 신의 사랑과 은총으로 우리 모두 앞에 놓인 대위기를 극복해 나갑시다!!!

지구(地球)라는 생명

지구란 혹성은 무엇일까요? 이 우주의 무수한 별 중의 하나입니다. 그런데 유독 이상한 현상이 있습니다. 그게 뭘까요? 지구란 행성에는 특이하게도 생명체가 살고 있습니다. 많은 천체학자가 이 우주를 탐구하며 또 다른 생명체가 사는 지구와 같은 생명체가 있는 혹성을 찾으려 했으나 아직 발견하지 못하고 있습니다. 그렇다고 우리가 이 무한한 우주에서 생명체가 있는 별은 지구 하나라고 단정적으로 말할 수는 없습니다. 어딘가에는 우리 지구와 비슷한 생명체가 사는 별이 분명히 있을 수가 있습니다. 그렇다면 지구는 어떤 별입니까. 생명이 사는 별인 동시에 지구 자체가 하나의 생명체라는 겁니다. 만일 지구가 생명체가 아니라면 과연 어떻게 이 지구에 인간을 비롯한 수많은 생명이 살아갈 수 있겠습니까. 무기물 자체에서는 생명이 서식할 수가 없습니다. 그러니 우리가 관찰 가능한 은하계에서는 유일한 생명이 사는 별이 지구입니다. 지금 서두가 조금 깁니다. 많은 사람이 내가 지하자원인 광물성 자원을 계속 지구에서 착취하듯이 빼서 사용하면 안 된다고 하니 그 이유를 전혀 이해하지 못하고 있습니다. 분명한 그 이유는 지구는 생명체라는 점이고 생명체의 특성은 유기체라는 겁니다. 인간이 신체하나만 봐도 무한히 많은 각각의 특성이 부위들이 결집하여 만들어진 신비한 존재입니다. 그렇다면 지구도 역시 생명체라는 점을 인식한다면 현재의 지구를 구성하고 있는 모든 자원과 광물성 자원 역시 지구를 유기적으로 연결하여 하나의 생명체로서 생명 활동을 하는 유기물이다고 인식할 수 있습니다.

만일 사람들이 계속 지구에서 광물성 지하자원들을 캐서 인간의 문명을 만들어나간다면 생명의 특성인 유기체의 균형이 깨어져서 지구환경이 파괴된다면 지구에서는 인간을 비롯한 모든 동식물체가 살 수 없는 지구환경으로 바뀔 수밖에 없습니다. 인류에게 남은 건 비참한 최후를 시시각각으로 기다리고 있는 겁니다. 지구 자체의 생명력을 유지해 나가야만 인간을 비롯한 모든 동식물이 지구 안에서 생존해 나갈 수가 있습니다.

생명체의 특성인 유기적 관계망의 균형을 계속해서 유지해 주는 작업을 호메오스타시스라고 합니다. 지구는 지금도 계속되는 지구자원들의 인간에 의한 착취 때문에 끝없이 유기체의 균형이 깨져가고 있습니다. 이제 지구의 종말은 시간문제입니다. 그렇다고 당장에 모든 자원의 사용을 중단하자는 말이 아닙니다. 지구자원을 끝없이 사용하면서 유지되는 현대문명을 당장에 중단시킬 수는 없습니다. 더 큰 부작용이 올 수도 있기에 이에 대한 대책으로 나무와 식물성 자원을 이용하여 대체자원을 개발해 내자고 나는 주장한 겁니다. 분명 가능한 일이라고 나는 판단합니다. 인류는 지구의 생명력을 유지해 나가야만 인류가 지구란 혹성에서 삶을 유지해 나갈 수가 있습니다. 지금 침대에 자는 어린 미래의 세대들의 미래를 생각해야만 합니다. 우리 모든 세계의 기성세대들에게 그 책임이 있습니다. 꿈과 희망의 세상을 어린 미래 세대에게 물려줄 수 있는 의무와 책임이 우리 기성세대에게 달린 겁니다. 암울한 지구 종말의 끔찍한 미래를 꿈꾸기보다는 아름다운 자연환경에서 살아갈 수 있는 인류의 밝은 미래를 꿈꿔 봅시다. 내가 늘 주장한 새로운 문명의 모험을 통해서 인류는 지구에서 영속적으로 살아갈 수 있는 희망을 품을 수가 있습니다. 지구가 하나의 생명체임을 깊이 인식하여 환경파괴 없는 자연환경을 만들어서 우리 미래의 세대에게 아름다운 자연환경을 대를 이어 물려주도록 노력합시다. 지구는 생명입니다!

똥오줌을 에너지 자원으로!

지금 UN은 2년 안에 인류가 특단의 대책을 세우지 않으면 지구는 걷잡을 수 없는 기후위기로 큰 재앙에 빠진다는 경고를 했습니다.
지금 세계 곳곳이 환경과 기후재앙으로 신음하고 있습니다.
그래서 나는 일단 제일 빨리할 수 있는 대책이 인간과 모든 동물의 똥오줌을 에너지를 자원으로 빨리 변환시켜야 한다고 생각합니다. 이미 똥오줌 에너지는 자원으로 여러 나라에서 이미 활용하고 있으니 그 활용도에 대한 검증이 끝났습니다. 현재 전 세계인들이 이를 긍정하고 연대하여 눈앞에 닥친 위기를 벗어나야 합니다.
똥오줌을 에너지 자원으로 하는 문명의 방식을 시도해야만 다른 자원들을 대체할 수 있는 대체자원의 개발도 가속도를 얻게 됩니다. 지금 이거저거 따질 때가 아니라고 봅니다. 눈앞에 이미 엄청난 위험이 다가왔습니다.
현재 이 세계를 이끄는 각 방면의 지도자들은 조속히 모여서 발등에 떨어진 이 대 위기에서의 해법을 찾고 실천해 나가야 합니다.
종교계, 정치계, 경제계, 학계, 문화예술계, 방송언론계, 군계, 법조계, 스포츠계의 지도자들은 눈앞에 위기에 대하여 조속한 대책을 세우고 전 세계인이 이를 실천할 수 있도록 모두 힘을 모아야 합니다. 일단 가장 빨리할 수 있는 것이 똥오줌 에너지 자원론입니다. 화석연료와 자원 대신에 해서 먼저 이것이라도 생활에서 실천할 수 있도록 모든 지혜를 쓰기 바랍니다.
지금 시간이 별로 없습니다. 전 세계인들의 현명한 지혜와 실천을 기대하면서 가장 실천하기 빠른 방법이 똥오줌 에너지 자원론이니 거듭 강조하면서 이 위기에서 벗어납시다. 신의 은총과 사랑을 바랍니다!!!

내 생각은 맞는 걸까?

나는 이곳에 이제까지 나 자신이 현재 우리 세계 앞에 당면한 문제들에 대하여 글로써 내 견해를 밝혀왔습니다. 과연 내가 내놓은 해법들이 당면한 문제들에 대한 올바른 답안이었는지 아직 속 시원히 아무도 내게 나의 글에 대한 반응이 없어서 솔직히 말해서 마음이 답답한 감이 없지 않습니다. 그러나 미미하지만 내 견해에 대한 동조의 글들은 아주 가끔 반응이 오고 있습니다. 사실 생업을 해서 먹고 사는 일반 시민들이야 어찌 내 글을 읽고 반응이 있을까 싶습니다만 그러나 이 시대에 깨어있는 지도층에서는 뭔가 내 글에 대한 자신들의 생각도 밝혀야 하지 않나 하는 아쉬움이 있습니다. 특히 우리나라 각계각층의 지도층에서도 내 글을 분명히 읽었을 텐데 전혀 반응이 없어서 왜 이럴까 하는 심정입니다.

내 딴에는 지금 시급하다고 느낀 우리의 환경문제와 인류 앞에 나타난 심각한 위기 문제에 대한 대응법 등을 내 사견이지만 글로 밝혔습니다. 거기엔 맞는 말도 있을 테고 그릇된 생각도 있을 수 있다고 봅니다. 그러나 핵심은 이겁니다! 현재 지구에 나타난 문제는 현재 우리가 누리고 사는 문명 그 자체에 심각한 문제가 있다는 점은 분명합니다. 지금 그렇다고 누구의 잘못을 논하자고 하는 것은 아닙니다. 우리 문명이 안고 있는 특성이 지구의 지하자원을 무한 착취하여 문명을 유지해 나가는 그 점에 현재 나타난 모든 지구환경기후문제의 시발점입니다. 물론 저 같은 무명의 예술가로서 논해야 할 수준이 아닌 우리 인류 앞에 큰 문제이지만 아무도 해법을 논하지 않기에 제가 감히 나의 의견을 과감하게 이곳에 발표한 겁니다. 내가 해법으로 제시한 것 중에는 나의 오류가 있을 수도 있다고 판단합니다. 그러나 전체가 잘못된 해법은 아님을 분명히 밝힙니다. 몇 가지 면에서는 누구도 부인할 수 없는 바른 지적을 했다고 나는 판단합니다. 이 시대를 이끄는 여러 분야의 지도자들이 알아서 답안을 찾고 문제를 해결해 나가리라 여겨집니다. 내가 제시한 문제의 답안들도 참고할 만한 가치가 분명히 있다고 생각해서 답답한 마음에 이 글을 씁니다. 지금 위기의 시대가 아닌가 합니다. 모두 합심해서 이 어려운 세계의 문제들을 풀어나가야 한다고 봅니다.

영화 「서울의 봄」을 보다

오늘 내 대학 후배가 집에 왔다. 앞으로 나와 일을 함께 하고자 온 것이다. 같이 롱이를 데리고 산책도 하고 식사도 했다. 저녁에 순대와 함께 소주를 마셨다. 그렇게 술을 마시던 중 영화 서울의 봄 얘기가 나왔다. 그걸 보고 내 후배가 몹시 열을 받았다는 얘기를 했다. 영화 얘기를 이런저런 하던 중에 충격적인 후배의 말을 들었다. 전두환을 비롯한 장성급을 다 경상도 출신이지만 그 실질적 모든 행동의 참모진이라 할 수 있는 영관급은 다 전라도 출신이란 말을 내 후배가 나에게 했다. 나로서는 충격적인 이야기였다. 그래서 내가 후배에게 지금 당장 장세동의 고향을 알아보라고 했다. 역시나 충격적 사실이 드러났다. 장세동은 전라남도 고흥이 고향이었다.

장세동은 전두환의 측근 중의 측근이다. 그는 전두환 정권 당시 내내 안기부장을 맡아서 한 인물이었다. 내가 후배에게 그 사실을 어떻게 알았냐고 했더니 영화 서울의 봄을 보고서 그 핵심인물들을 조사해 보니 나온 사실이란 것이다. 물론 나도 전두환을 중심으로 한 신군부들이 전부 경상도는 아닐 것이란 예측을 하고 있었지만, 그 핵심인물들이 전라도 출신이란 점에 대해서 정말 놀라운 일이었다. 과연 이 문제를 어떻게 받아들여야 할지 정말 착잡하기 짝이 없는 노릇이었다. 후배가 가지고 온 서울의 봄 영화를 보았다. 영화는 꽤 재미있게 긴장감 있는 이야기 전개를 하고 있지만, 이 영화는 내가 보아도 상당한 허구로 영화를 만든 것이지 역사의 진실과는 거리 먼 영화임에는 틀림이 없었다. 나는 솔직히 머리가 복잡했다. 전두환의 최측근들이 전라도 인물이란 점이 과연 역사를 어떻게 해석해야 할지 머리가 소용돌이쳤다. 그러다 나온 결론은 결국 왜 모든 책임이 전두환에게 돌아가야 하는지에 대한 답이 나왔다. 살인마 전두환이 왜 탄생하게 되었는지를 알게 되었다. 그리고 전두환 역시 끝내 침묵을 지키고 떠나가야 했는지에 대한 짐작이지만 답이 나왔다. 역사의 진실은 밝힐 수가 없다는 사실도 알게 되었다. 우리가 배우는 역사는 전부 거짓이다고 나는 확신하게 되었다. 과연 역사가 무슨 소용이 있는가 하는 회의감마저 들었다. 역사를 캐들어가면 갈수록 복잡한 미궁 속으로 빨려 들어갈 수밖에 없는 의혹의 수수께끼임을 알게 되었다. 한편 진정한 사관이 탄생할 수 없는 이유도 알게 되었다. 과연 학생들에게 어떤 역사를 가르칠 수 있는가에 대한 답답한 회의감만 들었다. 과연 역사의 진실을 누가 알 수 있으며 안다 해도 누가 말할 수 있겠느냐는 답답한 사실만 알게 되었다. 영화 서울의 봄은 잘 만들었지만 프로파간다적 홍보영화에 지나지 않았다는 사실만을 나는 말하고 싶다.

인류가 종말을 향해 가고 있다는 것은 거의 모든 과학자에게는 상식이다. 문명의 모험을 통해서만이 인류의 생존과 새로운 번영을 향해 미래를 향해 나아갈 수 있다!

아무도 책임지지 않는 사회

어느 나라 어느 사회에도 모두 각각 큰 문제들을 갖고 있습니다. 마음이 답답하여 우리 사회에 대하여 이 글을 씁니다. 우리 사회도 세계의 모든 사회가 그러하듯이 큰 문제들로 진통을 겪고 있습니다. 나 자신도 솔직하게 악한 일도 하고 살아갑니다. 내 안에도 천사와 악마가 남아 있기에 늘 선적일 수도 없습니다. 그러나 대충 큰 문젯거리 없이 넘어갈 수 있는 정도의 행태들입니다.

오늘 저녁에 후배와 산책을 하다가 대화를 나눴습니다. 그 후배의 말로는 이 사회는 민주주의나 정의 이런 거에 신경 쓰는 사람 없다고 말하더군요. 그냥 대충 살아가는 거지 자신들의 고민이 더 크기에 그런 거시적인 것에 전혀 신경을 쓰지 않는다고 합니다. 듣고 보니 그럴듯한 말이었습니다. 민주주의다 정의다 다 관념의 추상이지 현실 삶의 고민은 어떻게 먹고 살아가느냐에 초점이 더 가 있는 것입니다. 우리가 말로는 민주사회다 평등사회다 정의사회가 떠들고 있지만, 과연 우리 사회의 실상이 민주적 가치들이 살아 있는 나라인가에 대해서는 의문점이 많습니다. 일단 우리 사회에 표현의 자유가 있는 사회인가에 대한 의구심이 있습니다. 민주정신에 큰 목표는 표현의 자유인데 내 후배에게 말에 의하면 다 입 닫고 쉬쉬하며 살아가고 있다고 합니다. 내가 보아도 짧은 견식으로 볼 때 우리 사회에 누가 제대로 우리 사회의 민주주의를 위해 올바른 이야기를 하고 있는가에 대해 고민만을 하게 됩니다. 이 나라를 진심으로 걱정하는 어떤 지식 엘리트 계층도 없는 우리 사회 앞에 그저 한숨만 나옵니다. 우리 사회는 맨 꼭대기에서 맨 밑바닥까지 전부 돈에 대한 이권주의에 물들어 있지 민주정신이 지향하는 어떤 가치에 대한 정당한 행사와 주의는 거의 전혀 없지 않나 싶습니다. 깨어있는 엘리트가 없다 이 말입니다. 그러니 우리 사회에 어떤 심각한 사고나 병적 현상이 나타나더라도 단지 그때뿐이지 우리 사회의 병리적 현상에 대한 본질적 문제에 대하여 처방을 내리지도 그런 용기와 지혜도 없는 엘리트들이 이 사회를 지배하고 있다는 현실에 대하여 약간 개탄스럽습니다. 나도 이제 나이도 들고 대충하면서 살고자 하는 마음입니다. 조선이 망했지만, 당대의 어떤 권력층도 책임을 지지 않았기에 뼈 아픈 망국의 역사가 이 나라를 물들였고 그에 대한 책임 추궁이 아직도 없기에 이 나라는 원래 그렇게 썩은 지배엘리트들의 나라 전통으로 지금까지 이어져 오고 있습니다. 우리 사회 앞에 닥친 위기 상황은 한둘이 아닙니다. 이에 대한 책임은 일반 국민이나 노동자가 아닙니다. 우리 사회의 상층부를 구성하는 지배엘리트들과 지식엘리트들의 우리 사회 앞에 닥친 문제에 대한 아무런 책임감도 대책도 세우지 않는 너무도 무책임한 지식인 사회가 우리 사회를 심각한 병증으로 만들고 있습니다.

지식엘리트가 깨어있어야 하고 올바른 문제의식을 느끼고 우리 사회 앞에 닥친 수많은 문제에 대한 바른 처방과 대책을 세우지 않으면 우리 사회는 결국 또 한 번의 파국으로 갈 수밖에 없습니다. 아무도 책임지지 않으려는 사회는 결국 파멸입니다.

서재에서의 사색(思索)

사색이란 약간 거창한 표현을 했지만 사실 잡념일 수도 있다. 나는 내 서재에 꽂혀있는 책들을 둘러보면 그동안 내 눈에 들어오지 않았던 책들을 뒤적여 본다. 작가 최인호의 잃어버린 왕국 소설의 서문을 읽어보았다. 그 작품은 지금부터 천 년도 더 전의 우리의 역사를 소재로 다룬 작품이다. 나온 지도 거의 삼십여 년이다. 새삼 그 소설의 서문을 읽고 과연 과거의 역사란 것이 오늘날 우리의 현실과 무슨 관련이 있을까? 하는 의문이 들었다. 역사란 지나간 시간의 더미 이상의 어떤 의미가 있단 말인가. 왜 우리가 그 시대를 알아야 하는가. 거기에 정확한 답변을 댈 수는 없다. 갖가지 답이 있을 수 있지만, 오늘 현재 내가 느끼는 지금 이 시대의 의미는 온통 불안투성이이다. 내가 너무 한가해서 느끼는 잡념들의 덩어리들일 수도 있으나 나를 짓누르는 어떤 심각한 사태에 대한 환상이 자꾸 머릿속에서 떠나지 않는다. 요즘은 이상하게 진득하게 독서를 하지 못한다. 책을 그냥 몇 줄 읽다가 덮어 버리기 일쑤다. 나이에 따른 집중력의 쇠약 증세일 수도 있지만 사실 마음속이 너무 복잡하다. 지금 내가 느끼는 위기감은 일반인들은 대수롭지 않게 생각하는 거 같다. 특히 정치인들에게는 관심도 별로 없는 일처럼 느껴져서 안타깝다. 나는 이곳에 많은 글을 썼지만, 아무에게도 주목받지 못하고 있다. 그냥 마음이 답답하다. 그냥 태풍이나 지진 정도의 사건이면 사람들이 긴장이라도 하겠지만 이건 너무 거대한 태풍 전야처럼 고요하다고 느껴지기도 한다. 누군가에게 나의 이런 걱정을 얘기했더니 단지 그저 기우에 지나지 않는다고 했다. 기우라! 기우면 얼마나 좋겠는가 하는 심정이다. 나의 기우에 지나지 않는 사태로 그냥 이 지구가 존속된다면 얼마나 좋을까 하고 생각한다. 아무튼, 나의 걱정스러운 마음이 조금 과한 것인지는 몰라도 지금 이 나라를 혹은 이 세계를 염려하는 사람들이 많기에 나의 우려감 정도이기를 진정으

로 바란다. 어느 시대에나 걱정과 고민과 문제들이 있다. 나도 이 시대를 살아가는 한 시민으로서의 걱정 이상이 아니기를 바란다. 무더위가 일찍 찾아와서 그런지 느릿느릿 돌아가는 영상처럼 하루하루가 무덥고 답답하다. 뭔가 시원한 소나기 같은 좋은 소식들이 들여왔으면 좋겠다. 우리 민족의 오랜 역사적 전통은 온갖 고난을 극복해 역사였었다. 그 참담한 비극의 역사 속에서 이만한 세계사적 발전을 이룬 것으로 볼 때 몇천 년을 두고 면면히 이어져 온 우리 민족의 지혜가 남다르지 않을까 한다. 다가오는 여름의 무더위가 걱정된다. 답은 나의 서재 속에 있다. 이거저거 뒤적거리면 뭔가 재미를 찾을지도 모른다.

인류의 미래를 위하여 (핵심 포인트)

1. 나무와 식물성 자원을 많이 확보해야 한다.
   전 세계적으로 나무 심기 운동을 해야 한다.
   야생식물을 적극적으로 보호한다.
2. 농업이 가장 중요하다.
   - 농업(곡물과 채소와 열매들)임업, 수산업, 어업, 축산업, 화훼업, 약초업, 과수업 등등
3. 인간의 똥과 모든 동물의 똥을 자원과 에너지로 활용해야 한다.
   인간, 소, 돼지, 닭, 말, 당나귀, 양, 개, 고양이, 토끼와 사용 가능한 모든 동물의 똥과 오줌들
   야생 동물들을 적극 보호한다.
4. 인간이 사용하는 모든 제품을 재활용해야 한다. 자원으로 사용하고 에너지로 사용한다.
5. 쓰레기가 자원이다. 모든 쓰레기(공업제품과 모든 산업제품)를 자원과 에너지로 활용한다. 버리는 쓰레기가 생기면 안 된다. 건축 폐기물들을 재사용한다.

6. 물을 보호해야 한다. 물의 오염을 막고 해양오염을 최대한 줄여야 한다.
7. 사막의 녹화사업을 해야 한다. 사막의 녹지화를 통해 지구환경을 보호한다.
8. 산을 보호한다. 산의 자연환경을 최대한 보호해야 한다.
9. 토양오염을 막는다.(절대적으로 중요하다)
10. 모든 천연자원들(광물자원과 에너지 자원 등등)을 대신할 수 있는 대체자원을 나무와 식물성 원료로 만들어 낸다.
11. 태양 열에너지는 대체자원으로 만들 수 있을 때 가능한 활용에너지로 사용한다.
12. 아마존 같은 열대 숲과 모든 나라의 숲을 절대적으로 보호 육성해야 한다.
12. 인류의 미래는 나무와 식물성 자원을 가지고 문명을 만들어나가고 유지해야 미래의 아주 오랫동안 지구에서 생존해 나갈 수가 있다.
13. 인류는 자연의 순환원리에 맞게 문명을 새롭게 창조해 나갈 때 아름다운 지구에서 행복한 삶을 누릴 수가 있다.
14. 자연의 순환 문명만이 인류의 미래다.
15. 모든 전쟁은 평화로운 전쟁 팔씨름 대체론으로 해결한다.
　　인류의 영구적 평화를 보장하며 전쟁이 축제로 변할 수 있다.

* 이상 15항목에 걸쳐 아주 간략하게 시급하게 우리 인류가 해야 할 일들을 생각해 보았습니다. 물론 이제까지 쓴 글들의 반복입니다. 참고하세요!

나의 꿈

나는 지옥 같은 세월을 수십 년 동안 살아왔다. 앞으로 나의 계획은 딱 이렇다 할 목표가 정해진 것은 없다. 앞길이 어떻게 펼쳐질지 전혀 예측되지 않기에 그냥 하루하루를 막막하게 살아가고 있다. 그러나 전혀 계획이 없는 것은 아니다. 정확한 방향을 정할 수 없는 변수들이 있어서 그냥 이렇게 살아가고자 하는 꿈을 꾸어본다. 우선 나는 어떤 선택을 하더라도 예술가로서의 꿈을 버릴 수가 없다. 사업도 예술사업이 될 것이고 내 자기 일도 예술적인 일을 하고 싶다. 그러기 위해서는 일단 좋은 사람들을 만나야 한다. 서로 마음이 맞고 통하면서 내 마음이 편한 사람들과 함께 같은 길을 향해 나아가고자 하는 친구들과 성실하고 건강하게 일하면서 살아가는 것이 나의 진정한 꿈이다. 분명히 하늘의 도움이 있으리라 예상이 된다. 묵묵히 내가 하고자 하는 일들을 성취하면서 아름다운 인생을 살고자 한다.

벚꽃 동산

배우 전도연 주연에 연극 안톤 체호프의 벚꽃 동산을 보았다. 매우 재미가 있었다. 나는 안톤 체호프를 사랑한다. 많은 사람이 이 연극을 보았으면 좋겠다. 장소는 LG아트센터에서 공연한다. 연기가 좋았고 연출력도 돋보이는 작품이다. 오랜만에 연극 공연을 보았다.

시간이 별로 없다!!

나는 힘없는 무명 예술가입니다. 만 5년 넘게 이곳에 많은 글을 올렸습니다. 내 주제에 넘치는 글들을 많이 썼기에 쑥스럽기도 하고 과연 내 글들이 읽히고 있는지도 나는 알 수가 없습니다.
나는 왜 글을 썼는가에 대해 작은 해명을 하지 않을 수 없습니다. 처음엔 재미로 시작한 글이었습니다. 그런 시작에서 인류의 운명을 논하는 글까지 쓰게 되어 삼류시인으로서 주제 파악을 하지 못한 게 아니냐는 일말의 가책도 느낍니다. 그러나 나는 시인으로서의 예민한 감성이 현재 당면한 지구 곳곳의 여러 위기사태를 통하여 심각한 고민을 하게 되었습니다. 내 느낌은 지금 인류는 주체할 수 없는 문명의 과속도로 죽음을 향해 달려가는 폭주 기관차라고 판단이 듭니다. 운전사도 없는 과속의 질주를 계속할 때 과연 인류는 달리는 이 폭주 기관차를 멈춰 세우지 않으면 인류 전체가 공멸의 위기로 갈 수밖에 없다는 냉정한 판단을 하게 되었습니다.

모두가 공감하겠지만 이 세상에서 가장 소중한 것은 자신의 생명이 아닌가 합니다. 지금 인류 앞에 벌어지는 대위기 상황은 너무도 큰 재앙의 조짐을 보이는 상상할 수 없는 비극적 종말의 위기감으로 내게는 다가옵니다. 그러나 내가 주위를 둘러보아도 사람들은 대부분이 무신경하기까지 합니다. 그 속내는 자기까지는 무사하게 살지 않겠냐는 심보가 밑바닥에 깔려있습니다. 어느 대 석학께서도 강의 중에 자기 때까지는 괜찮겠지 하면서 농담처럼 현 위기 상황에 대해 언급을 하는 것을 보고 놀라지 않을 수가 없습니다. 내가 이제까지 이곳에 심각하게 미래세대에 대한 기성세대의 책임론을 언급하기 전까지 아무도 자라나는 미래세대에 대한 책임과 보호에 대한 언급이 없었습니다. 그렇다고 나 잘났다고 쓰는 글이 아니라 무명의 예술가이지만 이 사회의 기성세대의 한 사람으로서 일말의 책임감을 느끼고 이곳에 글을 올린 것이고 부족한 생각들이지만 내 나름의 해법을 인류 앞에 제시하지만, 솔직히 부끄럽기 짝이 없는 글들이기에 얼굴에 철판을 깔고 계속 올리고 있습니다. 많은 그리 아시기 바랍니다. 솔직하게 말해서 지금 시간이 별로 없다고 판단이 됩니다. 세계 각국에서 심각한 재앙적 기후위기가 다양하게 발생하고 있습니다. 이제까지 내가 쓴 글들은 전 세계의 각 방면의 지도자들이 읽고 인류의 미래를 위해 대책을 세울 것을 촉구한 것입니다. 내가 제시한 현 위기에 대한 해법 - 순환의 문명론, 목기 문명 시대, 대체자원론, 똥오줌 에너지론 등등 - 이 아니더라도 얼마라도 더 나은 올바른 해법이 있다면 이를 전 세계인들에게 그 해법을 알려서 함께 위기극복을 하고 세계시민들에게 안심을 주어야 한다고 생각합니다. 나를 과잉 적으로 확대해서 위기감을 생각한다고 여길지는 모르지만 내 판단이 맞는다면 이제 시간이 얼마 남지 않았다는 예감만이 들 뿐입니다. 이제까지 내가 쓴 글들을 숙지하시고 각계방면의 세계 지도자들이 자신과 미래의 세대를 위하여 현명한 판단과 대책을 가지고 인류의 미래를 희망에 찬 새 시대로 만들어 주시기를 바라면서 너무 예민한 감성의 예술가이기 때문인지는 모르지만, 아무튼 마음에 근심·걱정이 많습니다. 전 세계인들이 함께하여 이 대위기를 지혜롭게 벗어날 수 있기를 진심으로 바랍니다. 이상입니다!!

거미 「아트월드」

내가 꿈꾸던 나만의 예술과 사업 공간의 사업기획서를 최근에 완성했습니다. 내 꿈이 담긴 공간이기에 이것이 완성되기를 원합니다. 나는 이 공간에서 다양한 예술 활동을 예술가들과 함께하기를 원합니다. 또 한 가지는 나는 천여 편이 넘는 시를 썼습니다. 나는 운중동에 이 시들을 시적 이미지로 공간화하여 시 예술공원(100만 평)으로 만들었으면 하는 바람입니다. 이 세상에서 제일 아름다운 예술공원을 만들고 싶습니다. 전 세계인들에게 깊은 미적 체험과 추억을 만들 수 있는 예술공원입니다. 연인들의 꿈의 공간이 되기를 원합니다. 그러나 나 자신의 능력으로는 감당할 수 없는 작업이기에 누군가의 도움이 절실합니다. 아마 세상에서 제일 예술적으로 아름답고 재미있는 예술공간들이 되리라 확신합니다. 이 예술공간에서 내가 그동안 꿈꿔왔던 모든 예술작품을 형상화하고자 합니다. 이 거미 아트월드와 시 예술공원의 완공을 위하여 많은 응원과 격려가 있기를 진심으로 바랍니다!!!

생은 고독이 있어 빛난다

인생이란 고독한 섬이다. 그곳에 새들이 날고 꽃들이 피어난다. 불면의 밤에 찾아오는 많은 무지개의 이미지들은 창조적 상상력의 근원이다. 고독의 순간에 바람이 불어오고 무수한 상상의 꽃잎들이 날아온다. 고독의 쓸쓸한 모래밭에 왜 이런 창조의 불꽃이 피어날까? 아마도 혼자인 나를 바라보며 내 안에 지하실 속에 지나간 시간의 숙성된 열매의 향기들이 발효하기 때문일 것이다. 모든 인간에게 그렇지만 특히 예술가에겐 이 고독한 자기 응시의 내면 성찰이 필요하다. 행복이란 바로 자기 안에 나를 찾을 때이다. 자신 속으로 내면의 여행이 필요하다. 의식의 기차를 타고 마음 구석구석 여행을 떠나자! 그곳에 진기로운 미지의 대륙이 펼쳐져 있다. 창조의 불꽃은 바로 이 내면의 대륙에서 피어난 열매들이다. 고독의 섬으로 가자. 치열한 의식의 불꽃이 당신을 창조적 자아로 만들어 줄 것이다. 인생은 고독이 있어 아름답고 빛난다.

나의 꿈 나의 여정

5년 넘게 이곳에 글을 써왔습니다. 일천한 재주 가지고 시와 에세이를 꾸준히 썼습니다. 쓴 글 중에는 삼류 예술가로서 주제넘은 담론들을 써왔고 그런 글들이 다소 인류에게 도움이 되었으면 합니다.

긴 시간이었지만 때론 즐겁기도 했고 고통스럽기도 했습니다. 고독과 마음의 고통 속에서 인류의 미래에 희망을 써왔습니다.

앞으로 남은 나의 꿈과 여정은 크다면 크고 야심 찬 것일 수도 있습니다. 그것은 바로 나의 창조적 작업이 진행될 거미 아트월드와 이 하림 시 예술공원을 완성하고 그곳에서 국내외의 다양한 예술가들과 교류하면서 서로 인류 미래의 희망찬 비전을 제시하는 작업하는 겁니다. 영화, 연극, 뮤지컬, 매체예술 등 최첨단의 실험적 예술에 이르기까지 다양한 창조적 작업을 하면서 나의 삶의 여정을 이어갈까 합니다. 나의 이제까지의 글들이 우리의 인류에게 미래를 위해서 다소 도움이 되었다면 나의 꿈과 남은 여정을 위한 계획을 위해 뜻있는 분들의 도움이 있기를 진심으로 바랍니다. 전 세계인을 위한 공간을 만들 것이며 아름다운 예술적 작품으로 거미 「아트월드」와 이

하림 시 예술공원을 창조할 것을 약속드립니다. 솔직히 이제까지 너무 많은 글을 써왔고 나도 지쳐있습니다. 많은 뜻있는 분들의 후원과 저에 대한 약속을 지켜주기를 바라면서 깊은 밤에 미래에 대한 희망을 품으면서 찬란한 인류의 미래를 꿈꾸면서 모든 사람의 꿈의 공간을 만들기를 약속하면서 이 글을 마칩니다.

이하림 글 모음
새로운 문명의 모험

2024년 8월 12일 초판 1쇄 발행

저자 이하림
펴낸이 안영준
제작 (도)생각과 사람들
펴낸 곳 무당거미
신고번호 제 2020-000134호
사업자 등록번호 298-95-01602
주소 경기도 성남시 분당구 산운로 139번길 4-8
전화와 팩스 031)702-2328
이메일 fellini@hanmail.net
ISBN : 979-11-987036-1-3

· 잘못 만들어진 책은 구입처를 통하여 교환하여 드립니다.
· 본 도서는 관계법에 의하여 저작권 보호를 받습니다.